中国创新创业大赛
China Innovation & Entrepreneurship Competition

U0833300

创业英雄

2018年第七届中国创新创业大赛纪实

《创业英雄》编委会 编

科学技术文献出版社
SCIENTIFIC AND TECHNICAL DOCUMENTATION PRESS
·北京·

图书在版编目（CIP）数据

创业英雄：2018年第七届中国创新创业大赛纪实 / 《创业英雄》编委会编. —北京：科学技术文献出版社，2019. 3

ISBN 978-7-5189-5360-8

Ⅰ. ①创… Ⅱ. ①创… Ⅲ. ①创业—研究—中国 Ⅳ. ① F249.214

中国版本图书馆 CIP 数据核字（2019）第 055712 号

创业英雄：2018年第七届中国创新创业大赛纪实

策划编辑：李 蕊　责任编辑：李 晴　责任校对：文 浩　责任出版：张志平

出 版 者　科学技术文献出版社
地　　址　北京市复兴路15号　邮编　100038
编 务 部　(010) 58882938，58882087（传真）
发 行 部　(010) 58882868，58882870（传真）
邮 购 部　(010) 58882873
官方网址　www.stdp.com.cn
发 行 者　科学技术文献出版社发行　全国各地新华书店经销
印 刷 者　北京时尚印佳彩色印刷有限公司
版　　次　2019 年 3 月第 1 版　2019 年 3 月第 1 次印刷
开　　本　710 × 1000　1/16
字　　数　311千
印　　张　22.75
书　　号　ISBN 978-7-5189-5360-8
定　　价　98.00元

编委会

前言

科技创新大潮澎湃，千帆竞发勇进者胜。

作为中国创新创业领域规模最大、参与度最高、影响力最广和质量最好的赛事，第七届中国创新创业大赛继续得到了广大创新创业者的积极响应，企业报名数量首次超过 3 万，达到 31 136 家，较上一届增长 10.6%，再创历史新高。这也说明，经过 7 年的历练和积淀，中国创新创业大赛的影响力和对企业的吸引力在不断扩大，价值和品牌越来越凸显。

大赛自 2018 年 4 月开始启动，历经 8 个月的地方赛、全国总决赛，于 11 月 30 日完美收官。西藏自治区首次举办中国创新创业大赛独立地方赛。至此，全国所有省、自治区、直辖市、计划单列市和新疆生产建设兵团全部以科技管理部门牵头举办大赛的独立地方赛，使大赛成为名副其实的全国性创新创业赛事，“双创”的火炬在祖国 960 万平方千米的土地上已然形成燎原之势。

第七届大赛紧紧围绕“双创升级”的思路，从扩大影响、提升水平、强化服务等方面入手，探索“双创”升级的方向和路径，为在更大范围、更高层次、更深程度上推动大众创业、万众创新贡献力量。许多地市，甚至区县科技部门积极组织和承办地方赛的各个比赛环节和相关活动，有力促进了“双创”理念在区县甚至乡镇一级的推广和传播。部分省份的地方赛及大赛的专业赛专门设立了国际分赛区，到美国、欧洲、澳大利亚、中国港澳台等国家和地区组织比赛，吸引更多境外高层次人才到内地创新创业，也在全球范围内宣传了中国政府“鼓励创新，支持创业”的决心和理念。

为响应高质量发展的要求、突出科技型创业，2018年，大赛明确要求入围全国总决赛的成长组企业必须获得“科技型中小企业”入库编号，以此设立参赛门槛，鼓励科技含量高的企业参赛，取得了显著成效，主要体现在以下两个方面。

首先是科技创新实力强劲。3万多家参赛企业共拥有15.4万项知识产权。其中，发明专利3.3万项；实用新型专利5.8万项；外观设计专利8000多项；软件著作权5.2万项；药品批文、医疗器械注册证、集成电路图等其他知识产权共计1400多项。参赛企业的平均研发投入超过8%。参赛企业中“高新技术企业”共有4533家，占成长组企业数量比例的21.4%。获得入库编号的“科技型中小企业”达6215家，占成长组企业数量比例的29.3%。在“新三板”挂牌的企业359家。

其次是核心团队人才济济。参赛企业的核心团队中博士1.4万人，硕士2.1万人，本科生5.3万人，留学生1.1万人，两院院士264人。参赛企业的研发人员总数达32.4万人，占企业员工总数的32%，远高于全国平均水平，充分体现了参赛企业吸引和培养高层次人才的能力和水平。

大赛继续围绕创新创业企业的多样化需求，不断聚集各类资源要素，努力把服务做精做深，通过服务升级来促进“双创”升级。

在财政支持方面，2018年度，中央财政共支持584家第六届大赛获奖和优秀企业，总金额达到18 580万元，再创历史新高。地方财政也纷纷出台相关政策措施支持大赛选拔出的优秀企业。据不完全统计，2018年度，各级地方财政通过奖金、科技计划等方式支持优秀企业的总金额近10亿元。

在人才政策方面，2018年，大赛两次向科技部创新人才推进计划推荐“科技创新创业人才”的候选人，共推荐97人，其中有35人入选，占全国所有入选人员总数的8.5%。大赛已经成为参赛企业的优秀人才入选创新人才推进计划的绿色通道。各地方也为在地方赛中涌现出来的优秀创新创业人才制定了许多配套政策。例如，北京市的积分落户政策对在中国创新创业大赛获奖企业和团队的核心人员给予积分奖励，且大赛一等奖企业的核心团队成员积分与获得国家科技进步一等奖的人员积分相同。

在社会投资方面，2018年大赛地方赛、全国总决赛共邀请近2万人次专家参与大赛评审工作，其中绝大多数为创投机构、金融机构的专家。大赛的6场行业总决赛还在深圳证券交易所的“燧石星火”科技金融服务平台上直播，累计吸引超过4.5万人次的投资人观看，极大促进了参赛企业与投资机构的频繁、高效接触，帮助众多企业获得了融资。据不完全统计，地方赛中共有504家企业获得创业投资，总金额超过48亿元。有3472家企业获得银行贷款授信，授信额度超过104亿元。另据调查，截至2018年年底，参与大赛评审工作的创投专家共实际投资参赛企业199家，投资额超过15亿元。

此外，在行业赛举办期间，大赛通过举办行业高峰论坛、公益大讲堂等活动，为超过2000名前来参赛的创新创业者进行培训。比赛现场还有众多创业服务机构为前来参赛的1400多家企业提供各类咨询辅导。据统计，地方赛比赛期间，各地共组织1730多场培训辅导活动，培训人次超过45万人，有效提高了我国创新创业者的素质和水平。同时，大赛继续在行业总决赛期间举办“大企业对接会”活动，共有38家龙头企业在现场与近800家参赛企业开展对接，参与的大企业数量和小企业数量都创历史新高，有力促进了大中小企业的协同创新创业，并取得良好成效。

为鼓励更多社会主体和优质资源参与双创，为大众创业、万众创新提供源头动力、资金支持和广阔市场，大赛重点设立了由龙头骨干企业、行业协会牵头举办的专业赛事。2018年，大赛首次举办大中小企业融通专业赛，推出海尔专场和美年大健康专场两个赛事。两个专场赛事共收到上千家企业和团队报名参赛。企业和团队参赛的主要目的是与海尔、美年大健康等龙头企业进行合作对接，融入他们的生态圈，在促进自身快速成长的同时，也能使龙头企业进一步巩固行业中的引领地位，实现互利共赢。

大赛还支持由中国电动汽车百人会牵头举办的“国际新能源及智能汽车大赛”，由第三代半导体产业技术创新战略联盟牵头举办的“国际第三代半导体创新创业大赛”。这些专业赛都通过开展培训、对接等活动，将参赛的优秀企业和团队纳入行业龙头企业的创新生态圈，帮助创业企业对接行业内的各类资源，促进大中小企业、创业投资和服务机构等多方协同发展，引领“双创”向着协同化、集团化的方向迈进。

为响应党中央国务院实施军民融合战略的号召，2018年，大赛举办军民融合专业赛事，兵分四路在西安、苏州、绵阳、惠州等地开展以促进军队和民企之间科技成果转移转化为目的的比赛及其他相关活动，共征集到上千个参赛项目，开辟了创新技术产品服务国防建设的新渠道，将军队的先进技术和巨大市场引入“双创”，让“双创”在服务军民融合国家战略的过程中进一步提升整体的发展质量和水平。

应该说，第七届中国创新创业大赛精彩纷呈、亮点多多。本书通过部分优秀企业和创业团队代表的故事，6场行业总决赛和部分地方赛及专业赛的深度报道及专家评委和创投机构和大企业的访谈，为我们勾勒出一幅全社会共同参与和推动大众创业、万众创新的壮美画卷，让我们看到了创新创业的活力，更看到了中国创新发展的新希望。

2019年是共和国成立70周年，推动大众创业、万众创新的工作也将开启崭新的篇章。站在新的起点，我们应该认识到，蕴藏在亿万人民中的创新智慧是宝贵的财富，要创造一切有利条件让全民族的创新力量充分涌动起来。未来，我们将从抓品牌、抓服务、抓成果入手，在更大范围内推进“双创”，让“双创”理念更加深入人心；在更高层次上提升“双创”，让“双创”科技含量不断增强；在更高站位上运用“双创”，让“双创”服务国家重大战略部署；在更深程度上服务“双创”，让“双创”资源进一步集聚融通；在更专业程度上引领“双创”，让“双创”与实体经济发展结合更加紧密；在更高起点上进一步推动“双创”升级，切实将中国创新创业大赛打造成全国最大的“众扶”平台。

第七届中国创新创业大赛总决赛启动仪式

第七届中国创新创业大赛新能源及节能环保行业总决赛颁奖仪式

第七届中国创新创业大赛先进制造行业总决赛颁奖仪式

第七届中国创新创业大赛互联网行业总决赛颁奖仪式

第七届中国创新创业大赛生物医药行业总决赛颁奖仪式

第七届中国创新创业大赛新材料行业总决赛颁奖仪式

第七届中国创新创业大赛电子信息行业总决赛颁奖仪式

第七届中国创新创业大赛新能源及节能环保行业总决赛现场

第七届中国创新创业大赛先进制造行业总决赛期间的机器人展示吸引了众多人士

第七届中国创新创业大赛互联网行业总决赛下一代互联网产业发展趋势高峰论坛

第七届中国创新创业大赛电子信息行业总决赛改革开放四十周年深圳创新创业分享会

第七届中国创新创业大赛·国际第三代半导体专业赛京津冀赛区及全球总决赛

第七届中国创新创业大赛上海赛区国赛选拔赛现场

中国创新创业大赛浙江赛区总决赛及颁奖典礼现场

第七届中国创新创业大赛新疆赛区总决赛现场

“粤港澳台协同创新中心”正式启动

专家寄语

创新创业是民族的希望和未来，让我们一起努力！

国家技术转移东部中心总裁　谢吉华

中国创新创业大赛是我们投资机构发现价值、整合资源的平台，更是参赛企业放飞梦想，展现自我的舞台！

浙创投集团总裁　胡永祥

大赛为创业企业和投资人搭建了一个非常好的平台，希望大赛越办越好！

江苏高科投资集团总裁　董梁

希望双创大赛越办越好！尤其支持基于技术创新和商业模式创新结合的项目。

招商银行总行授信执行部副总经理　颜民忠

汇聚全球创新资源，加速科技创新转化，展示创新团队风貌，树立新时代创新标杆。

松禾资本董事长　罗飞

参加了几届创新创业大赛，感觉项目质量越来越高，赛事也越来越精彩！祝大赛越办越好！扶持更多优秀的创新企业。

启赋资本董事长　傅哲宽

七年耕耘，志在提升国家制造能级；七届大赛，喜见涌现众多智造新锐。

达泰资本创始合伙人　李泉生

大赛推动持续创新，双创成就复兴大业！

德同银科创始合伙人、总裁　李农

心有多大，舞台就有多大。大赛给了创业者一个广阔的舞台。

涌铧投资合伙人　肖毅鹏

创业是一种坚持，为了你的梦想，加油干！

沃衍资本管理合伙人　丁哲波

创业七年，抉择十几万家企业，全世界最大的创赛平台。企业成长，投资机构受益；政府支持，多赢平台以市场为主，用市场机制调配资源。祝创新创业大赛越办越好！选手加油！

助力资本管理合伙人　邱玉芳

创新创业，英雄辈出！

浙科投资董事长　顾斌

第一次以评委身份参加创新创业大赛，有很多惊喜，参赛的团队质量很高，很多项目是硬科技创新项目。感觉大赛对促进中国芯片行业的进口替代、自主可控发展有很大的作用。

清芯华创总经理　张锡盛

中国创新创业大赛必能成为创业者和投资者的灯塔！

天亿实业控股集团有限公司联席总裁　王琳

开拓创新，中国复兴的基础；科技创业，科技创新的承载。

国科嘉和执行合伙人　陈洪武

创新创业，勇攀高峰！

同创伟业管理合伙人　丁宝玉

目录

CONTENTS

第一章　创业英雄篇

第二章　创业伯乐篇

第三章　创业服务篇

附　录

第一章

创业英雄篇

创业一定要有耐心

——记苏州英磁新能源科技有限公司总经理裴瑞琳

“在创业过程中，通过中国创新创业大赛这个平台获得融资是效率最快的一种方式，并能找到质量最高、最具缘分的投资方。”在第七届中国创新创业大赛新能源及节能环保行业总决赛上，获得初创企业组一等奖的苏州英磁新能源科技有限公司总经理裴瑞琳表示，通过参加大赛，公司获得了不少投资机构的青睐，自参赛以来，已有10余家投资机构前往公司调研，商讨投融资合作。

英磁新能源位于苏州工业园区，是一家由英国剑桥大学、牛津大学毕业的青年博士创办的高新技术企业。该团队已建成两条先进的全自动化电机生产线，以使用先进新型磁材料为突破口，设计制造并将世界上先进的新能源车及轨道交通驱动电机产业化。

义无反顾的创业路

2010年，剑桥大学博士毕业后的第二天，裴瑞琳就回国了。

“我是国家公派去留学的，去的第一天就决定学成后必须要回国效力。”裴瑞琳说，我出国前加上回国后，先后在央企工作了10年，这些工作经历给了我非常大的帮助，不仅学到的新理念新知识有了用武之地，也培养了良好的心理素质和快速适应国内商业规则的能力，更是接触到了一大批潜在客户。

转折发生在2014年。“这一年，我一直在思考一个问题，怎么让自己的能量发挥更多点儿、舞台更大点儿、为国家做的贡献更多点儿？于是我决定出来创业，闯出一片新天地。”裴瑞琳说，这个真的需要一定的勇气。

“人生这辈子要干一件事，成与不成，尽全力就行。”

2014年的“十一”，裴瑞琳从央企出来后，开始了创业之路，为心中的梦想事业打拼。2014—2016年，经过两年的招募团队、潜心研发、推广产品等，公司在2017年年初获得了一笔市值200亿元的一家上市公司的A轮投资，这让英磁新能源的发展进入了一个更高的平台。

新能源车用驱动电机是个进入门槛很高的领域，也是很难创新的领域。“传统的电机厂全国有两三千家，大多数都是在复制生产。如果要想提高整个电机的性能，必须要使用新的材料作为突破口。”裴瑞琳说。

一年多的招兵买马，裴瑞琳带领团队设计制造属于自己的新能源车用电机，从设计适合中国国情的方案、选择新超导材料到生产出成品、推广上市，裴瑞琳和团队付出了很多心血。

“他山之石”促创新

2017年，裴瑞琳的创业路迈上新的台阶。他和团队在苏州工业园区设立苏州英磁新能源科技有限公司，并开始建厂，设计的产品也从原先的4款增加到10款，公司也开始有了大量的客户，订单量大增。

“当时上市公司投资后，我们没有涨工资、没有装修，而是购置了更先进的设备和研发仪器，并选择在全国先进制造业实力最强的地方——苏州工业园区建厂，这里也是世界500强企业非常密集的地方。”裴瑞琳说。

“周边的邻居有蒂森克虏伯、GE、Samsung、SEW电机、雅马哈、希捷等这些顶尖的公司。”裴瑞琳表示，和这些顶尖的公司做邻居，公司不进步不创新都难。目前，英磁新能源的厂房占地面积已接近3000多平方米，团队已建成两条具备国内领先、国际先进的全自动驱动电机生产线，其中70%的设备来自于国外进口或国内知名生产商，产能15 000套/年，并拥有全套的机加工中心和电机研究中心（包括具备世界一流水平的超导电机实验室、超高转矩转速电机实验室、高精度影像测试实验室、高硅材料电机应用实验室）。

“这个行业更新换代非常快，英磁的创新更是快速迭代，目前我们的产品已经是第三代了。”裴瑞琳表示，他们研发出的第一代产品因其具有比传统电机更小更轻，性价比更突出的特点，很快引起了国内新能源汽车和风力发电厂的关注。公司的第二代产品是新的永磁电机，使用性价比高的新一代软磁材料，相比传统电动汽车电机更高效、成本更低。

裴瑞琳介绍，目前英磁申请的各类专利共有33项，已研发和产业化的产品，涵盖从新能源车轮毂电机、双百、高转速乘用车、电动大巴等使用的驱动电机。相比同类产品，英磁新能源的驱动电机具备效率高、体积

小、重量轻、性价比高的特点。英磁的产品已应用于6家国内大型知名车厂及中国中车。

创业一定要有耐心

“电机行业是个传统的行业，要想在这个行业创业，一定要找准创新点，千万不要急，慢慢来，一定要有耐心。”

裴瑞琳讲了这样一件事：他曾经多次去考察一家很大的车厂，对方告诉他：“我们近期量产的概率不大，你投入这么大，来了这么多次，给我们做了这么多工作图什么？”他告诉对方：“我会一直和你们一起研发，至少陪你和你的团队做3年，只要你们需要这个产品和技术，能想到我们，给我们机会，我们就满足了，不图什么短期的订单，只想让我们英磁的产品让你们更省事，产品性能更好，有更多附加值。”如今他们和这家企业的联系越来越多。

“一定要有这份执着和耐心，做好长期干事业的准备，才能最终取得成功。”裴瑞琳说，“英磁公司规模不大，但是公司未来一定要做出行业顶尖优质的电机，然后向高端的电机领域慢慢地逐步去扩张，占领细分市场，打出自己的高端电机行业品牌。”裴瑞琳认为，有了品牌，商业机会是水到渠成的事。

“英磁的产能会控制在大约2万套，如果订单达到10万套，英磁会布局与其他企业合作。”裴瑞琳表示，“专业、特别，附加价值大，是英磁的方向。”

“现在是创新创业最受关注的历史时期，每位创业者一定要抓住机会、顺势而为，把事业做好，展现个人和团队的价值，实现创业梦。”裴瑞琳说。

（李争粉 / 文）

苏州英磁新能源科技有限公司获第七届中国创新创业大赛新能源及节能环保行业总决赛初创企业组一等奖

用黑科技的“慧眼”读懂“水”

——记深圳一目科技有限公司创始人李智强

当今时代，水质健康日渐成为人们重点关注的对象，净水器过滤后的水到底怎么样，如何让消费者直观地了解净水效果一直是个难题。

在第七届中国创新创业大赛新能源及节能环保行业总决赛上，深圳一目科技有限公司带来的水质检测项目得到了评委的一致认可，获得了大赛成长企业组二等奖。

一目科技创始人李智强告诉记者，通过初赛、复赛、决赛，一路走过来，认识了很多投资大咖，大赛也给企业搭建了非常大的展示平台，收获非常多。

据李智强介绍，深圳一目科技有限公司是一家技术驱动型高科技企业，致力于运用创新的物联网技术采集数据，并结合人工智能算法处理数据，打造企业专属的水质监测一体化数据平台。

归国创业收获颇多

“这 15 年来，我一直和水打交道，潜心研究水质安全、水污染问题。”李智强告诉记者，2014 年他带领研发团队，研发出一目智能水环。如今，该团队在 20 多个国家和地区取得了数百项专利。

在海外留学工作 10 多年的李智强，先后从事环境数学模型开发、纳米级微流体燃料电池技术开发、生物传感器研发及计算机网络数据平台的研发和项目管理工作。

李智强利用纳米级制造技术研发出至今仍是世界上最小的微流体微生物燃料电池。该技术获得了美国科技杂志 *The Scientist* 的报道，并于 2010 年在波士顿举行的 ACS240th National Meeting 获得最佳学术报告奖。

“2014 年我和朋友开始创业，试图做水质检测产品的产业化。”李智强说，“可没想到从博士论文上的理论到成为真正的产品这么难。可以说，2014 年创业的时候想法很成熟但是产品很不成熟，直到2016年产品才比较成型。”

“后来，我们决定在深圳设立公司。”李智强告诉记者，之所以选择深圳，是因为公司在做研发的时候，同时也在寻找生产配套的企业。后来企业的大部分人脉资源都在深圳，而且深圳的整个生产配套体系、供应链都比较好。所以最终决定落户深圳。

2016 年对一目科技来说是非常重要的一年。这一年，一目科技的产品有了雏形，并得到 600 万元的天使投资，企业迎来了飞速的发展。

据李智强介绍，目前一目科技已完成 A 轮融资，现在正在寻求资源型投资方。一目科技产品也已应用到大品牌的净水器中，正在进入千家万户。

水质安全一目了然

2018 年 5 月 31 日，2018 AQUATECH CHINA 上海国际水展上，一目科技携手美的、云米推出的一种新概念净水黑科技产品备受瞩目。

据了解，这款净水器和传统净水器不同，通过独有的微流控微光谱分析技术，它可以实时监测水质，并通过科学的计算方式计算出水质的总得分，确保过滤的效果，还会根据水质过滤效果及时提醒更换滤芯。

“我们一直在使用净水器，但是并不知道它是否真正有效，过滤后的水还残留多少有害物质我们也无从所知，希望这款产品能够帮助人们实时了解饮用水的物质含量，并运用这些数据创建一个更加高效的过滤系统。”李智强告诉记者，一目科技推出的“实时在线水质监测模块”集成了多种微型传感器，在不影响检测精度的前提下将传统近 2 米高的 TOC 检测仪缩小到火柴盒大小，并能实时在线检测出水中的 TOC、TDS、余氯、浊度和 COD 等多项重要指标。之后还可以将检测指标延伸到重金属和 pH 等多项指标。

“基于光谱分析的水质监测技术是现代环境监测的一个重要发展方向。”李智强表示，与传统的化学分析、电化学分析和色谱分析等技术手段相比，光谱分析具有操作简便、无须消耗试剂、重复性好、测量精度高和监测速度快等优点，非常适合环境水样的快速在线监测。

据李智强介绍，一目科技研发和生产的水质监测仪，可以通过很小的流量，对关键的水质指标进行检测。这款火柴盒大小的水质监测仪包含两个核心组件——用来取样的微流控芯片和用来检测水质的微光谱传感器。微流控组件使用了一块微流体感应芯片，微光谱传感器则包含两块光谱发射芯片和一块光谱接收芯片。

这款水质监测仪可以实时监测到关键指标有：总有机碳（又被称为水中的 $PM_{2.5}$ 指数，包含农药残留、医药残留、石油产品等），总溶解固体，浊度和水温等重要水质指标。

“想将大型传感设备微型化，核心在于芯片的设计和工艺成熟度。”李智强表示，过去近 10 年，芯片技术在不断走向成熟，而一目科技具备芯片设计技术积累。尽管已经有部分产品进入市场，但仍有一些亟待突破的关键技术点。研究低功耗、低成本的微型化水质检测仪器是技术发展的必然。

持续科技创新是关键

李智强说，一目科技初期从民用家用电器市场和需要布点较多的环境监测市场（主要是自来水管网监测）两个市场切入，提供水质实时监测产品和数据分析服务。其中，在家用电器市场中，一目科技比较关注智慧净水器和智慧洗衣机类产品，旨在帮助厂家在自身产品上集成水质监测模块，以满足用户用水安全的需求，并提升产品竞争力。不过现在一目科技的水质

监测仪价格会在百元级，短期可能只会应用于高端和旗舰家用电器上。

“他们会通过结构和工艺优化来降低成本，同时随着订单量的提升，水质监测仪的价格也会进一步降低。预计2019年水质检测仪的价格可以降到百元以下。”李智强表示。

据了解，中国的净水器年销量约为1500万台，洗衣机年销量可达8500万台。目前，一目科技已和AO史密斯、联合利华、小米、美的、九阳、碧水源、海尔等形成合作，并与云米、联合利华、美的、九阳等净水器厂家签订了战略合作协议。同时也已与海尔、联合利华、美的、云米等洗衣机和洗涤产品企业达成了合作关系。

在环境监测市场，一目科技比较看好自来水管网检测业务。据悉，中国全年用在环境监测设备上的资金投入可达700多亿元。李智强告诉记者，一目科技的微型水质监测仪和大型设备相比，可以测得的指标并不少。不过环境监测市场也有两个问题：一是虽然毛利高，但需要一定的政府资源，合作流程也比较长。二是现已部署了传统大型传感器的存量市场做不了，只能开发新的增量市场。

“一目科技拥有全面的水质物联网解决方案提供商、顶尖的滤芯工艺、完善的后台AI系统及一目了然的APP客户端，真正做到简便、精准、易操作，为民众喝到健康水保驾护航。”李智强说，一目科技水质监测技术与智能家电的结合，将引导全民进入健康饮水时代。未来我们也希望将这个技术应用到更多与健康相关的领域，让我们可以对自己身体的各项指标一目了然。

“一直是做技术研发的，创业后感觉自己改变了很多，压力也很大。”

李智强说，以前就想着怎么研发前沿技术，创业后想着的是怎么找启动资金、找应用客户，这些都非常难，角色转化过程是痛苦的。

“此外，作为一个创业者，怎么分配时间比例是很难的一件事。”李智强说，作为创业企业要想成功一定要找专业的团队。例如，在技术方面，一定要招聘最好的人去研发前沿技术，保持技术超前，快速迭代发展。此外，让真正懂管理的团队进行管理，从点到面，方法不一样，效果也不同。

“现在是非常好的创业时机，但要想在黑科技领域分一杯羹，必须要有过硬的技术领域、专业的管理团队，这样才能让企业走得更长更远。”李智强说。

（李争粉 / 文）

深圳一目科技有限公司获第七届中国创新创业大赛新能源及节能环保行业总决赛成长企业组二等奖

引领石墨烯超级电容行业发展

——记浙江超容新能源科技有限公司 CEO 陈波

2014 年，国家发出大众创业、万众创新的号召，当时还在海外留学的陈波怀揣着报效桑梓的赤子之心，决定回国，积极投身于国内创新创业的大潮当中。

历经 3 年艰辛的努力，陈波在 2018 年 4 月创立了浙江超容新能源科技有限公司，其研发的叠状式石墨烯超级电容器在当年举行的第七届中国创新创业大赛新能源及节能环保行业总决赛上摘得初创组二等奖。

谈起创业的经验，陈波说："创业是痛苦的，但我享受着创业的过程。创业中的任何一分一秒都会碰到苦难和产生蝶变，需要不断地寻找到正确的解决方案，不断地去修正研发方向和解决遇到的各种问题。"

拳拳报国心　做行业引领者

初见陈波，朴实的装扮、柔和的语调、谦和的态度，完全看不出他是一位曾经远渡重洋的学霸，并且还在创业路上摸爬滚打了数年。

2005 年，陈波从华中师范大学毕业后，就职于国内知名的百度公司，令很多人羡慕。也许但凡有所建树之人，都是不安于现状的人，陈波的内心向往着更加精彩的人生。2009 年，他做出了出国留学的决定，前往新加坡国立大学读研，开始接触新材料专业。2011 年，他又进入德国柏林自由大学读博，主攻碳材料领域。在国外留学期间，陈波瞄准国际学术前沿，在新材料研究方面进行了不懈的探索。

2014 年，陈波毅然放弃国外优越的工作和生活条件，回到祖国怀抱。这一步，让他离创业近了一些。

"我原本并没有创业的想法，只想找一份不错的工作。"陈波回忆当初创业的情况时说，“随着国内创新创业热潮的蓬勃兴起，燃起了我的雄心壮志，我决定放弃高薪工作，准备回国大干一场，以科技创新报效国家。”

除了拳拳赤子的报国之心，促使陈波回国创业的另一个重要原因是，他看到了国内超级电容器市场的前景广阔。

“目前智能手机的待机时间不超过一天。随着光伏风电补贴逐渐退坡，储能被推到一个风口。我们一直在想，到底什么样的技术可以让智能手机的待机时间得到更大的突破?”陈波认为，超级电容器是国家战略性新兴产业的重要组成部分，而石墨烯超级电容器是一种特殊的电容器，拥有异常高的导电性和大表面积，在能量储存和释放的过程中比同类产品更具优越性，具有充放电时间短、循环寿命长、反复充放电数十万次等特性，可用于储能器件、储能装置和新能源汽车等众多高端应用领域，大量的潜在应用市场等待开发。同时，国内超级电容器市场被跨国公司把控，且出口到国内的产品都不是最先进的。

“国家从 2012 开始花了很大的精力对锂离子动力电池进行补贴，且补贴力度非常大；2018 年 5 月，又重点补贴氢燃料电池行业。因为新兴的能源变革极有可能会提升国家在国际竞争当中的综合实力。未来 5 ～ 10 年，除了打信息战外，更多的可能就是打能源战。能源是不可或缺的基础的生活物资。”陈波对行业发展充满信心。

从国外留学归国后，陈波先在位于杭州的浙江清华长三角研究院担任副院长，专注于石墨烯超级电容器项目研发。为了尽快实现研发成果产业化，2018 年 4 月，他创立了浙江超容新能源科技有限公司。这家公司虽然只是一家由 12 个人团队组成的初创小公司，但“小公司”已着手绘制的蓝图却很大。

陈波说：“公司刚刚成立两三个月时间，就获得由水木丰华基金领投、勤鼎资本、达阳资本跟投的近 1000 万元的天使融资，现在还有将近 3000 万元的融资正在洽谈、对接中。公司刚刚成立不久，就有投资机构愿意投钱，这是对我最大的鼓励和认可。我有信心，到 2019 年公司实现销售收入

6000万元，实现不低于1500万元的净利润。”

面对如此大的市场和胸怀科技报国的理想，陈波心中有一个更大的梦想，那就是打破国外技术封锁，生产出世界最先进的超级电容器产品，替代进口产品，成为超级电容行业引领者。

创业即创新　拳头产品获赞

人们熟知干电池、锂离子电池，却可能不了解超级电容器。超级电容器是指介于传统电容器和充电电池之间的一种新型储能装置，它既具有电容器快速充放电的特性，同时又具有电池的储能特性。如何研发出快充快放的超级电容器，成为陈波心里的一道坎。

创新不是用来空喊的口号，而是靠反复、深入的实践锤炼出来的金点子。

“我投入3年的时间潜心技术研发。”陈波说，浙江超容新能源首创了石墨烯—碳纳米管复合工艺，通过以无规则立柱方式将纳米碳管插入石墨烯片层单元大幅提高其比表面积，减少电子传输路径，使石墨烯片层结构得以稳定，能量密度是传统超级电容器的80倍。同时，通过自主研发的控制系统，超容新能源开发的超级电容器可以在提高能量密度的同时，实现短时间的多阶充放电，还能控制充放速度，从而提高安全性能。

“我们拿出手机1/4的区域来植入电容器材料，不需要外接充电宝和往返充电，手机就能实现至少待机20天。”陈波充满信心地说，“未来，我们会让手机实现待机60天，解决手机经常电量不足的问题。从3C小产品切入，我们最终会进行光伏风电的储能最后涉足大厂商的原材料配套，实现产品的价值最大化。”

“传统蓄电池的服务年限一般在2～15年，我们产品服务年限可达20年以上。”陈波说，“与国际主流产品相比，超容新能源的产品价格低了1/3。现在国内进口价格是每吨23万～30万元，我们能做到每吨9万～18万元。”

自成立起，浙江超容新能源就十分注重产品研发和技术更新，以石墨烯超级电容器为核心，目前已研发了 3C 类柱状电容器、工业类碟状电容器和集组类电容器 3 款应用于不同场景的产品。同时，在石墨烯超级电容器领域拥有 9 项发明专利、6 篇行业学术报告、初步通过中车中船及 CATL 的测试、500 平方米的专业级研发实验室和 6000 平方米的中试生产线。

秉承创新的理念，收获意外惊喜。刚刚成立不久的浙江超容新能源以石墨烯超级电容器为核心，参加了第七届中国创新创业大赛新能源及节能环保行业总决赛，并获得初创组二等奖。

“能够获奖，是对公司的技术创新和产品的认可。”陈波说，“大赛给我与投资机构、同行搭建了沟通交流的桥梁，也给我们更多科技创新的启发。”

“公司马上就要扩大生产规模，借助大赛背书，可以更好地开拓市场，寻找更多的产业合作资源和拓宽合作渠道，收获满满。”

他还说：“参加大赛后，给公司带来利好影响，行业内同行主动找到我们，希望切磋石墨烯电容器关键的技术知识和一些关键技术指标的普及。在资本市场上，很多投资机构像赛伯乐、如山投资等找到企业谈融资。有很多从事研发、从事市场销售的人希望加入我们团队一起创业。”

创业没有休止符

创业不易，挫折、困难、犹豫、徘徊时刻相伴，但陈波心里的梦想始终未变。他坚信，创业就是在困难中摸爬滚打，在逆境中锤炼成钢，然后静等花开、凤凰涅槃。

“由一个在研究机构工作的上班族到自己创办公司，创业历程是蛮苦的。”陈波说，“在创办浙江超容新能源公司之前，我还与他人创办了一家从事研发石墨烯发热地暖的公司，但因为创业理念不同而夭折了。为创办浙江超容，我把房子、车全部都押进去了，截至目前直接投入就高达4000万元。”

“因此，创业不能因失败而放弃，需要把对工作充满激情，全身心投入进去，将工作效率提升到最高程度，公司才会前进得更快。”陈波说，“我现在基本上在上海、杭州和金华三地来回跑。因为公司总部设在金华，同时在上海、杭州设有办事处。我现在是一周六天工作制，每天将近16个小时的工作时间，甚至周日也会有一半的时间被工作占用。我觉得只有个人跑得快，才能让团队跑得很快，最终才会让公司在整个行业中跑得快。”

创业不仅仅需要投入个人的所有，还要寻找志同道合的合伙人。“我们团队大部分都是华裔专家。当初为了说服他们回国一起创业是挺难的。这不是股份、薪资的问题，因为这些人在海外已经有了很好的工作、家庭和社会地位。为了说服他们归国创业，我在中国、美国、加拿大三地来回奔波，最终他们被我的诚心、梦想和创业激情所感动，成为我的创业合伙人。”陈波说，“如何把团队里面的这些人的心凝聚在一起更是难上加难。这需要任何时候都要给团队做很好的前景规划。”

“我最大的梦想就是将超级电容技术产业化，在市场上得到广泛应用和认可。创业没有句号，我才开始起步，但我坚信石墨烯超级电容器前景必将更加美好。”陈波满怀信心地说。

（叶伟/文）

浙江超容新能源科技有限公司获第七届中国创新创业大赛新能源及节能环保行业总决赛初创组二等奖

做个有理想的企业

——记青岛海永顺新能源科技有限公司新能源产业总经理李翔

李翔是一个有理想的人。他参与创立了青岛海永顺新能源科技有限公司。

作为公司总经理，李翔的理想是："我们要打造从卖产品到卖服务，再到标准输出的企业。因为做企业就是一个从无到有、追逐梦想的过程。"

这个理想说起来简单，可是要实现起来难度却很高。

布局海外市场，这是一般创业企业在创业初期很难下决心挑战的发展路径，因为对初创企业来说，选择国内发展路线相对会更轻松、收益更快。

2015 年 12 月才成立的青岛海永顺新能源科技有限公司，偏偏知难而上，在创业初期就选择拓展海外业务的发展之路。短短不足 3 年的时间里，这家企业飞速发展，正在一步步接近自己的理想：

自主研发了厌氧氨氧化自养脱氮技术，成功实施了国内外首例工程；

累计完成海外签约项目新能源电站和环保类 epc 项目 5 个，预计 2019—2020 年可完成电站环保类项目签约 5 个；

已在全球 23 个国家拥有超过 200 个稳定、互信的客户资源；

规划 400 亩产业园基地，已经完成 A 轮、B 轮融资。

李翔说："创业既是百米冲刺，又是一场马拉松，要坚守创业者的初心和使命，保持一个好的心态，脚踏实地地干出来。"

理想，激发世界水准的创新

节能减排工作是党中央、国务院做出的一项重大战略部署，更是牢固树立并切实贯彻创新、协调、绿色、开放、共享发展理念的生动体现。

随着《能源发展战略行动计划（2014—2020年）》《国家应对气候变化规划（2014—2020年）》《煤电节能减排升级与改造行动计划（2014—2020年）》《全面实施燃煤电厂超低排放和节能改造工作方案》等政策的逐步落实，“十三五”节能减排各项目标任务正在加快实现。

“由于国家战略及政策的需要，火电厂尾液污染问题也成为亟待解决的迫切问题。”李翔说，“近年来各大电厂进行脱硫脱硝的改造，虽然空气治理得到明显改善，但在脱硫脱硝中的氨氮被水吸收，形成了新的污染源，在电厂排放水体的末端，因氨氮超量排放造成了水的污染。2016年，1000多家电厂的每天有将近20万吨的排水量，给水污染治理带来了巨大压力。同时，当前，新建或面临改造的火电厂烟气脱硫脱硝尾液治理全球市场容量将近50亿元，到2020年全球容量将会增长至100亿元。”

然而，此前国内外几乎无对该类尾液处理的工程实践。李翔意识到，开发出高效且经济的脱硫脱硝尾液处理技术，不仅具有广阔的市场前景，更契合了国家绿色发展、节能减排、环保的需要。

“为此，公司研发团队通过大量取样，在将近200多次实验当中，成功研发出厌氧氨氧化（ANAMMOX）技术，通过驯化培养嗜盐菌，结合厌氧氨氧化，实现了高盐（高氯离子）脱硝尾液的生化处理。该技术在污水生物脱氮方面具有与传统生物脱氮技术无可比拟的优越性，是一种最简捷的生物脱氮工艺。传统生物脱氮需经过氨化、硝化、反硝化过程才能完成；短程硝化反硝化也需将硝化过程控制在亚硝酸盐阶段然后才能进行反硝化；而该技术可以将氨氮作为电子供体直接与亚硝态氮（电子受体）反应，将氨氮变为氮气。”李翔说，通过这一技术，可在无充氧和供给有机碳源的条件下，高效、经济地处理火电厂排放的高氨氮、低 C/N 比的脱硫脱硝废水，解决火电厂的水污染治理难题，并可节约成本费用。

李翔举例说：“香港青山火电厂，日发电量 120×10^4 千瓦，污水处理设施于 2006 年建成，采用了传统硝化反硝化工艺脱氮，氨氮及总氮排放超标。该项目采用我们公司研发的技术进行改造，根据小试实验的结论，针对青山火电厂污水的水质特点，将原有 A/A/O 工艺调整为 O/ANAMMOX 工艺，并调整了运行参数，经过一年多的运行表明出水水质良好，出水氨氮由 13.5mg/L 下降为 4.5mg/L，氨氮去除率由原来的 60% 提高到 95%，运行稳定且运行成本降低 1/3。这是 ANAMMOX 在脱硫脱硝废水处理方面的首个成功案例。”

但在李翔看来，自主研发才是实现自己理想的必经之路。他说：“创新并不简单。该技术在从研究成果到技术转化过程中，研发团队经过了一年多小试实验的技术研发过程，厌氧氨氧化菌种几次遭到毁灭性灭绝，后来经反复多次调整试验条件才得以完成。”

理想，是推动李翔和他的公司一步步前行的动力，也收获了实至名归的荣誉。在第七届中国创新创业大赛新能源及节能环保行业总决赛上，青岛海永顺新能源科技有限公司基于国内首创的厌氧氨氧化自养脱氮技术的火电厂脱硫脱硝尾液处理项目，获得成长组三等奖。

目前，该公司获得高新技术企业认定和质量管理环境管理认证。同时，厌氧氨氧化自养脱氮技术已申请专利，拥有 9 项著作权，填补了国内的空白。

理想，形成以用户为中心的发展理念

是否以用户为中心决定了一个企业的成败。李翔说："创业，就是要明白到底满足用户什么样的需求，这是核心的问题。"

"我认为，要以抓住用户的需求作为切入点，不断挖掘市场客户痛点开发项目，帮助不同的用户解决定制化的需求。"李翔说，"我们在行业内率先提出环保新能源'嵌入式'系统交付创新项目模式，实现客户交互、方案定制和生态产业的模式。"

李翔介绍："通过环保新能源'嵌入式'系统服务模式，充分发挥设计的源头优势，将方案的设计实施与应用场景、产业发展紧密融为一体，将海永顺新能源解决方案系统理念嵌入在海外用户和政府的顶层设计和产业规划中，将具体项目规划与海外用户的持续需求、民众生活相互交互，并通过产业咨询、规划、设计、工程、融资、培训、验收和运营等全系列全流程的项目服务，实现海永顺新能源战略和当地产业规划互相嵌入、持续共生发展，将环境污染治理、废物利用和能源再生，与工业、市政、农业生产或生活的效益交互，形成社群共创共享的生态系统，实现互惠共赢。"

李翔说："我们公司不是卖一套设备，卖一个项目，而是卖解决方案和输出国内行业标准，把我们在国内技术优势和产业模式带给当地。"

然而，市场需求不断在变，行业也在不断发展。"我每天都在想，公司能给用户带来哪些价值？如果公司不能给用户创造价值时，企业不可能实现快速发展。"在李翔看来，"这就需要对公司发展进行短期目标和中长期目标规划。短期目标就是实现公司营业收入和利润增加；中长期目标就是实现上下游产业链和合作生态圈搭建，最大化满足用户个性化需求。"

他说："下一步，通过整合公司核心技术和方案，打破原来的传统模式，把原来的串联层层分包，与市场用户接触比较远的模式，整合行业资源和技术资源，形成并联的模式，解决用户定制化需求，真正地实现客户定制化的交互，实现公司的快速扩张及份额的增长。目前我们还在不断探索中。"

理想，助力提前布局海外市场

当前，随着绿色、节能、环保理念早已渗透于各个领域，尤其是在发展中国家，避免“重走发达国家粗放式、破坏生态环境的发展之路”方面达成共识，对环保新能源产业的发展迫在眉睫。同时，国内企业自主研发生产能力不断提升，技术改造和产能提升势头迅猛，“走出去”意愿强烈。

因此，青岛海永顺新能源科技有限公司审时度势，瞄准“一带一路”和发展中国家，参与海外多个国家的产业发展战略规划，依托海外触点网络，提供一流解决方案，致力打造“从卖产品到卖服务到产业和国家标准输出”的企业，为全球可持续性绿色发展做出贡献。

核心技术竞争力和模式竞争力，让青岛海永顺新能源科技这家创业公司赢得了海外市场。目前，公司拥有全球 23 个国家超过 200 个稳定、互信的客户资源。

李翔说：“我们一直不忘初心、坚守创业，积极推进海外环保新能源市场业务开展。为更好地推进海外项目，我们总结行业在海外实施项目的成功和失败案例，建立了海外项目风控体系。公司通过大量调研、投资风险分析、商业模式创新，将核心技术优势和行业的模块化定制方案集成优势相结合，满足用户需求。同时，参与所在国家的产业规划，实现产业生态当地化、税收效益当地化、劳务用工当地化、培训技能当地化和产业发展当地化 ‘五个当地化’。”

随着国家“一带一路”倡议提出，李翔和他的公司有了更大的发展雄心。李翔说：“我要把中国的自主创新技术和产业模式推广和服务于发展中国家和‘一带一路’沿线国家，成为细分领域领军企业。”

（叶伟 / 文）

青岛海永顺新能源科技有限公司获第七届中国创新创业大赛新能源及节能环保行业总决赛成长组三等奖

让电气设备可以带电清洗

——记盐城交大能源有限公司创始人吴映阳

电气设备也可以用特制的“沐浴露”来“洗澡”？运行中的电力设备在不停电的情况下可以进行清洗？盐城交大能源有限公司创始人吴映阳让很多人看来不可思议的事变成了现实。

“我们研发的电卫士——电力设备清洗剂是一种高绝缘的高分子材料，最大特点是具有分子包裹性，能通过物理的方式将设备中的污渍包裹其中并带走，保证污染一起变成了绝缘体，从而保证了清洗过程的安全性。”在第七届中国创新创业大赛新能源及节能环保行业总决赛上，成长企业组参赛企业吴映阳的这一创业项目令人耳目一新，受到评委好评，获得了全国第8名的好成绩，被大赛授予“优秀企业奖”。

“90后”顺势而为的创业路

踏实稳重的吴映阳是一位年轻的90后，毕业后在上海交通大学当老师。“2016年，为了响应国家大众创业、万众创新的号召，同时因为我在大学时期就开始孵化这款产品，希望产品能够产业化真正走向市场，所以就决定停薪留职去创业。”吴映阳说，20多岁正是年富力壮的时候，电卫士这个产品在新能源领域有非常大的应用空间，未来前途肯定不错。

“决定出来创业还有一个原因，那就是上海交通大学有非常浓厚的创新创业氛围，学校有很多老师和同学在创业，所以选择出来创业是水到渠成的事。”吴映阳欣慰地说，出来创业2年来，历程还是比较顺利的。

2016年7月，盐城交大能源有限公司成立。“当时把公司设在盐城，一方面因为盐城是自己的家乡，各方面情况比较熟悉；另一方面，盐城是新

能源发展非常好的一个城市。”吴映阳回忆当初的情景时说，“当时盐城正好到我们学校去招才引智，我们团队的电卫士产品有比较高端的技术，又适合当地的市场。所以就决定把这个技术在盐城进行产业化。”

吴映阳说，电卫士这个产品当初在学校研发的时候就有了一些市场前期应用。当时的第一个客户是上海电力公司超高压公司，第一次就签了130万元的订单，应用效果还不错。这也为公司在盐城的发展提供了良好的基础。

“电卫士主要应用于新能源发电领域，解决新能源设备和电力设备大量积灰和腐蚀的问题。而盐城的风电和光伏的装机容量已经突破了4吉瓦，这也为电卫士产业化提供了巨大的市场空间。”吴映阳说，目前，公司的实施案例达到1000多个，主要是国家电网公司、中节能太阳能、中广核新能源、国电投、华电、中国电信、上海地铁、金风科技、阳光电源、红豆集团等央企和大型民企。现在，公司的发展速度比较快，已经在上海、北京成立销售中心。2018年公司市场规模已达千万元。

新能源设备带电清洗的“福音”

近年来，我国光伏、风电等新能源产业取得了飞速的发展。但是，许多光伏、风电等设备地处沙漠或沿海滩涂地区，长期运行易受粉尘和盐分的入侵腐蚀，故障率大大增加，亟待清洗。但是由于发电效率的损失问题，这些设备不能轻易停止运行。因此，带电清洗正成为最佳选择。

“我们研发的电卫士——电力设备带电清洗剂采用的是高绝缘的高分子材料。清洗的时候能够将污渍包裹在清洗材料内一起往下流。同时，这种清洗剂无色透明、无味、零腐蚀性，和传统的酸性碱性腐蚀污渍不同。另外，电卫士清洗剂的动态绝缘性特别好，最高可清洗 500 kV 高压绝缘子，和污渍混在一起后绝缘强度仍然为 1012 Ω 左右，能够在清洗时和清洗后保证设备的高安全性。”吴映阳介绍说。

对用户来说，电卫士的带点清洗操作也非常简单，只需要对准需清洁部分喷射，一个小时左右就能完全挥发干净，达到设备“美容”的效果。价格方面，这款产品售价不到市场上国外产品的 1/10，可谓物美价廉，独具市场优势。吴映阳介绍说，平常清洗一台变频器柜需要 3 个人，先把机器拆下来然后再装上去，共用时 6 天。而使用电卫士清洗，只要一个人，用时 10 分钟，所以带电清洗很方便、很快捷。

“清洗服务就跟人勤洗澡一样，能够保证身体健康。”吴映阳表示，一般电气设备如果不洗，也能用个五六年。但是自从新能源产业发展起来，逆变器、变流器去污成为了很大的问题。因为新能源设备有个特点，就是高压与低压控制模块是混合在一起的，高压母排有积灰和盐分腐蚀的话短时间内设备不会出现故障。但是新能源设备控制模块和逆变模块比较精贵。例如，低压设备控制板，长时间积灰不洗，两三年就坏掉了。而且新能源每天都在发电，光伏逆变器和风电变流器停一天就损失几千甚至上万元的电费。

除此之外，清洗后设备温度降低，光伏和风电变流器发电系统效率通过权威部门检测可提升 0.5% ~ 2.4%，按 2017 年全国新能源发电总量 4300 亿度计算，可为客户多赚 22 亿~ 103 亿元。电卫士清洗后能够保障新能源设备用 10 年，不需停电或清洗后立即送电，效益上也大大提升，这就催生了这个行业的发展。而且清洗后，固体污染物全部回收，清洗剂也获得了欧洲 ROSH 环保认证，能够被微生物分解，不会对环境造成二次污染。另外，由于电卫士电力设备清洗剂的高安全性，也得到了中国太平洋保险公司的认可，现在电卫士清洗剂系列产品都有太平洋保险公司的产品责任险。

“这个清洗剂，在技术方面也具有很大的竞争优势，目前国内外还没有类似的产品进行竞争。”吴映阳说，“但是这个项目在最初推广的时候遇到了很多难题。不少客户担心安全问题，不容易接受带电清洗的做法，市场培育需要时间。”吴映阳表示，为了解除用户的后顾之忧，电卫士公司做了个实验，他把一台运行中的电脑在实验室的清洗剂里浸泡了3年，元器件没有任何损伤。

创业一定要找到尽快落地的产品

“最初公司的产品主要是应用于清洗高压的电器设备，后来根据市场不断的需求，我们有了最高500 kV，220 kV……到现在的5V系列产品。”吴映阳说，每一个电压等级，对产品的要求是不一样的，现在我们对每一款产品，都做了细致的分类。

吴映阳说，现在高压设备带电清洗是我们公司自己在做服务。低压设备方面，我们面向全国招募合作伙伴，通过培训，让更多的电气设备早日能够“洗澡”，让企业享受到电卫士专业的服务。未来发展的方向是把细分市场做得更好，安全性提高，让用户可以直接傻瓜式的简单地操作。

“现在我们主要做企业用户，如果未来解决了清洗剂后期回收的环保问题，民用方向会有很大的市场”。吴映阳介绍说。

“参加中国创新创业大赛对公司电卫士品牌的成长起到了非常大的推动作用。”吴映阳表示，首先电卫士产品被更多人了解，就在参赛过程中，有将近10位企业用户和我们公司对接，与我们加盟合作。同时通过大赛，曝光了我们的产品，社会对我们公司品牌和技术及认可度大大提升了。“对我个人来说，得到了充分的历练。未来创业道路上，将不畏艰难，勇往直前。”

吴映阳说，在大学里面做研究和做企业有很大不同。做企业一定要找到快速落地的产品，这样企业才能生存。而作为创业者，一定要把好技术关，让产品做到行业里领先，其次就是做好市场服务。“创业是个长期的过程，不能只看眼前的短期利益。跟客户处理好关系，产品才能占领市场。”

“我个人挺喜欢创业这个状态的。欢迎全国志同道合的朋友合作加盟电卫士，电卫士愿景是致力于做全球最专业的电力设备带电养护专家！为全球新能源及用电企业提供最高效的节能环保服务！”吴映阳说，现在市场上不缺钱、不缺团队，只要创业的技术过硬，产品在市场上有需求，那就放心大胆出来干吧。

（李争粉／文）

盐城交大能源有限公司获第七届中国创新创业大赛新能源及环保行业总决赛“优秀企业奖”

创新的脚步从未停歇

——记湖南汉臻环境科技有限公司董事长陈汉辉

在第七届中国创新创业大赛新能源及节能环保行业总决赛期间，一位满头白发的参赛者格外引人注目：他操着一口香港口音的普通话，神采奕奕地和同行交流着专业领域的话题。这位老人就是湖南汉臻环境科技有限公司董事长，来自香港的陈汉辉博士。

20 世纪 80 年代，陈汉辉在香港开始创业，后来又在广州开辟了一片新天地。参加第七届中国创新创业大赛，是陈汉辉的第 3 次创业，这次他将创业的地点定在了湖南怀化。

“我想用我在污水处理、固废处理、废气治理方面超过 35 年的环保实战经验，为了国内环保市场提供专业服务。”陈汉辉告诉记者，这次他带来的项目是“智能全能污水处理系统”，最终获得了大赛“优秀企业”称号。能够参加大赛并进入总决赛非常开心，这也为企业未来发展积攒了更多的人脉和经验。

创新一直在路上

1987 年汉臻顾问有限公司在香港设立。这是陈汉辉从香港环保署辞职后，创立的第一个企业。

“当时创业非常艰难，既没有资金也没有很好的政策支持，通过朋友的担保才从银行贷到款，公司才开始慢慢运作。”陈汉辉告诉记者，因为在环保署工作了 5 年，所以第一次创业也从环保领域开始起步。

后来，随着国内改革开放的加速推进，香港的工业开始往内地转移。“于是我的创业脚步也移到广州。2003 年，广州汉臻环保科技有限公司成立。”

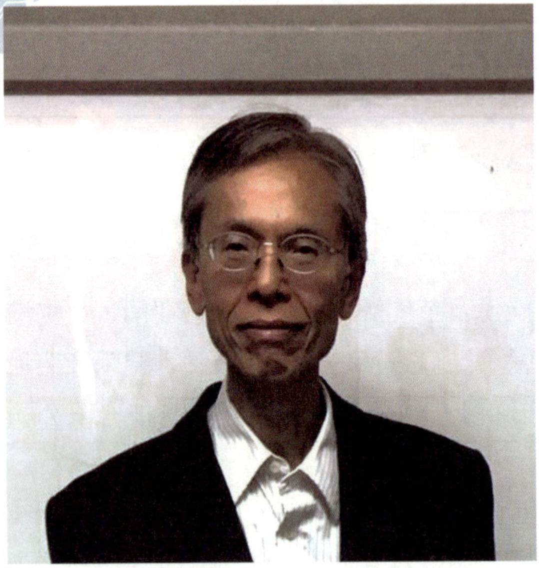

陈汉辉说，广州汉臻则主要致力于微生物菌种的研发及在环保行业的应用，并陆续推出不同的微生物菌种应用于污水处理行业及废气治理行业，且取得非常好的成绩。

2018年在处理湖南怀化洪江工业园区的污水处理过程中，陈汉辉和黄晓斌有了很多接触，后来他决定在怀化设立湖南汉臻环境科技有限公司，为怀化的青山绿水，为国内的环保出一份力，而黄晓斌亦被委任为公司的总经理。

如今，香港汉臻重点工作是在环评、技术研发、环境监测方面发挥作用，广州汉臻重点是污水处理的菌种培养及生产除臭液酵素，湖南汉臻则立足于环保设备的系统解决方案。三个地方互为补充，建成了一个污水处理的产业链。

拥有超过35年环境管理、环境评估及工程管理和技术开发经验的陈汉辉，曾担任不少香港大型基建工程的环境评估，如数码港、迪士尼、青马桥、启德体育园区等工程建设的环境评估。

在推动内地环保工作方面，陈汉辉曾于20世纪90年代致力于向深圳城管办推介先进的垃圾填埋技术，并曾多次担任深圳城管办的垃圾专家小组组员。

同时，陈汉辉还担任不少公职，自2004年被香港特别行政区政府委任水质及供水事务咨询委员，至2012年被委任为水务咨询委员会主席，同时，曾担任创新及科技基金委员—环保技术的评审委员及空气污染管制上诉委员。2015年被委任担当调查食水含铅量超标专责小组成员，2016年被委任为食水安全国际专家小组成员，2017年则被委任为食水安全咨询委员会副主席。

此外，陈汉辉还曾担任香港大学、香港科技大学及香港城市大学本科及硕士课程教学工作。现为香港大学的兼职副教授及香港高等教育科技大学兼任教授。

2017年，陈汉辉获香港特区政府颁发的铜紫荆星章，以表彰他在专业领域取得的成绩。

实现碧水蓝天梦

2018年5月28日，湖南汉臻环境科技有限公司在湖南怀化高新区成立。陈汉辉利用他在污水处理、固废处理、废气治理等方面较强的实战及理论经验，研发出的智能污水处理系统，彻底解决了缺环保人才、缺环保技术的排污企业的污水排放问题，可以说是国内首创。

“这一套智能污水处理系统，经过为期约一年的时间设计、改进、小试，在香港一家食品厂及广州某印染公司进行中试，完全成功实现污水处理达标排放。彻底解决缺环保人才、缺环保技术的排污企业的污水排放问题。”陈汉辉告诉记者，现该系统已申请发明专利及两项实用新型专利，目前处于受理阶段。

“目前，国内的工业污水处理问题比较严重，还存在偷排、不达标等情况，这一条成熟的污水处理系统和设备，能帮助工业企业从产业链上，或者从原材料源头控制污染源，减少污染物排放量。”陈汉辉说。

此外，随着社会大众的环保意识也在不断增强，政府的监管力度不断加大，很多企业因环保问题被迫停产。“湖南汉臻希望通过租赁设备、提供处理系统的方式，减轻企业负担，解决企业的困难和困局。”陈汉辉表示。

目前，湖南汉臻还处于起步阶段，实验室刚刚装修好，实验设备还没有进来。“公司落地的项目不多，但是有十几家化工企业已经在接洽合作。”陈汉辉说。

参加大赛收获满满

“湖南汉臻能够落地怀化高新区，有一个重要的原因，那就是当地的政策环境非常好，支持力度很大。”陈汉辉说，公司刚一落地，就享受到怀化高新区提供的几百平方米的办公场所、实验室等场地租金3年减免的优惠。如果公司申请高新技术企业成功，还能接着减免3年租金。“这对初创公司来说，是很大的支持。”

“不仅湖南怀化给予了各种优惠条件，参加大赛也是收获满满。”陈汉辉说，在参加大赛期间，有很多投资机构与湖南汉臻接洽，商谈合作。同时，参赛项目也得到了评委和同行的好评，市场知名度进一步提升。

如今，进入70岁的陈汉辉并没有停止创新的步伐。“有了绿水，也要有青山，下一步，我打算在土壤污染处理方面加大研究力度，争取为国内的绿水青山贡献更多的力量。”陈汉辉说。

对于未来的创业者，陈汉辉表示：“创业看性格，有了创业的兴趣、创业的意向，一定要去试试。”自己到了内地创业后，活力被充分激发出来了，感觉自己越来越年轻。

（李争粉 / 文）

湖南汉臻环境科技有限公司获第七届中国创新创业大赛新能源及节能环保行业总决赛“优秀企业奖”

创业是一件使命

——记苏州艾利特机器人有限公司董事长、CEO 曹宇男

对于大多数人来说，创业是九死一生的冒险，而对于苏州艾利特机器人有限公司董事长曹宇男来说，创业是一件使命。

创业前的曹宇男，是北京航空航天大学的博士、北京交通大学副教授，他师从中国工程院院士张启先及北京航空航天大学机器人研究所所长、教授王田苗。

与两位机器人界的“泰斗”结缘，让他笃定了扎根机器人行业的决心。可是机器人核心技术长期掌握在国外手中，让他一直很揪心。

终于，在强烈的使命感驱使下，他走下三尺讲台，投身创业。他要将自己的所学化为实实在在的生产力，助推中国机器人站上世界的舞台。

创业是在吃“第 6 个包子”

从 2016 年 9 月 18 日成立到现在，不过短短 2 年多的时间，苏州艾利特就布局了 38 项专利，是国内唯一一家可以实现七轴协作机器人量产的公司。

2018 年 4 月，苏州艾利特在苏州建立工厂，经过半年时间就完成了从招聘、团队建设，到生产、品控、量产、销售这样一套流程。现在苏州艾利特已经具备了 5000 台 / 年的产能。

2018 年 9 月，苏州艾利特的销量已经突破了每月 100 台。

2018 年 10 月，在第七届中国创新创业大赛先进制造行业总决赛上，苏州艾利特一举拿下初创组的冠军。

要说苏州艾利特缘何能够取得如此快速的发展，还要从“吃第 6 个包子”的故事说起。

从前，有一个人，他买了6个包子，一口气吃完，肚子才饱。这时，他忽然醒悟，“我为什么不先吃第6个呢？何必白白浪费那5个包子呢？”

先吃第6个包子一定能吃饱吗？显然不能。因为没有前5个包子的积累，先吃第6个包子也只吃了一个包子而已。所以，凡事一定是在前期有了一定积累的基础之上发力，才能事半功倍。

曹宇男专注于智能工业机器人的研发与制造已有15年。在他看来，他现在创业其实是在吃“第6个包子”。

他毕业于北京航空航天大学机器人研究所，于清华大学精仪系读完博士后，曾获广东省科学技术奖二等奖、广州市科学技术奖一等奖、北京市科委最具产业化前景奖一等奖、第四届中国机器人峰会路演大赛一等奖……在很多人看来，曹宇男就是传说中的“斜杠青年”。

2003年，依托国家项目的契机，曹宇男和几个同学与广州数控合作开发了其第一款控制器——GSK980TD系统，苏州艾利特的创始团队也由此从数控领域起家。

到了2009年，团队又与埃夫特合作开发了机器人控制器，从而正式切入机器人控制领域。积累了丰富的学识与项目落地的经验之后，曹宇男毅然投身于机器人领域的创业当中。

“苏州艾利特团队在机器人控制方面的渊源很深。可以说，从团队组建的那一天起我们就传承了运动控制的优秀基因。”曹宇男表示。

在他看来，机器人的核心就是“控制”，从工业控制这些简单的动作行为和工艺的实现，到机器人的人机交互，再到机器人的自主决策，这才是真正意义上“大脑”的功能。

沿着控制器这条主线，苏州艾利特依序从传统的工业机器人运动力学控制，延伸到协作机器人人机共融的控制功能，再深入人机智能，实现从小脑到大脑的进化。

其实，将协作机器人纳入运营范围，苏州艾利特其实也曾受到外界的一些打击，但曹宇男一直很坚定。2018 年 10 月 4 日，协作机器人先驱、美国知名机器人企业 Rethink Robotics 宣布倒闭关门。消息发出后，机器人行业内各种解读，有的人解读成协作机器人没有机会；有人解读说是 Rethink Robotics 公司资金本身的问题。

“从我的角度来说一定是后者。Rethink Robotics 在产品定位、产品定价和整个企业运营上面存在一定的问题。这件事对于国内机器人企业来说其实是个逆袭的机会。”曹宇男说。

自主研发　与对手拉开距离

现在，苏州艾利特仍是工业机器人和协作机器人产品线两线布局，目前已经完成了全产品线的布局，这在国内是鲜有的。

苏州艾利特还有一个发展逻辑就是自主研发。“自主研发率一定要高，我们以这种方式与对手拉开距离。”曹宇男说，苏州艾利特尤其专精于控制，目前共有 38 项专利。

曹宇男介绍说，“虽然现在国内知识产权做得还不是特别好，但是我们知道这个事情在未来 3 ～ 5 年一定是一件非常严格的事情。所以我们早早就给专利进行了布局，甚至有一些防守型专利我们都在做。”

在整个企业发展的过程中，苏州艾利特做好了每一步打算，而且总是有着自己独特的理解。

从商业模式来讲，苏州艾利特是全产品矩阵布局。据介绍，基于对市场的理解，在工业机器人端，苏州艾利特研发了4款机器人，并且区别于目前的红海市场，做一个工业机器人机械化特征的表达。在协作机器人端，苏州艾利特对标国内外企业，做了六轴、七轴机械臂，并且全线机器人配置苏州艾利特自身AI视觉和算法解决方案。

没有AI，协作机器人就是轻型机械臂，和传统机器人相比其最大优点仅仅体现在“轻”上。因此，苏州艾利特在设计协作机器人本体的时候，同时启动了AI及相关技术、产品的研发。轻型本体是协作机器人的载体，AI是协作机器人的灵魂，以机械、结构及传统的控制技术作为支撑，视觉、AI等功能则是让协作机器人真正大规模发挥价值的内核。

在产品方面，苏州艾利特对产品的理解排在第一位的是“接地气”。

据介绍，苏州艾利特对整个机器人市场做了一个划分，分为3个应用场景：老工业、新工业和非工业。苏州艾利特就是要在新工业和非工业端发力。在新零售领域，苏州艾利特已与上市公司新北洋、工博士等展开合作，提供无人冰激凌店、咖啡店、奶茶店的协作机器人；在智能物流领域，与物流头部企业合作推广拆零拣选、混杂无序搬运等工序的机器人方案。

苏州艾利特联合工博士推出的协作机器人智能无人冰激凌机系统，占地3平方米，由EC66协作机器人、冰激凌机、操作界面、智能中控系统组成，消费者可在操作界面上选择冰激凌口味，使用网络完成支付后，中控系统控制机器人会在30秒内将冰激凌呈现到消费者面前。该系统使用多种光电传感器提高系统的安全防护系数和防呆能力，机器人动作起落连贯有序，精准控制，全程无须店员，完全自助完成，为消费者提供全新的个性化互动式购物体验。

“可以说苏州艾利特的机器人产品是一个与人对标的智能化产品。”曹宇男说。

“我觉得这家企业应用点找得比较好，找准了市场的痛点。”在第七届中国创新创业大赛先进制造行业总决赛上，谈起苏州艾利特的获奖缘由，总决赛评委泰达资本创始合伙人李泉生如此评价。

打造“智能工人” 苏州艾利特在路上

曹宇男多次表示，苏州艾利特公司的规划就是与人对标，打造出真正智能的“智能工人”。“为什么苏州艾利特希望把智能化加持在机器人上，就是因为现在的机器人更多的偏向于‘机器’，我们希望制造出大家概念里的机器人，更偏向于‘人’。”曹宇男说。

打造“智能工人”，苏州艾利特在路上。曹宇男表示，工业机器人是一个比较基础的东西，协作机器人则是一个过渡态产品，已经有一些智能了，如视觉识别与集成、AI 解决方案、智能抓取、学习等，再往上，苏州艾利特要做出轻型智能笔。“这个更偏向于人工智能，我们最后就是要造出具备‘人’的逻辑或能力的机器人。”

根据国际机器人联合会 (IFR) 的统计，到 2020 年，中国机器人市场规模将进一步扩大到 93.5 亿美元。“中国机器人最大的机会来源于智能机器人，这既是弯道超车的机会，也是中国优势和红利的体现。机器人将越来越像人，并将成为‘智能工人’，登上历史的舞台而成为时代的标签，成为老百姓心中不可或缺的东西。”曹宇男表示。

目前，苏州艾利特在苏州工业园区有一个面积 10 860 平方米的产业基地，规模年产已达 5000 台。曹宇男透露，2018 年，苏州艾利特将实现销售收入 3000 万元，2019 年计划实现销售收入 1.8 亿元，2020 年计划实现销售收入 3.6 亿元，对应需要销售的机器人数量为 3000 和 7000 台。

谈起创业的艰难，曹宇男认为人才缺乏是企业面临的最大困难。为培养机器人行业人才，苏州艾利特于 2018 年 7 月与指南车机器人学院签订战略合作协议，聚焦工业机器人市场开发，在机器人工程师培养和机器人售后服务等领域展开合作。同时，苏州艾利特也以开放共享的姿态，积极引进外来先进人才。

“苏州艾利特是一个开放的平台，必须土洋结合。”曹宇男透露，苏州艾利特会持续吸纳国内外机器人相关行业的绝对能力者。近期，苏州艾利特又引入了两位非常重要的战略合伙人，其中一位是在 AI 及视觉应用方面颇有造诣的哥伦比亚大学博士，另一位是在2017年创造2000台套机器人销售奇迹的罗朝晖。

“通过对苏州艾利特全线机器人产品矩阵和公司未来产品线布局的了解，相信他能够让苏州艾利特的产品不仅服务于国内的企业，也能在更高的平台之上，服务于世界的企业。”曹宇男说。

（崔彩凤／文）

苏州艾利特机器人有限公司获第七届中国创新创业大赛先进制造行业总决赛初创组一等奖

给工业机器人装上智慧的“大脑”

——记武汉库柏特科技有限公司创始人闫琳

在湖北武汉光谷未来科技城，有一家机器人公司——库柏特。虽然刚成立不久，却拥有多项核心专利，瑞士工业机器人巨头ABB和国内知名企业京东、菜鸟等都争相与之合作。

公司创始人闫琳将着力点放在研发上，矢志不渝搞创新。成立之初，库柏特公司智能分拣抓取技术就在IROS 2016国际机器人抓取与操作竞赛中取得第二名，是唯一在自主与仿真单元中获奖的中国企业团队。2018年10月，公司又斩获第七届中国创新创业大赛先进制造行业总决赛成长组二等奖。

库柏特是率先在全球提出工业机器人智能操作系统的公司。“我们致力于让机器人具备视觉与触觉的感知能力。”闫琳表示，他们要给工业机器人装上智慧的“大脑”，让机器人真正智能起来，让每一个人都能使用工业机器人。

虽然创业短短2年，目前库柏特的公司估值却已超20亿元，成为一家“准独角兽”。

辞职下海

创业前的闫琳，从华中科技大学本科开始，就一直从事机器人方向的学习和研究，从武汉大学博士后毕业之后，他又去了华中科技大学无锡研究院。

生活如果一直按部就班地走下去，闫琳也许会成为机器人研究行业的一位“泰斗”。可是，闫琳内心一直有一个想法，按捺不住。

“机器人肯定是中国制造业非常重要的一环。机器人的问题不解决，中

国的智能制造可以讲，基本无路可走！”闫琳说，中国的人口红利已经消失，新的红利来自于“技术＋场景”，此时手握技术的他，正是实现其人生价值的最好时代。况且，自己有想法、有冲劲、有干劲、有团队、有技术、有需求，为何不大干一场？而且用他的话来讲，既有体制、体系和平台，都不足以让他的这一想法得以实现。

2016年，大众创业、万众创新理念已经深入神州大地，创新创业浪潮风起云涌。“没有一个比这更好的时代了！”面对时代召唤，闫琳毅然选择走出研究室，投身创业。

在闫琳看来，工业机器人智能化是必然趋势，但是工业机器人目前最大的问题就是不智能。“我们常见的工业机器人，以机械臂为例，大部分都是按照既定程序，按设定的轨迹作业。即在无序分拣、柔性装配等非标场景下，机械臂无法满足智能制造的需求。”

据国际机器人联盟调查显示，目前工业机器人的应用只能满足制造业需要的5%。怎么解决这一问题？闫琳和他的伙伴为此提出工业机器人的智能操作系统。他们要为工业机器人装上智慧的“大脑”，让它能够快速理解非结构环境下的一些标准化信息，让它真正像人一样具有判断感知能力，让每一个人都能使用工业机器人。

库柏特的核心产品COBOTSYS就是一套工业机器人的智能操作系统，该操作系统主要包含3D视觉与力控两个底层技术，分别对应了分拣、打磨与柔性装配的应用场景。

以物流领域的无序分拣为例，工业机器人可以完成固定模式物体的抓取，轻易实现快速分拣。但对于复杂堆叠物体的识别和分拣，依然有90%以上通过人工方式完成，极大地限制了工业生产的效率。

针对复杂堆叠物体的识别和分拣，库柏特基于先进的机器视觉技术、机器人快速逆运动学计算和机器人路径规划技术开发了机器人智能无序分拣系统，实现了对目标物品的视觉定位、抓取、搬运、旋转、摆放等操作，可对自动化流水生产线中无序或任意摆放的物品进行抓取和分拣。同时，公司通过将机器学习算法模型植入“机器人大脑”COBOTSYS，确保工业机器人安全、稳定、易用，满足客户追求高速效率的目标，同时降低人工成本的需求。

冒险之旅

创业是九死一生的冒险。既然选择了创业，就不可能一帆风顺。

库柏特公司自主研发的智能工业机器人操作系统COBOTSYS，集机器人视觉、智能力控、抓取规划和机器学习等技术为一体，利用其提高并颠覆了工业机器人的“思维能力”。

但是，“云端”科技要“落地”市场，才能创造价值。可谁能想到，虽然库柏特的产品拥有诸多优势，需求也很大，但是市场却并没有那么容易被打开呢？如同所有的新生事物一样，库柏特的产品在创业初期也遭遇了“不敢用”“用不起”的尴尬。

“创业者最重要的素质就是要有风险意识。不仅如此，还要能够意识到自己的风险在哪里。”对于这种境遇，闫琳似乎早有预料。

他说，创业看似是一件光鲜亮丽的事情，可以自己当老板，掌控一片自己的天空。但是作为创业者，首先想到的应该是风险，其次才是对未来的憧憬。如果不考虑风险，只预想美好的未来，一定会跌得头破血流。

为了解决下游用户对产品需求大而资金缺乏的境遇，库柏特和当地银行进行合作，对下游客户进行资产评估，贷款给客户供其购买公司产品，客户使用了公司产品之后，节省下来的资金就可以用来还贷款。

而针对下游用户因缺乏应用案例而“不敢用”的问题，闫琳和公司其他创始伙伴只能苦口婆心地去游说。

闫琳清晰地记得，2016年，他和公司另一位创始人李淼正在苏州开辟市场，偶然间，他们得知浙江嘉兴有一家做机器人本体的公司，需要用到3D视觉分拣、力控等技术，当即决定打车过去与其对接。时值9月，江浙地区正是酷暑难耐，加之连日疲于奔波，结果车还没到达目的地，俩人就已全部中暑，出现呕吐现象。

“这些都是创业过程中必须要经历的。所以，创业不仅要有好的技术、创意，还要有一个好的身体。”面对困境，闫琳总是很坦然。

所幸，库柏特很快在国内外市场打开了一片天地。瑞士工业机器人巨头ABB和国内知名企业京东、菜鸟等都争相与之合作。

据闫琳介绍，目前库柏特的客户其实大部分来自于国外，在国外市场中，库柏特在产品完善度、服务的响应机制、软硬件结合等方面，都占据主导优势。不仅技术领先，在场景应用中，库柏特也走在了前列。例如，在物流行业，库柏特将智能分拣技术应用到物流出入库分拣过程，成为全球先行者；在食品行业，库柏特研发出国内首条香菇智能无序分拣流水线，分拣速度是人工的2～3倍。

潜心研发

创新的背后，是人才的支撑。据闫琳介绍，库柏特公司员工中拥有博士学位的占比为16%，70%以上拥有硕士学位。这些人才，库柏特不是去招聘会广撒网招来的，而是通过自己的朋友圈，去一个一个谋来的。

在人才的支撑下，库柏特获得了多项拥有自主知识产权的核心技术。据闫琳介绍，公司现有专利技术或产品51项，高水平论文9篇。同时，库柏特还是湖北省的上市金种子计划企业和知识产权示范企业。

虽然才短短2年时间，库柏特的估值却已超20亿元。2017年，公司实现销售收入2200万元；2018年规划实现9000万元，截至2018年10月已

经完成了 5000 万元。

面对高估值，很多人会问及库柏特的盈利情况。而闫琳似乎并不着急盈利。在他看来，应用场景的铺设固然重要，但技术水平的高低更决定了市场的宽广度。

库柏特目前尚处于高速成长阶段。与一些急于盈利的公司不同，库柏特将着力点放在研发上。这也是为什么库柏特公司不遗余力引进人才的一个重要原因。

“要创新，就必须要搞研发，搞研发就必须投入资金。”闫琳说，库柏特公司每年都会投入大量资金在研发上，其中每年的人力支出就将近 400 万元。

闫琳认为，现在库柏特很受资本青睐，如果在资本催生的情况下，不利用资本的优势快速地完善自己的技术体系，实非明智之举。

历来，站在世界舞台唱主角的知名公司都将研发放在非常重要的位置。例如，苹果公司预计 2018 年的研发费用为 140 亿美元，亚马逊 2018 年的研发支出则高达 226 亿美元。库柏特一开始就站在了“巨人”高度之上。未来，库柏特还将引入一些战略投资，再把研发更进一步加深，促进新的销售渠道铺设。据悉，库柏特已经在苏州、深圳建立了华南、华东销售公司，在德国汉堡规划建立了一个产品研发和推广平台。

如今，利用3D视觉技术和自我学习能力，库柏特已经让机器人发挥出了更大价值。客户购买了他们的机械臂、3D相机和COBOTBOX操作系统之后，可以实现即插即连即用。

梦想的大门已经打开，“让每一个人都能快速、便捷地使用工业机器人”，对于闫琳来说，已经成为现实。

（崔彩凤 / 文）

武汉库柏特科技有限公司获第七届中国创新创业大赛先进制造行业总决赛成长组二等奖

填补国际焊接自动化领域的空白

——记北京博清科技有限公司总经理冯消冰

“目前在油气化工、船舶制造、核电、能源等领域的大型结构件主要使用人工焊接，但现实是人工成本特别高，且长时间工作，对工人的身体健康也有影响……博清科技研发的无轨导全位置爬行焊接机器人可以很好地解决这一问题，从而解放人力。”2018 年 10 月 15 日，在第七届中国创新创业大赛先进制造行业总决赛答辩现场，北京博清科技有限公司总经理冯消冰介绍道。

最终，北京博清科技有限公司凭借“无轨导全位置爬行焊接机器人”项目，获得第七届中国创新创业大赛先进制造行业总决赛初创企业组二等奖。据了解，该项技术在国际焊接领域属于首创，填补了行业空白。

师生联合创业

“我的这次创业可能与其他的创业方式不太一样，属于一个师生联合创业。”比赛结束后，冯消冰接受记者采访时这样说道。

在这次创业之前，从某大型公司辞职的冯消冰进入清华大学攻读博士，师从中科院院士、清华大学机械工程系教授潘际銮。

“在攻读博士期间，导师正好有一个研究了 20 多年的科技成果想要转化，加上老师对我的信任，我接下了这项任务。”冯消冰说，北京博清科技有限公司便是在这样的机缘巧合下成立的。

成立于 2017 年 1 月的北京博清科技有限公司，是一家专业从事爬行焊接机器人系统研发与制造、焊接切割技术咨询与服务的高新技术企业，通过采用创新软件、自动化技术、驱动技术及服务，帮助工业企业保持在市场上的竞争优势。

冯消冰口中所说的科技成果，便是由清华大学和南昌大学在20世纪90年代联合立项的一个国家自然科学基金科技项目，该项目研究从90年代开始一直持续到2015年。随后，在潘际銮院士和清华大学几位老师的支持下，博清科技同清华大学、南昌大学建立了合作关系，进而进行成果转化。

目前，博清科技拥有以中科院院士、清华大学机械工程系教授潘际銮为核心的技术顾问团队，团队成员大多毕业于清华大学、北京大学、上海交通大学。不到2年时间，博清科技已经形成了以北京为总部、合肥为产业化生产基地、泰州为业务平台的发展格局。

啃下一块“硬骨头”

“目前在大中型结构件焊接领域，几乎100%都是由人工进行焊接。但现在的年轻人，尤其是90后根本不喜欢当焊工，人工成本很高。加上焊工也有一定的危险性，包括我自己以前皮肤被灼伤过，眼睛也被打痛过，这些对身体的危害非常大。”冯消冰说，博清科技正是抓住了这一市场痛点。

“博清科技现在做的大中型结构件自动化焊接解决方案在全世界范围内是唯一的，用潘际銮院士的话说，这是一块‘硬骨头’。”冯消冰表示，博清科技研发的无轨导全位置爬行焊接机器人技术在国际焊接领域属于首创，填补了行业空白，属于国际领先、原始创新的科研成果，也是解决大型结构件或狭窄空间在工地实现自动化焊接的大“武器”。

“这项成果潘际銮院士团队已经研究了20多年，现在交给博清科技继续做。”冯消冰坦言，当前博清科技只是把市场的一部分“啃”下来了，“就像大赛评委说的，市场有很多工艺包，目前博清科技只掌握了大部分的工艺包，剩下的也是最难往下‘啃’的。”

根据对国内外从事焊接自动化业务企业的调查显示，冯消冰及其团队发现，目前从事无轨导全位置爬行焊接机器人研发、生产、销售的厂家只有博清科技一家。

谈及技术壁垒，冯消冰信心十足地说："目前，博清科技的核心部件至少领先其他公司 5 年以上，这归功于大量的实验。如果是核心部件集成到一块的话，博清科技至少领先同行 8 年以上。"

冯消冰说，当前市场上做焊接机器人的企业都扎堆在一个红海里面——轴关节机器人，也就是流水线的机器人。这种机器人活动半径只有 1 ~ 2 米，大部分公司都在这个里面竞争。"博清科技和这些企业的领域完全不一样，它们的机器人是固定的，我们是爬行的。而且博清科技的产品基本上都是自主创新，像传感器、爬行机等都是自主研发，包括算法和图像处理，各种工艺包等。"

目前博清科技研发的各类焊接机器人成本远低于人工。冯消冰举例道："以一个 8000 立方米的储罐项目为例，如果使用人工的话，1 个储罐需要 14 人，而使用博清科技的无轨导全位置爬行焊接机器人只需要 2 个人，相当于替换了九成的人工。"冯消冰表示，目前博清科技的产品定价是参照人工的水平，以略低于人工成本拿下工程。

创业要全身心投入

其实，博清科技并不是冯消冰第一次创业。早在 2015 年，冯消冰有过一次短暂的创业经历。

"读博期间，跟着导师做研究，论文也发表地很顺利，当时就想着自己创业试试。随后成立了一家做工业互联网的小公司，但是那个公司并不完善，商业模式也不成熟，处于自由探索阶段。"在冯消冰看来，创业一定要全身心投入进去。

谈到创业过程中遇到的困难，冯消冰说目前主要是技术方面的一些工程化困难，"因为实验室和工程化完全是两回事。有时候在实验室很完美了，但是放到工程上应用却只有60分，需要完善的地方很多，迭代优化方面的困难也比较大一点"。

此外，像很多初创企业遇到的资金难问题，博清科技也遇到了。"因为创立公司，每个月的固定支出较多，但是资金渠道都需要自己逐步解决。"冯消冰说道。

其中，让冯消冰记忆犹新的一次资金压力发生在2017年8月，彼时博清科技正面临资金短缺的危机。除了自筹之外，冯消冰跑到各地去谈融资。

"当时某机构愿意给博清科技投一笔1000万元的债权。但是对方要求我个人承担无限责任，也就是说公司如果后续发展不好的话，这1000万元都得由我个人承担。"经过一番纠结之后，冯消冰决定同意这个条款。

"其实那个时候我特别纠结，要不要自己一个人承担责任，但当我看到团队20多个人，且项目又做到中间阶段时，我义不容辞地就把债权协议个人承担无限担保责任签下来了。"冯消冰说，这就相当于把自己"卖"出去了。

好在这之后，博清科技的资金压力很快得到缓解。公司项目也逐步走向正轨，资金压力也越来越小。冯消冰说："现在回想起来，如果当时没有做出那个决定，可能博清科技就很难发展下来了。"

"其实参加中国创新创业大赛之前，我根本不知道有这样一个比赛，参加了之后才知道规格这么高，含金量这么高。"冯消冰笑着说道，通过参加这次"国赛"，一方面自己收获很大，另一方面也将博清科技产品的理念包括清华大学老师们的情怀展现给了大家。

说到这一情怀，冯消冰有点激动地说道："主要是老一辈的情怀，一帮八九十岁的老爷子，他们这么大的年纪，还这么拼命地做这件事。2018年4月，91岁高龄的潘际銮院士，在外面连续出差20多天，帮博清科技跑项目。他们就是想看到项目尽快落地，尽快用起来。博清科技也受到了他们的鼓舞。”

谈及公司未来规划，冯消冰说，预计通过5年的努力，在产值方面，博清科技达到20亿元；在产能方面，年产机器人达到1000台。“此外，在市场拓展方面的话，目前博清科技拥有的客户是中石化、国家电网，未来将逐步向核电、船舶制造等领域迈进，希望能在10年内，把国内焊接领域内，几乎100%的人工给替代掉，从而把人工解放出来。”

“当然，这并不是要和工人抢饭碗。”冯消冰解释道，目前焊接领域很多工人不愿意做，企业也招不到人。

“当前国内焊接领域处于半自动化向全自动化过渡阶段，博清科技做的事情是有意义的，是与国家战略发展方向完全吻合的。”

（罗晓燕／文）

北京博清科技有限公司获第七届中国创新创业大赛先进制造行业总决赛初创企业组二等奖

智能化运动设备让运动不再“冷冰冰”

——记上海昂腾网络科技有限公司 CEO 田万桂

2018 年 10 月 15 日，在第七届中国创新创业大赛先进制造行业总决赛现场一众西装革履的参赛选手中，一名穿着红色 T 恤牛仔裤的参赛选手吸引了记者的注意，他就是上海昂腾网络科技有限公司 CEO 田万桂。最终，上海昂腾网络科技有限公司凭借“莫比运动——赛艇划船机”项目获得了第七届中国创新创业大赛先进制造行业总决赛成长企业组三等奖。

有点“另类”的参赛者

“在先进制造行业比赛中‘混’了一个第 5 名。”比赛结束之后，田万桂在自己的朋友圈这样写道。

为什么是“混”呢？“因为莫比运动跟其他参赛企业的类型不太一样。”田万桂解释道，其他参赛企业做的事情可能更加偏制造业一些，而莫比运动是更偏民用化一些的工业产品，相对来说还是有一些区别的。

在总决赛上台答辩之前，田万桂拒绝了化妆，临上场还拒绝了工作人员给借的西装外套，一身 T 恤牛仔就上场了。

据田万桂介绍，此次参赛的项目“莫比运动——赛艇划船机”，将健身跟赛艇做了一个非常好的结合，用一句话来说，就是造船、卖船、玩船。

田万桂说，划船实际上是一项非常科学的运动项目，全身运动，不伤关节，而且运动效率非常高，高过跑步 3 ~ 5 倍。“赛艇已经有 100 多年的历史，又是一个非常强调团队的运动。莫比运动围绕这块进行了一系列的研发，整个产品架构分专业级、商用级和家用机，目前所有产品已经开发完成。”

事实上，莫比运动是田万桂的第二次创业。在此之前，田万桂和团队做

了近 7 年的中国技术传媒平台。2014 年，将其卖给了阿里巴巴。

“当时公司卖给阿里巴巴之后，原来的核心团队基本上都出来继续创业了，有好几个成员创业成绩还特别好，其中有美国上市的。”田万桂说，其实大家选择继续创业都有一个共同点，那就是二次创业的时候都选择了各自内心比较喜欢的领域。其他人有去做物流、教育、金融等方面的，田万桂则选择了自己喜欢的运动健康。

一直以来，热爱运动的田万桂发现，目前市场上几乎所有的运动设备都缺乏体验感，过于冷冰冰，不掌握用户。“因为厂商根本不知道究竟是谁在使用设备，更不知道用户用得好不好。”田万桂说。

2014 年，田万桂及其团队成立了一家专注于运动领域智能软硬件产品的科技公司——上海昂腾网络科技有限公司。

在田万桂看来，运动健康领域里面，目前国内的市场还比较初级，很多方面不是很完善，包括专业知识、专业设备、培训机构，以及线下体育场馆的体验方面还有很大的改造空间。田万桂希望，莫比运动能有一点点影响到运动健康行业，希望这个行业变得更加专业、有趣，受到更多用户的喜欢。

“公司不转型就不行了”

在昂腾网络科技成立之初，田万桂及其团队就将创业领域确定为运动健康，“因为这个行业在未来 30 年都是蒸蒸日上的，除非是我们自己做的不好，这个创业方向是没有任何问题的。”

但是创业不是一蹴而就的。“创业过程中的困难是一直都有的，而且每年都会遇到不同的困难。”田万桂说道。关于创业遇到的困难，他总结为趟了2个“大坑”：一个是产品形态和商业模式的坑，一个是供应链方式的坑。

2016年，昂腾网络科技在经过2年的成长之后，遇到了发展瓶颈。“当时公司已经到了不转型，项目就推进不下去，做不出来的地步。”田万桂笑着说道。

“主要是在商业模式探索方面。”田万桂介绍道，昂腾网络科技一开始的定位是做运动设备的智能化，“我们最开始的时候只想做软件的技术，而不做制造。”

刚成立的前2年，昂腾网络科技做的是设备的智能化，包括设备里面的box、传感技术、软件、云端等，但是在同厂家合作时，田万桂及其团队会发现，国内的很多厂家本身是比较原始的，很难达到公司需要的合作状态。

“当时面临的问题是，昂腾网络科技属于互联网企业出身，一般互联网公司更重视技术，线上做的多一些。而线下所谓的生产、制造，以及线下

赛事服务等方面尽量少碰。"田万桂将这看作互联网人惯性的误区，"因为创业首先一定要被用户认可，获得正常的收益，才是一个企业正常的发展。当公司遇到问题的时候，要么你的产品不被市场接受，要么你的商业模式跑不通，就说明有很大的问题。"

在经过探索之后，田万桂及其团队发现，在运动健康领域中创业，"如果不踏踏实实地涉足生产、制造，以及线下赛事服务等方面，即常规说的'脏活''累活'，整个商业模式是没有根基的，是跑不起来的。"

在趟了 2 年坑之后，田万桂及其团队发现，如果不做硬件的生产，公司项目很难快速推进下去。"因为国内在运动健康产业领域的供应链相对来说还比较薄弱，经过比较痛苦的商业转型之后，昂腾网络科技介入了生产制造这个领域，从图纸设计，一直到生产组装阶段，包括售后体系，都进行了重新建立。"

田万桂坦言，在这一商业模式转型的过程中，创始团队的成员没有变化，主要是大家思维的转变。"创业团队是一直都在的，因为在创业之初，大家都一致认可了运动健康这一领域，有共同的信念、共同的爱好是最重要的，大家坚定信念，在创业中遇到的任何困难，都可以依靠团队的协作去解决。"

让运动更智能

此次参加中国创新创业大赛先进制造行业总决赛的项目"莫比运动——赛艇划船机"，便是一款智能划船机。不久前，昂腾网络科技还发布了一款智能单车。

"莫比运动的优势主要体现在，技术性产品的研发能力和综合的运营能力方面。"在谈到竞争优势时，田万桂信心满满。"不是说产品卖出去就结束了，反之应该是才刚刚开始，后续产品的持续迭代，用户的运营等方面都是非常重要的。"

在田万桂看来，目前莫比运动的市场竞争对手，主要是传统的、成千上万的健身器材的厂商，“而这些厂商在智能化体验方面相对来说是比较薄弱的”。

近2年，莫比运动一直在做产品研发、产品销售、用户运营及赛事和课程的服务。其中，用户运营是当前主要考虑的方面。

目前，莫比运动的每一款智能化健身产品都有配套的智能APP，包括社交的比赛模式、专业的训练模式、实景互动模式，以及多人比赛系统，可以支持异地、城市、健身房等。

谈到公司未来发展，田万桂说，希望以智能健身为切入点，最后升级到智能康复。“目前国内运动器械的市场空间一年有500多亿元，预计2年之后能达到650亿元左右，如果有机会能把它升级为运动康复的话，这个市场将会更大。”田万桂给记者列了一组数据。

如今，国内也有其他公司加入进来，开始做智能化运动设备。“莫比也算是对整个行业起到了一个引领作用，后续入局的企业也会越来越多。我们也希望加入进来的企业能对自身进行升级，把产品做得更加智能化，受到更多用户的喜欢，也让整个行业能健康良性发展。”

（罗晓燕/文）

上海昂腾网络科技有限公司获第七届中国创新创业大赛先进制造行业总决赛成长企业组三等奖

闯入国际市场的工业检测先锋

——记宁波云太基智能科技有限公司总经理吴炜

1999 年在新加坡留学毕业之后，吴炜就去了全球第一大连接器公司——泰科电子工作，一待 10 余年，而且曾任高管多年。原本可以过着优渥的生活，吴炜却选择了创业，从零开始。

他说："在工业领域做得越深，越有恐惧感。"因为他发现，高端视觉检测市场绝大多数份额都被海外企业占据了。国内许多高校、科研院所虽然这几年也研发出了很多成果，但是真正能够给工业大量应用的并不多，真正实现对核心技术突破的也非常少，而且成效不高。

"是时候轮到中国人有所作为了！虽然我不能改变中国的现状，但是可以从我做起，贡献一份小小的力量。"于是，带着这样的初心，吴炜出发了。

潜心研究　专注核心技术攻关

他把创业点放在了研发、推广用于工业检测的全能影像机器人身上，创办了云太基公司。很快，他就在国外垄断的检测市场中撕开一个口子，拿下全球顶尖汽配企业的订单。2018 年 8 月，在第七届中国创新创业大赛（宁波赛区）总决赛现场，宁波云太基智能科技有限公司一举摘得大赛特等奖，引来了广泛关注。

"能获得大赛特等奖，得益于我们团队一直以来坚持进行自有核心技术攻关。"吴炜表示。

技术出身的吴炜对自有核心技术攻关情有独钟。其实早在 2010 年，他便创立了云太基精密机械有限公司，其间创造了业界多项第一：第一台 FPC（0.03 mm 间距）超精密全自动插针机、第一台 LVDS（0.02 mm 间距）

工业机器人等。

宁波云太基智能科技有限公司自创办以来，长期专注于高端智能机器视觉检测、运动控制与视觉一体化领域，企业自主研发的产品覆盖全外观、全尺寸检测，自动视觉检测等领域。2017年，“云太基”申请了21项专利，4项发明，目前公司累计已获得近50项专利。

在第七届中国创新创业大赛先进制造行业总决赛现场，招商银行向其发出邀约卡，招商银行郑州分行行长助理袁森表示，核心的专业技术，是云太基吸引他的一个主要因素。

据悉，在自动视觉检测仪的样机制作过程中，吴炜及研发团队发现大量数据无法进行按时传输。经过多次试验后，他们最终决定采用光纤传输及高速采集卡方案，成功攻克数据传输壁垒。为应对多种产品的不同打光需求，吴炜和团队还设计了标准的多光源组合灯箱，并针对多图片计算处理时间过长的问题，开发了全新的海量图像处理引擎。与此同时，PC、机械手、工控、光源、相机等多系统信号联接、控制的问题也得以顺利解决，最终在2016年年底完成了自动视觉检测仪的样机制作及验证。

2017年3月，经中国科学院上海科技查新中心鉴定，采用极速智能图像处理技术的自动视觉检测仪可在0.1秒内完成10万张1000万像素图片的处理，被检测产品可以一次完成全部尺寸的检测及外观缺陷的判定。国内目前没有相关技术及应用，专利产品的独一性、新颖性得以被权威保证。翌年2月，经西南科技大学和苏州大学专家教授鉴定，进一步确立了，自动视觉检测仪是迄今为止全球绝无仅有的高级别视觉检测专利产品，其在运动检测模式与高速视觉图像处理方面的应用有效填补了相关科研缺口，为大幅提升工业产品检测效率，节省检测成本提供了较大的助益，是符合市场需求的刚需专利项目。

除 2 种自动视觉检测仪外，经由吴炜发明的专利还包括塑胶部件正反方向检测装置、自由落体式位置度检测系统、二极管高速检测装置、高速进料检测系统、高速移动检测系统、模糊检测系统、悬挂式进料检测系统、复合式标准光源系统、多相机视觉检测方法、自动视觉检测仪和全能影像视觉检测机器人。如今这些专利均得到良好的市场运用，包括一些全球 500 强公司或相关机构均使用有其中数项专利，吴炜的相关研发成果正作用于社会民生的各个环节。

深刻理解工业　找准市场痛点

除了核心技术以外，对市场的深刻理解和掌握也是云太基能够受到关注的一个原因。

多年来沉浸在工业领域，吴炜对工业有着极其深刻的理解，对市场痛点的感受力非常敏锐。

在现代工业生产中，质量和效益的比拼已经替代了低成本竞争。对于企业来说，产品质量举足轻重，一个微小的瑕疵，或许就会造成不可估量的损失。

吴炜发现，目前我国的工业生产智能化程度已经非常高，但自动视觉检测一直是个“难点”，尤其是精密器件的检测，不少企业仍采用人工检测的方法，效率低下且缺乏稳定性。例如，某生产声学元器件产品企业，每天需要 4000 个员工在显微镜下完成多达 38 项的外观检测，但即便如此，仍会存在大量的漏检问题。同样的，另一家生产 BMW 后视镜的企业，需要安排 30% ～ 40% 的员工从事检验工作，因为每名工人一天只能检测 2600 块左右的玻璃。

市场上虽然已有一些传统机器视觉应用，采用电脑和高速相机来模拟人类视觉，采集产品图像信息理解并进行尺寸测量和比对处理。然而这种传统机器视觉质量检测存在不足：一套相机只能检测产品单一面，一次只检测单一景深尺寸、外观，无法通用于同类产品，造成重复投资。

此次公司参与第七届中国创新创业大赛比拼的“全能影像机器人”项目，可模仿人眼对工业产品进行360度检测，一台设备能节约20名检测人工，具有降低检测成本、提高检测质量的优势。目前，该设备已广泛用于华为、苹果微型扬声器主供应商的产品检测线上。

该设备采用全新的图像引擎Alignment，能像人一样对工业产品进行测量，并完成多维采集图像，快速、精准找到产品的瑕疵。

在产品检测方式上，由蜘蛛手对抓取的产品进行全角度旋转，最快可在0.5秒内完成任意角度和景深下不同内容的比对和测量；同时能优化大数据通道，将高速采集的数据即时传输到后台，由图像比对软件进行缓冲并判断，大幅提高数据传输效率和速度。此外，图像引擎的AI还具有深度学习功能。

“我们的思路就是把AI技术融入工业全自动检测，通过对工业产品进行多维图像采集，快速、精准找到产品瑕疵。”说起自己的产品，吴炜一脸自豪，“我们的全能影像机器人，相当于给机器装上了智慧的眼睛，可以完全替代人工，一台设备抵约20名检测工人，不仅保证精确度，还能帮助企业极大地提高效率。接下来，我们还要攻坚芯片封装自动检测，这是个更大的市场。”

等待时间检验　做有强劲爆发力的公司

“我们汇集世界顶级算法专家开发了全外观、全尺寸缺陷检测标准化视觉检测仪Wise One系列，服务于世界500强企业。”有了核心技术的支撑，又找准了市场痛点，云太基公司取得了令人瞩目的发展成绩。2017年，公司实现销售收入2000万元，2018年预计实现销售收入5000余万元，目前

公司仍然保持 100% ~ 150% 的增长速度，公司估值接近 5 亿元。

在自豪的同时，吴炜更保持着清醒的认知。

浸淫工业领域多年，他深知前沿技术与工业结合的不易。“国内人工智能行业近年来如火如荼，但是真正发展起来的企业并不多。其根本原因就是没有找到落地点。”吴炜表示，现在人工智能的算法已经公开了，基本上国内就没有优势了，几乎是一片“红海”。所以很多人会很茫然，找不到应用点。

“其实这几年工业发展非常稳健，工业跟前沿技术结合也是非常谨慎的，因为工业要求非常苛刻，除了对技术的创新性有要求外，还要有一个很强的稳定性，这个需要经年累月的验证才可以。”吴炜说。

他坦言：“其实，跟我们合作比较好的一些客户真的是属于先锋派。他们能够尝试引入我们的产品设备，我感到非常荣幸。但是我们的产品还需要时间的验证，不过我已经做好了准备。”

在吴炜看来，自动化视觉检测其实是值得一生去做的事情，因为自动化永远不会过时。他希望用自己所学的知识和经验，帮助更多中国企业，提高他们的生产合格率。

“未来5～10年，机器视觉、人工智能等底层技术蕴含着巨大的应用市场。”吴炜判断，这2年工业检测市场份额约为250亿美元，未来仍将保持20%～50%的增长率。面对巨大的市场空间，“云太基”有更长远的规划。“我们已经完成2轮融资，2019年将完成第3轮融资， 2020年计划完成9亿元销售，未来的目标是希望不久的将来完成IPO，成为一家有持续爆发力的公司。”吴炜表示。

（崔彩凤／文）

宁波云太基智能科技有限公司获第七届中国创新创业大赛先进制造行业总决赛“优秀企业奖”

黑科技名片赋能企业振翅高飞

——记深圳市加推科技有限公司 CEO 彭超

2018 年 10 月 24 日，第七届中国创新创业大赛互联网行业总决赛在杭州落幕。经历了“半决赛＋决赛”的激烈角逐，深圳市加推科技有限公司凭借“智能名片”项目从全国 31 000 多家优秀企业中脱颖而出，最终获得初创企业组 6 强决赛资格，并以 92.42 的全场最高分夺得大赛初创企业组冠军。

“非常感谢组委会提供此次公平、公正、公开的参赛机会，这种机遇能够促进初创企业的成长。每一段征程都是弥足珍贵的经历和财富，加推科技希望 2019 年还能有幸来参加成长组的比赛。”深圳市加推科技有限公司 CEO 彭超在颁奖致辞中表示。

不仅仅是一张名片

谈到为什么要开发一款“智能名片”，彭超以中国创新创业大赛为例介绍说，中国创新创业大赛举行到第七届，来自市场的挑战难度越来越大，评委的要求也越来越高。这对创业者来说是最好的时代——信息、资源、流量每时每刻都在颠覆与整合，数轮洗牌，每个行业都有可能诞生出全新的独角兽；与此同时，这也是对创业者而言最坏的时代——当下中国近 3000 万家企业中，84.75% 的企业是中小企业，每年平均有 120 万家被淘汰。如果跟不上互联网创新的速度、不能得到科技赋能，就极易被颠覆。

“与以往的商业模式不同，加推科技是从线下交换名片的商务社交场景出发，帮助实体经济甩掉传统电销、会销等生产力极低的帽子，通过一张黑科技人工智能名片赋能企业、提升销售效率、解决企业刚需的营销工具。”彭超表示，加推科技要做的不是简单的线上回归线下，也不是线下包

抄线上，而是将两股力相乘，上下打通，双向引流，简单来说，它为每个企业打造了一款赋能销售的超级武器。

“加推科技的目的是赋能企业发展，帮助企业振翅高飞。‘加推’就是帮助推动企业发展。”彭超强调。据了解，从2017年12月起，加推科技就在打造这把武器，并把这款武器放在一张名片上，为所有企业展开科技赋能，帮助企业建立自己的小程序，不断为企业提供价值。“未来，加推科技将全力赋能企业、连接商业，让中国的企业在全球竞争中能快速奔跑。”彭超说。

彭超表示，企业想要发展，无论是技术创新还是销售模式创新都应具备一定的条件。而作为其中之一的销售，奋战在一线的员工总是那么令人动容，因为他们不仅要为公司的发展着想，也要为自己的生活奋斗，所以企业的销售人员往往都是最累的，但是在销售这条路上，智能名片小程序则可以解决销售人员的很多痛点。

第一，智能名片内容丰富，而且极具凸显个性。现如今是一个个性化的时代，如果你还在使用以往的那种千篇一律的小纸片，肯定不容易被别人接受，所以就需要添加一些专属于自己的东西。而智能名片小程序能承载很多不同类型的信息，比如说你可以通过自己优雅的声音去传达你想推广的东西，也可以录制一个创意小视频，这样一来就更加容易让别人接受你的产品，才会和客户有进一步的深入了解。

第二，它还可以让名片传播得更轻松，更精准。现在很多东西都是通过扫码的方式进行，比如说扫码支付、扫码骑车等，所以通过扫码的方式让别人了解你的信息现在是很容易了。二维码只是一个窗口，它在互联网时代是很容易传播的，而扫码之后的内容才是我们希望别人看到的。在别人浏览你的名片时，后台会有所记录，所以你可以根据潜在客户的浏览时间还有浏览量来确定自己是否需要去后续跟踪，这样可以大大减少自己的时间成本，把精力关注到对你有兴趣的客户身上，而这也是作为销售者最希望体验的。

“智能名片小程序还可以作为一种办公的产品，它可以实时地更新销售团队目前所面临的问题还有团队的状态，以便自己可以借鉴别人的销售经验来为自己做调整，在这方面，加推科技可以为客户做出最适合你的销售名片，助你在销售路上一路驰骋。所以他能带给我们的不仅仅是一张名片的作用而已。”彭超表示。

一张会管理的智能名片

“互联网的发展对于企业销售人员来说既是机遇又是挑战，我们只有更好地利用互联网技术才能在这个市场上站住脚跟。而加推科技智能名片小程序无疑是他们的最佳选择。”彭超表示，做销售没客户怎么办，毫无疑问不管是在什么领域中，想要业绩更出色，就要有智能工具的帮助，而加推科技智能名片小程序就是能够帮助使用者拿下更多客源的智能工具。

首先，在客户源头方面的分析，做好销售如果没有客源是不可能做出好业绩的。加推科技就是在这个环节中，增加了拓客系统利用关键数据，在小程序名片中拿下更多不同的客户源，做企业管理的话，还可以在用户量还有在购买途径中，得到更好更加有效率的投入途径。

其次，在客户流失方面的分析，不管什么产品都要不断开发新的客户，以及维护好老客户，这都是很重要的事情，对于企业发展来讲，老客户对于产品的需求也是存在间歇性质的，时间长了更是被容易遗忘。为了保护好这些老客户，小程序名片是必须要对客户资源进行流失数据方面的分析的。只有帮助这些企业来提供了更好的满意度还有更好的忠诚度，才能做好有计划的销售。

第三，在客户行为方面的分析，这点可是加推科技很重要的一个技术。

特别是在小程序名片之中，有了AI之后，就能对客户行为进行智能性分析，还能够在它的帮助下，更好地采集到用户们的信息，利用好这些智能方式沉淀出来的数据。例如，客户们在进入小程序名片之后，肯定会产生出一些数据集，像是客户们在名片中翻看了什么产品、停留的时间，这些小细节方面都会被很好地记录下来，而在大数据方面，精准数据标签管理对做销售可是很有帮助性的。

高交会再次高歌猛进

继在第七届中国创新创业大赛互联网行业总决赛上大出风头之后，在此后举行的第二十届中国国际高新技术成果交易会上，深圳市加推科技有限公司再次一路高歌猛进。

“高交会第一天，加推科技酷炫的‘人工智能名片’未来展厅刚刚开放，便吸引一众来宾驻足，迅速成为中国科技第一展的全场焦点。当承载加推码的LED屏点亮的时候，17家公司的官宣借助加推传向世界；开馆3小时，现场500家企业的商机因加推在现场连接裂变，高交会为众多像加推科技一样的参展商提供了一个走向世界的平台，而加推科技亦成就了本届高交会一次史无前例的靓丽风景。”彭超兴奋地介绍说。

据了解，作为全球领先的人工智能名片，加推科技携创新产品和示范案例亮相1号馆信息技术与产品展馆，与中国移动、中国联通、中国电信、中国电科、中国电子、中国中车等国企，苏伊士、理光、清华同方、搜狗、京东方、中广核等跨国公司，商汤、爱奇艺、柔宇、奥比中光、七牛云等独角兽企业同馆“献艺”。5天的精彩展出，为所有莅临现场的来宾呈现出一场科技范儿十足的视听飨宴。

彭超表示，随着人工智能在各行各业的普及和渗透，如何借助互联网技术，通过数字化营销，与客户进行更近距离的互动，成为当下企业提升销售效率最亟须解决的问题。AI名片的本质是实时交换信息，从而连接商机，通过加推科技高交会现场工作人员的演示，到访来宾对于加推科技人工智能名片有了更清晰的认知，众多国内外政企商朋友也纷纷表示合作意向。据悉，高交会首日，加推科技当场连接客户数 3406 人，24 小时裂变 12 333 人，相当于 1 家百人企业 3 个月的获客量。

“赋能企业，连接商业，加推科技一直有个武器梦。”彭超说，作为深圳龙头创新代表和中国创新创业大赛互联网行业总决赛初创企业组冠军企业，加推科技始终致力于为中国万千企业打造一款销售武器，赋能企业，连接商业。在中国，中小企业平均寿命仅 2.5 年，集团公司平均寿命仅 7 ~ 8 年。中国的创业者在老板冲锋及全民创业的今天最需要的是什么？显然是培养企业赚钱的能力，加推是一个做企业服务的公司，目标就是给每个企业配一把枪，为每个销售员配一把“AK47”，加推科技把这款武器放在一个名片上，以小程序为端口，帮助所有的企业做自己的流量平台。

彭超表示，加推科技的武器梦是以研发者的精神，换一种方式做企业服务，换一种理解做企业服务，让中国的企业服务也能引领世界，甚至是给世界一个惊喜。

（晁毓山 / 文）

深圳市加推科技有限公司获第七届中国创新创业大赛互联网行业总决赛初创企业组一等奖

公积金服务细分市场上的拓荒者

——记杭州煎饼网络技术有限公司联合创始人兼首席运营官陈蓓珍

“此次参加第七届中国创新创业大赛互联网行业总决赛能取得成长组第二名的好成绩，非常开心，出乎意料。此次主要是抱着学习的目的参赛，最终能荣获成长组第二名也证明了51公积金管家项目确实具有良好的市场前景。”在谈及参赛感受时，杭州煎饼网络技术有限公司联合创始人兼首席运营官陈蓓珍表示，将以此次大赛为契机，不忘创业初心，致力为公积金用户提供多元化、智能化的金融服务，不断优化产品，努力成为用户最值得信赖的第三方服务平台。

在此次互联网行业总决赛上，煎饼科技带来了国内领先的公积金衍生服务平台——51公积金管家。作为公积金垂直领域的先行者，51公积金管家凭借精准的市场定位，契合公众需求，搭建了以公积金数据为基础的大数据风控平台，将公积金数据与风险管理深度结合，为银行、消费金融机构、非银行信贷、小微企业等多个行业客户提供高效智能的风险管理整体解决方案。

直击用户“痛点”

在谈及煎饼科技之所以会深耕公积金领域时，陈蓓珍坦言，是源自现实需要。“2014年，煎饼科技创始团队发现公积金查询难是一个‘痛点’：由于成员大多为‘80后’，正面临着购买人生第一套住房的大事，但在查询公积金账户时发现电脑（PC）端流程过于繁琐。而彼时移动互联网刚刚起步，手机端没有一个专门查询公积金的应用软件（APP）。与此同时，我们的核心团队成员大多是技术出身，具备整合全国公积金查询服务的技术能力。

天时地利人和，促成煎饼科技进入公积金垂直领域。2014 年 6 月，51 公积金管家 APP 上线。”

“51 公积金管家踩在 2014 年移动端应用工具大爆发的风口上成立，创立初衷就是解决用户公积金查询难的‘痛点’。后来，经过一系列的试错，才趟出一条衍生金融服务的变现之路。”陈蓓珍说，“创业首先要挑选一条合适的赛道，然后坚持下去。”

据了解，51 公积金管家是国内首家公积金衍生综合服务平台，以公积金查询工具为切入点，提供公积金在线查询、政策咨询等基础服务。自成立以来，该平台通过创新挖掘公积金大数据，对用户行为进行分析洞察，发掘了用户的资金和消费需求，并于 2015 年年底探索出创新商业模式，与银行、消费金融公司等机构达成战略合作，上线公积金信用贷款、公积金授信办卡、消费分期场景、财富管理等衍生金融服务，旨在帮助用户管好公积金、用好公积金。

“51 公积金管家 APP 起初只是一款公积金基础查询工具，致力于解决用户公积金查询困难的痛点。上线 1 年时间便积累了 600 万注册用户，显示出庞大的用户需求。而后，我们通过业务尝试，发掘出该群体的信贷需求，并且发现缴纳公积金的人群普遍都有工作稳定、收入不错的标签。随后，我们便利用自身的大数据分析处理能力，进行资源的整合和复用。上游接入银行、持牌消费金融公司、各大电商平台等机构，为其做基于云计算服务的技术输出，换言之，打包信贷解决方案；下游则是洞察用户需求，向他们提供公积金信用贷款、公积金授信办卡、电商消费分期、租房分期等衍生综合服务。”陈蓓珍介绍，截至 2018 年 6 月，51 公积金管家累计用户已突破 5600 万。

“由于我们是公积金细分市场上的拓荒者，相对于追随者而言，具备较大的先发优势和规模优势。”陈蓓珍说，基于公积金大数据平台，51 公积金管家向银行等金融机构输出 Fintech（科技金融）能力，在前端获客、产品设计、数据支持、联合风控等多环节提供综合技术解决方案。目前，51 公积金管家已与光大银行、广发银行、南京银行、宁波银行、招联金融等 18 家银行和 30 多家金融机构进行系统直连打通，优化机构的业务流程，提升了相关机构的风控能力。

在谈及未来发展规划时，陈蓓珍表示，目前 51 公积金管家已上线了消费分期商城，为平台用户提供依据公积金授信的消费金融服务。未来，我们将基于公积金大数据平台接入更多外部电商资源，在租房、购房、装修等围绕“i 家”概念打造的细分领域为商家赋能，打造基于公积金用户的衍生综合服务闭环生态圈。

时机很重要

在如何才能创业成功时，陈蓓珍坦言，“时机很重要”。

2008 年，大学毕业的陈蓓珍先后进入 2 家互联网企业工作。在这 2 家企业，陈蓓珍从最基层的商务代表做起，凭着出色的业绩表现，一步步升任主管、经理、总监，积累了丰富的互联网金融商务和管理经验。而这也她为以后的创业打下了坚实基础。

“大学毕业后，除了进入 2 家互联网企业，我也进行了两次创业。其中的一个是互联网金融项目，主要是为用户提供线上的信用贷款业务。然而，彼时互联网金融业务在国内尚未真正起步，银行处于风险管控考量，并不接受‘互联网 +’概念。虽然该项目属于国内最早开拓互联网金融的‘先驱’，也曾获得融资 6000 万元。然而，也正因为是‘先驱’，所以缺乏明晰的变现模式，最终导致失败。”陈蓓珍坦言，“这段经历让我意识到要想创业成功，时机的选择与把握非常重要。创业一定要踩准风口！”

“若是创业项目过于超前，就算契合‘痛点’，失败也是大概率的。但也正是因为这次经历，让我认识到互联网金融会有无限的发展空间与可能性。”在陈蓓珍看来，创业不成功也是一笔不菲的“人生财富”。

“可以从中总结失败的原因，深入了解一个行业。同时，增进对创业的认知，为以后的成功创业打下‘基石’。” 陈蓓珍说。

如果说此前的失败经历让陈蓓珍认识到“时机”的重要性，加入煎饼科技则让陈蓓珍对于创业的理解更深了一层——伴随创业企业一同成长，然后变成创业者。

“我是在 51 公积金管家 APP 上线 1 年后，才正式加入的。之所以决定加入，主要是看好以公积金为切入点的商业模式，同时对创业团队非常看好。”陈蓓珍介绍，煎饼科技联合创始人兼首席执行官程云，毕业于浙江大学计算机科学与技术专业，拥有丰富的游戏与互联网研发及团队管理经验；联合创始人兼首席技术官江和君，毕业于南京航空航天大学通信专业，在软件开发和技术团队管理方面具有丰富经验。

“互联网领域创业，商业模式很重要。若是没有足够好的商业运作模式，企业要想发展壮大如同空中楼阁一般不现实。同样，强大的技术支撑也不可或缺。只有具备足够的技术研发实力，才能在专属领域开拓出一片属于自己的天地。”陈蓓珍说。

进入煎饼科技后，陈蓓珍担任商务总监，负责开拓商业模式。“从零到一是最难的。由于 51 公积金管家是国内首家公积金衍生综合服务平台，属于‘拓荒者’，没有现成的商业模式可供参考，我们必须自己闯出一条路。”陈蓓珍介绍，考虑到个人公积金数据可以反映很多情况，如工作单位、收入、还款能力等，创始团队倾向于把公积金数据作为金融风控的一个主要授信维度。基于此，商务合作的大致方向就是要与银行等金融机构合作开发信用卡和贷款产品。

入职后的陈蓓珍立即着手与光大银行洽谈大额分期信用卡项目，从开始接洽到项目上线，花了 3 个月。因为是首次合作，其间各种问题层出不穷，如合作权益的分配、合同的拟定签署、技术对接等。经过反复研讨与修正，2015年9月，51公积金管家与光大银行合作的大额分期信用卡上线，一经推出就引爆了平台用户的办卡热情，短短3个月，平台发卡量就突破1万张。随后，陈蓓珍带领商务团队接入中信银行、兴业银行、浦发银行等机构的大额分期信用卡合作。

“与光大银行的合作，对我们能否生存有决定性意义。但是在接洽之初，我就认为会成功，因为51公积金管家的市场切入点非常好，即让公积金客户群体在线上就可以进行公积金的保值增值。这对银行而言，也是非常好的业务。我们的合作实现了‘双赢’。”陈蓓珍说。

除了授信办卡，陈蓓珍更重要的一项任务是公积金授信贷款业务。起初，51公积金管家与本地2家金融机构进行合作，开发贷款产品。在合作机构迟迟不敢放款的情况，陈蓓珍力主放弃，与上海一家机构进行合作，以最快速度上线公积金贷款产品。仅用半年时间，煎饼科技就实现了盈亏平衡。

由于业绩突出，2017年，陈蓓珍蝶变为“创业者”：成为煎饼科技首席运营官，负责管理整个企业，包括商务拓展、市场运营、产品开发等。

“创业想要成功，选择一个好的项目很重要。对于很多想创业的人来说，跟随好的项目加入一家初创企业，以创业合伙人的工作态度伴随企业一同成长，最后变为创业者，不失为一个好的选择。”陈蓓珍说。

（于大勇／文）

杭州煎饼网络技术有限公司获第七届中国创新创业大赛互联网行业总决赛成长组二等奖

让 BI 赋能企业发展

——记广州钛动科技有限公司创始人兼 CEO 李述昊

2018 年 10 月 24 日，第七届中国创新创业大赛互联网行业总决赛在杭州落幕。经历了“半决赛 + 决赛”的激烈角逐，广州钛动科技有限公司从全国 31 000 多家优秀企业中脱颖而出，最终获得第七届中国创新创业大赛互联网行业总决赛初创企业组第二名。

值得一提的是，广州钛动科技有限公司创始人兼 CEO 李述昊以“基于 BI 技术的全球化增长企业服务平台”的参赛演讲，给大赛注入了全新理念和血液。他说，当人工智能成为大势所趋，技术才是企业硬实力。

技术才是企业硬实力

2018 年 10 月 20—24 日，第七届中国创新创业大赛互联网行业总决赛在杭州举行。此次大赛比赛项目涉及卫星遥感大数据、分布式智能数据分析、工业互联网、机器视觉、AR/VR、人工智能、云计算、物联网、区块链、SaaS 等技术方向，涵盖医疗、教育、新零售、文创、安保、供应链、交通、工业等创业领域，代表了我国互联网的科技创新力量。

现场亮相的互联网新产品、新技术层出不穷，可谓卧虎藏龙，竞争十分激烈。以此次互联网大赛为缩影，真正能够看到互联网赋能我国实体经济高质量发展的壮美蓝图。

在大赛中被提及的热词要数“大数据”和“人工智能”了，而人工智能该如何实现落地应用？钛动科技针对此做出了解释。当人工智能成为大势所趋，技术才是企业硬实力。

李述昊介绍到，钛动科技的核心业务集中在出海刚需，即广告投放上，

是基于大数据和商业智能的全球化企业增长赋能平台。最核心的技术体系包括商业标签体系，即把业务数据化、标签化，在不同的标签中赋予权重，即什么标签之间可能会比较相似匹配，是直接投放进行匹配，还是赋权加匹配度等这些要通过综合性的算法做推进、预估、打分，之后做交易。

据李述昊介绍，在这个技术和服务方向上，即服务于广告主，对广告主真实的用户行为做追踪，以及精准、自主匹配的中国公司，目前尚只有钛动科技一家，海外在这个相当细分的技术应用领域的同行不到10家，大家服务的客户数都在同一量级。

与腾讯、阿里巴巴依赖自有流量获得用户和用户行为数据、进而标签化不同，钛动科技侧重于作为第三方，对广告主的用户行为进行标签、抽样。换句话说，广告主通过“利用”自己的用户行为的精准数据，来获取商业效率的提升。

基于大数据和商业智能的企业增长模式，不证自明。以第七届中国创新创业大赛全国总决赛为契机，李述昊也在决赛中向行业带去新资讯，向评委及同行精英传达：在互联网行业新形势下，钛动科技作为基于商业智能

(Business Intelligence，BI) 技术的全球化增长企业服务平台，正在用 BI 商业智能去赋予一切交易，助力企业出海实现全球化。

在这种趋势下钛动科技首创“重新定义效果广告”。把大数据和 BI 商业智能结合到企业服务中去，专注于效果营销。通过精准的营销推广帮助广告主获得客户青睐。

中国创新创业大赛总决赛作为中国创新创业大赛整个赛事体系的“最高舞台”，也是全国优质“双创”资源的高效整合平台。大赛自启动以来，钛动科技凭借精彩的现场路演答辩一路过关斩将，最终一举夺得中国创新创业大赛互联网行业总决赛第二名。

一直专注于互联网产品

据了解，钛动科技是基于大数据和商业智能的国际化企业服务公司，其上游对接国内出海顶级广告主，如阿里巴巴、百度、快手、久邦等，下游覆盖全球超过 200 个国家和地区，合作渠道不仅包括 Facebook、Google 等主流媒体，也包括 SDK、APP 等中长尾媒体。旗下拥有专注出海领域的智能化广告服务品牌 Mobisummer 及自动化全栈服务大媒体代理平台 UniAgency。

李述昊曾就职于华为、阿里巴巴移动事业群，时任阿里巴巴移动事业群国际流量业务总经理，曾获公司特殊战功奖、最佳领导力等殊荣，3 年晋升 7 级，曾为公司成长最快的高级管理人员。

正是基于李述昊一直以来专注于互联网产品有效的用户增长和变现业务这一点，说起中国互联网产品和企业的出海，他是再适合不过的亲历者和见证人，人称移动互联网产品出海的“化石级”人物，钛动科技的初创团队都是甲方出身，在国际市场“推广过最大的电商公司，也推过最好的内容 APP”，基于这样的团队出身优势，钛动科技在海外市场能够相对容易、相对精准地找到他们的广告主需要的媒体资源，并跟后者达成合作。而此次参与创新创业大赛，也是一次成长和学习，在层层选拔和激烈角逐中一路走到了现在。

参赛的心路历程像华山论剑、高手过招一般，一路的过关斩将离不开投资人、各大媒体、业界营销人员的关注和市场的广泛认可。

当媒体问起钛动科技关于下一步的规划和BI研发方向时，李述昊这样讲到：钛动科技的定位是一家基于技术和 BI（商业智能）的出海企业服务平台。“未来，60万～100万卖家与平台共存，BI（商业智能）会是解决方案。”目前钛动科技开发和部署的BI（商业智能）业务，分为两个大类，“第一部分是数据服务，分两块：第一块是归因、流量分析、反作弊、转化漏斗分析；第二块是Trading Desk，即营销效果分析。”对此，李述昊做了详细解释。

在效果广告投放方面，钛动科技旗下的大媒体代理UniAgency是谷歌、俄语最大搜索引擎 Yandex、Snapchat等大媒体的一级代理。另外，旗下的 Mobisummer 品牌还有非常多优质的中长尾流量资源，合作媒体资源数千个。

如何用平台的思路，把这些分散在各个国家、各个区域市场的流量整合起来？钛动科技的切入点是带着出海的广告主找到合适的用户，帮助广告主进行用户行为分析，给广告主的商业效率带来提升。

首创效果广告新模式

钛动科技正是集创新性、成长性、影响力和时代推动力于一身的基于商业智能的企业服务公司。在互联网营销全球化的大环境下，以人工智能为核心，把企业产品高端化，帮助企业出海实现国际化，首创效果广告新模式。

互联网智能创新时代，企业对数据和技术的层次提出了更高要求。当人工智能成为大势所趋，技术才是硬实力。在李述昊的带领下，钛动团队不断优化商业智能的产品规划，以高出同行的投放效果和顶尖的服务水准，与阿里巴巴、百度、快手等业界顶尖公司达成长期合作，仅2018年就已受邀参加行业内数十场大型展会和顶尖营销峰会。

伴随着钛动科技业务的高速发展，其在人工智能的应用也日趋完善，长期投入大数据和商业智能建设，与合作伙伴共建全球营销生态，用其赋能一切商业交易，实现效益最大化。致力人工智能多年，这种务实的坚持也逐渐赢得了客户的信任与市场的青睐。

对于出海企业而言，在互联网出海环境没有巨大差距的情况下，比拼的很可能就是出海投放技术和投放实际效益。钛动科技的“以大数据和商业智能为企业增长赋能，重新定义效果广告”，在出海企业中尤为突出。据了解，钛动科技早在 2017 年年底便获得 IDG 资本融资。

“有两点对钛动科技发展至关重要，一是可拓展的市场空间，二是有壁垒的竞争态势。”李述昊总结说，市场空间的大小决定企业的发展空间和可持续经营。为此产业项目的市场要具有可拓展性，即可以从低端市场向中端、高端市场拓展，也可以从国内市场向国际市场拓展，还可以从本行市场向相关行业市场拓展。总之，市场的可拓展性对企业的发展至关重要。

随着互联网的迅猛发展，业务全球化越来越成为大势所趋。不少行业大咖纷纷表示，中国互联网产业已不再具有人口红利，出海逐渐成为企业新的有利增长点。海外市场的快速发展也验证了国内市场环境下出海确实可行。作为国内市场巨头之一的知名企业早已最先抓住了产品进化过程中的“产品红利”，在国内市场也越发如鱼得水，真正做到“海内外通吃”。巨大的海外环境为国内产品的发展和生产空间创造了有利条件。

同时，需要具备含有壁垒的竞争态势，竞争壁垒决定着竞争的态势。企业在选择创业项目时，必然考虑提高竞争壁垒，以形成相对好的发展环境。竞争壁垒首先是技术壁垒，要有专有技术；其次是资源壁垒，相对垄断原料来源；再有是许可壁垒，取得众多的经营许可证和资格等级证等。通过提高市场进入壁垒，获得持久的竞争能力。

随着国内企业开始重视海外市场，很多营销服务公司开始做推广，前端看起来差不多，但是背后的逻辑完全不一样。而对于出海领域而言，强有力的竞争壁垒必然是精准的投放技术。

李述昊表示，钛动科技将继续推动产业发展模式创新，激发创业创新新活力，用BI商业智能去赋能一切商业交易，绝不辜负第七届中国创新创业大赛互联网行业总决赛对自己和钛动科技的认可。

（晁毓山/文）

广州钛动科技有限公司获第七届中国创新创业大赛互联网行业总决赛初创企业组二等奖

创业始于理想　创新源自追求

——记北京墨云科技有限公司首席执行官刘兵

“非常荣幸能够参加第七届中国创新创业大赛互联网行业总决赛。数天时间里，结识了业内顶尖创客，及时掌握了不少行业发展趋势。”在谈及第七届中国创新创业大赛互联网行业总决赛时，北京墨云科技有限公司创始人、首席执行官刘兵表示，中国创新创业大赛的赛制规则设计科学合理，紧凑有序，创业企业既可以充分展示形象，同时也可以在专业评审的大力协助下，进一步提升自身水平。

“作为一家成立仅 1 年的企业，墨云科技通过此次大赛，收获满满：获得初创企业组三等奖既是对企业此前成绩的充分肯定，也是对今后进一步加快发展的鞭策。”刘兵说。

作为一名深耕网络安全领域 15 年的资深专家，2017 年，刘兵创办了专注于为企业级用户提供网络安全服务的北京墨云科技有限公司。

据了解，墨云科技是全球首家利用人工智能技术模拟黑客入侵，验证用户当前安全控制手段有效性的虚拟黑客公司。此次互联网行业总决赛上，刘兵带来墨云科技核心产品 Vackbot“虚拟黑客机器人”。该产品能够利用人工智能技术（AI）模拟黑客入侵，从而实现黑客机器人代替人工安全服务。由于技术上的独创性，最终斩获初创企业组三等奖。

“水到渠成”的创业

在谈及创业的初衷时，刘兵坦言，“并不是为了创业而创业”“创业始于理想，但却是水到渠成”。

据了解，刘兵曾在国内一家大型互联网公司从事网络安全工作，历任

安全事业部副总经理、事业部总经理、安全产品线总经理，积累了丰富的安全行业经验。

“10 余年工作下来，除了积累了足够丰富的经验，也触到了事业发展的‘天花板’。在这家大型互联网公司，安全业务始终不能占据重要地位。那时，正赶上创新创业大潮席卷全国，大家都在谈论创新创业。于是，想趁着还算年轻做一款技术壁垒足够高、市场接受度也高的产品。”在刘兵看来，“创业属于水到渠成，并不是刻意为之。”

“首先，自己从事网络安全领域 15 年，而且在一家大型网络科技公司从事了 10 余年的网络安全工作，拥有丰富的从业经历与经验。其次，在工作过程中，也积累了足够的人脉与资源。最后，有一群志同道合的‘同行者’。互联网安全领域的创业，其核心竞争力就是人！”刘兵说。

据介绍，目前墨云科技核心技术团队成员来自于大型互联网公司、知名原厂商和集成服务商，超过 80% 为“白帽子”，在网络安全领域拥有极为丰富的经验。

“在网络安全领域，黑客大致可分为三类：黑帽子、灰帽子和白帽子。黑帽子研究攻击技术非法获取利益，通常有着黑色产业链；灰帽子擅长攻击技术，但不轻易造成破坏，精通攻击与防御，同时头脑里具有信息安全体系的宏观意识；白帽子识别计算机系统或网络系统中的安全漏洞，但并不会恶意去利用，而是公布其漏洞。这样，相关系统将可以在被其他人（如黑帽子）利用之前来修补漏洞。”刘兵坦言，目前我国的黑客数量为 3000

多人，其中约有 500 人从事网络数据安全工作。然而，这一人数与国内日趋旺盛的网络安全需求极为不匹配。

“计算机网络安全是指利用网络管理控制和技术措施，保证在一个网络环境里，数据的保密性、完整性及可使用性受到保护。计算机网络安全包括两个方面，即物理安全和逻辑安全。物理安全指系统设备及相关设施受到物理保护，免于破坏、丢失等。逻辑安全则包括信息的完整性、保密性和可用性。随着计算机技术的迅速发展，在计算机上处理的业务也由基于单机的数学运算、文件处理，基于简单连接的内部网络的内部业务处理、办公自动化等发展到基于复杂的内部网（Intranet）、企业外部网（Extranet）、全球互联网（Internet）的企业级计算机处理系统和世界范围内的信息共享和业务处理。在系统处理能力提高的同时，系统的连接能力也在不断提高。但在连接能力信息、流通能力提高的同时，基于网络连接的安全问题也日益突出。一旦发生网络安全问题，就可能会带来巨大损失。”刘兵说。

“互联网是对全世界都开放的网络，任何单位或个人都可以在网上方便地传输和获取各种信息。互联网具有的开放性、共享性、国际性特点，这就对计算机网络安全提出了挑战。”刘兵表示，“在网络安全领域，被动防御型的产品非常多，缺少的是能攻击检测和分析的产品。我们创业要做的就是一个攻击检测分析型的公司：帮助用户在被真正的黑客入侵之前，提前获知自身系统的漏洞及其被攻击的方法，快速定位到需要优先处理的重要安全问题并提出有效解决方案。”

创新“防患于未然”

“计算机网络本身存在一些固有的弱点（脆弱性），非授权用户利用这些脆弱性可对网络系统进行非法访问。这种非法访问会使系统内数据的完整性受到威胁，也可能使信息遭到破坏而不能继续使用，更为严重的是有价值的信息被窃取而不留任何痕迹。”在刘兵看来，最好的防护就是“防患于未然”。

“传统网络安全防护‘老三样’（防火墙、IDS、IPS）其实还处于被动防御的阶段，而且很多时候过于依赖人工方式。随着黑客攻击的不断升级，安全市场正在从被动的防护转向主动的检测分析。”刘兵说。

“要做网络安全分析，人手又不能太多，怎么办？最好的选择就是使用‘机器人’。”刘兵介绍，墨云科技核心产品 Vackbot“虚拟黑客机器人”能够利用人工智能技术（AI）模拟黑客入侵，从而实现虚拟黑客 AI 代替人工安全服务。

“墨云科技是中国新兴的虚拟黑客服务厂商，专业从事持续性安全验证相关技术的研究，致力于打造基于人工智能的虚拟黑客技术。”刘兵说。

据了解，针对移动互联网、车联网、物联网的特点，墨云科技将传统网络安全技术与人工智能相结合，创造出全新的智能网络攻击机器人，并引用虚拟黑客 AI 的概念：通过不断进行深度学习和进行算法训练，以黑客的身份对网络设备发动检测性的连续攻击。

“虚拟黑客 AI 检测攻击过程，既不影响网络设备的正常运行状态，也不破坏检测目标的数据，其目的是通过攻击数据，量化企业风险，让企业优先于黑客的恶性攻击，提前了解到设备弱点和漏洞，及时进行修复，改善安全态势，为用户的网络安全保驾护航。”刘兵表示，虚拟黑客 AI 相较于人类黑客团队，除了可以做到不休息外，还具备一大根本性优势——可以以自动化方式提升复杂攻击的速度与执行效率。

此外，虚拟黑客 AI 系统还可从检测设备不同来源同时提取信息，从而发现人工检测不易发现的漏洞和那些最容易受活动攻击影响的目标，并且虚拟黑客 AI 拥有超强的适应性和学习能力，当网络攻击遇到阻力，或网络安全专家修复了原有漏洞时，虚拟黑客 AI 能够快速做出反应，在确定安全的情况下，自动转入另一项漏洞，发动入侵行为，帮助客户进行更广泛、更智能的检测。

“虚拟黑客 AI 可通过人工智能算法模拟人的分析能力，既能规避网络安全人员缺口大的烦恼，又能在遇到威胁时及时响应，节约时间成本，这是传统的人工检测无法比拟的优势。”刘兵介绍，在2017年国际安全标准WIVET测试中，墨云科技的Vackbot“虚拟黑客机器人”排名全球第一。

据了解，成立一年来，墨云科技已拥有互联网、金融、政府部门等领域客户50余家。由于其技术的领先性与独特性，先后获得4次融资：2017年4月获得海淀创业园金种子基金投资；2017年5月获得云聚资本天使轮投资；2017年11月获得联想之星Pre-A轮投资；2018年5月获得蓝驰创投A轮投资。

“网络安全领域的创业企业必须要搞技术创新，而且要有一定的技术壁垒。同时，客户资源的营销和获取也是重点。在该领域创业刚开始就应规划市场人员和定位，这样会在以后的市场拓展路上少踩一些坑。”刘兵说。

在刘兵看来，创业并没有固定、可以复制的模式，要结合自身特点顺势而为。“年轻人特别是刚毕业的大学生，虽然缺乏足够的资源积累与社会阅历，但年轻就是资本，试错成本较低，失败了也可以重新再来。而人到中年再创业，就必须要多思考，最好是‘水到渠成’的创业，而不应刻意为之。其实，创业并没有那么难，关键是要做一件自己想做的事情。同时，除了具备专业知识外，若是能多一些管理经验或是商业经验，创业成功的可能性会更高。”

（于大勇／文）

北京墨云科技有限公司获第七届中国创新创业大赛互联网行业总决赛初创组三等奖

做全球化的智造云生态领跑者

——记深圳华制智能制造技术有限公司副总裁蒋俊峰

自2018年3月15日深圳华制智能制造技术有限公司携手全球顶尖市场营销战略咨询公司美国科特勒咨询集团在深圳举办的品牌战略发布会上提出要“成为全球化的智造云生态领跑者”之后，2018年深圳华制智能制造技术有限公司一路高歌猛进，在杭州举行的第七届中国创新创业大赛互联网行业总决赛上，深圳华制智能制造技术有限公司荣获优秀企业奖并成功晋级成长企业组16强。

“能站在中国创新创业大赛互联网行业总决赛的舞台上，我感到非常荣幸。随着新动能崛起，‘智能制造’越来越多与‘大数据’‘云平台’‘区块链’‘人工智能’‘工业互联网’等紧密联系，‘智能制造＋云’成为智能制造行业发展新动能，华制智能目标是成为全球化的智造云生态领跑者。”深圳华制智能制造技术有限公司副总裁蒋俊峰表示。

让中国制造在全球更受尊敬

“华制智能总部位于中国深圳，在德国、日本、美国、以色列等国设立8个海外办公室和研究院。”蒋俊峰介绍说，过去13年的全球耕耘，华制智能具备了为中国制造企业提供智能制造顶层设计与规划、智能工厂规划与建设、智能制造项目总集成、IT规划与实施、工艺改进与自动化改造、大数据及工业云部署的整体服务能力。同时亦已形成了“全球本地、能上能下、可软可硬、有天有地”的独特核心竞争力。

“所谓全球本地，就是既具备全球智能制造产业及科研资源，也拥有服务中国市场的强大能力；所谓能上能下，就是既具备中国领先的顶层设计水平，也掌握系统的落地实施能力；所谓可软可硬，就是既具备强大的硬件设计生产能力，也具有雄厚的软件研发能力；所谓有天有地，就是既具备全面的云端生态服务系统，也能够

打造领先的智能工厂。”蒋俊峰进一步阐述道。

“华制智能一直保持着真实、诚实、踏实；正能量、正直、正确；永远怀抱一颗工匠之心，让中国制造在全球更受尊敬。”蒋俊峰表示。

在与蒋俊峰的对话中，他说的最多的一句话也是“让中国制造在全球更受尊敬”。

据了解，在人工智能和区块链双重叠加的技术浪潮中，华制智能立足于“智能工厂软硬件一体化”解决方案，以工业互联网云平台为核心载体，链接全球众多技术伙伴，已形成了“智能制造＋云”的全新商业生态。

“目前华制智能的‘智能制造＋云’解决方案主要布局在医药行业、机械制造业、家电制造业、汽车制造工业等领域。”蒋俊峰介绍说，医药行业是我国国民经济的重要组成部分，近年来市场需求稳定增长，面临较好的发展机遇。但随着我国行业监管政策持续强化，前期支撑我国医药行业高速增长的动力减弱，医药行业亟须加快增长动能的新旧转换，智能制造转型升级越来越多地出现在国家及各大药企的战略规划蓝图中，精益管理变革则是企业转型升级的必经之路。

而机械制造业是一个国家的基础行业，是国民经济发展的支柱产业。中国的机械制造业经过多年发展，已逐步建立了自己的发展体系。机械制造业将向高性能、多功能、高可靠性、人性化、环境适应性、能源多样性及

机器人等多维度创新开发迈进。加速推进精益生产与管理变革，才能顺利完成智能制造转型升级。

在谈到家电制造业时，蒋俊峰表示，随着居民收入提高，消费升级作用明显，消费者对家电需求呈现高端化、时尚化、个性化特征，家电制造企业开始面临产品升级换代、走高端化路线的趋势。我国家电制造企业需紧跟时代步伐，快速应对市场变化，并加快推动精益生产变革，为智能制造转型升级做好准备。

“当前以智能制造为核心的新一轮工业革命之下，中国汽车制造工业唯有推进精益生产变革，加紧着手智能制造转型升级，才能弥补短板，奋起直追，打造出一批世界一流汽车品牌，中国汽车产业迈入世界汽车强国行列的目标才有望实现。”蒋俊峰强调。

强强联合实现双赢

自2017年11月携手华为发布“智造云”，共建工业云生态系统以来，2018年华制智能更是将足迹延伸到海外。

2018年汉诺威工业博览会期间，华制智能联合全球领先的激光装备企业大族激光发布装备智能化解决方案。华制智能将与大族激光在装备智能化、智能工厂解决方案领域进行深度合作。据了解，此次华制智能与大族激光发布的装备智能化联合解决方案囊括了基于“智造云”的设备智能化研发、设备智能化管理与运维、工业大数据分析与决策等智能制造的垂直领域。

同样是在2018年汉诺威工业博览会期间，华制智能在德国汉诺威举行“制造不凡，智见非凡”智能工厂软硬件产品发布会，携手德国DFKI（人工智能研究中心）发布联合项目合作。双方将在人工智能（AI）和增强现实（AR）等领域展开全方位、深层次合作，通过技术合作与创新，助力制造业转型升级。

“不仅是中国，全球都在高度关注被誉为‘第四次工业革命’的制造业与互联网的结合，并为之制定相应的国家战略。无论是德国的‘工业 4.0’还是美国的‘工业互联网’，都是在促进数字世界和物理世界融合。这是一场‘未来之争’。”蒋俊峰表示。

蒋俊峰说，工业互联网催生了新一代信息技术与工业深度融合发展，以实现生产效率提升为战略主线，以物联网、大数据、云计算、人工智能集成与互联为战略基础，以打造智能化产业体系为战略核心。从云的角度讲，不仅仅是“计算 + 存储 + 网络 + 安全”，而是为客户提供全价值链“端到端”解决方案；也不仅仅是软件与服务，而是真正面向企业统一数据平台和云操作系统。

“国产装备的工业互联网接入，是智能制造趋势，也契合了中国制造国家大计。”谈到强强联合实现双赢，蒋俊峰表示，此次与大族激光携手，华制智能计划将进一步发挥智造云平台在设备互联、生产管理、数据建模分析等方面的积淀，聚焦大族激光在激光切割、焊接、3D 打印、精密加工等领域的装备产品，针对性构建设备智能操控、设备智能运维、设备智能分析等应用，携手打造自感知、自调节、自诊断、自适应、自优化的智能化制造装备。通过设备智能化应用，真正让数据说话、让数据驱动效率革命。而德国人工智能研究中心 (DFKI) 成立于 1988 年，是世界顶级的人工智能研究机构，研究领域覆盖人工智能的主要产业方向，包括大数据开发、知识管理、图像识别、自然语言处理、人机交互、智能机器人等。DFKI 自筹建之初就非常注重对从研究到实际应用的转化，30 年时间积累了大量产业成果。

资本大鳄趋之若鹜

华制智能经过几年的快速发展已成为行业领跑者，企业不仅具备顶层设计能力，还可以为各企业提供系统集成的落地实施与解决方案；不仅拥有硬件研发能力，还具备软件研发能力；不仅能够帮助客户走上云端，连接工业互联网，使工厂自完善，还有能力实施地面业务，打造最先进的智能工厂。

蒋俊峰介绍说，华制智能的发展及其行业影响力让不少投资机构和企业纷纷表现了投资或者合作意向。2018 年年初，华制智能正式宣布完成最新 A+ 轮融资，此轮融资的领投方为高榕资本和天鹰资本等知名投资机构。据了解，截至目前，华制智能已获得近亿元融资。

高榕资本的评价称，华制智能是中国少有的既能为制造业企业提供智能制造顶层规划设计又具有落地实施能力的整体性公司，创始团队有实力和梦想，希望真正推动中国智能制造的进步。高榕资本过去在智能化领域投资了一系列优秀的公司，涉及安防、交通、金融、电子商务、芯片设计、无人驾驶等各个行业，此次很荣幸能投资华制智能，为中国制造业的智能制造转型升级出一份力。

天鹰资本评价称，华制智能拥有突出的行业经验和技术优势，非常了解客户需求并出色地解决了客户的痛点；我们非常欣赏夏董事长和管理团队的专业素质和企业家精神，相信华制智能可以持续攀登高峰。另外，因为天鹰资本专注工业 4.0、智能制造等领域，跟华制智能具有完美的契合度，已经产生了很多协同效应，未来我们会持续为华制智能提供一系列优质的投后增值协同服务，与企业并肩作战。

“智能制造和相关的工业互联网是未来行业机会最大、风口持续时间最强的领域，它必然将成为我们国家经济转型升级的重要助推器。因此，在提倡振兴实体经济和制造业的当下，华制智能在智能制造上的提前布局，可以说是抢先卡位。这也是众多资本大鳄青睐华制智能的主要原因。”蒋俊峰解释说。

（晁毓山 / 文）

深圳华制智能制造技术有限公司获第七届中国创新创业大赛互联网行业总决赛“优秀企业奖”

新药研发有“肽”度

——记上海银诺医药技术有限公司创始人、董事长兼总经理王庆华

第七届中国创新创业大赛生物医药行业总决赛现场可谓高手云集，不仅有小试牛刀的创业新兵，更有久经考验的创业老将。上海银诺医药技术有限公司创始人、董事长兼总经理王庆华就是其中之一。他头顶“十二五”“十三五”国家科技“重大新药创制”项目负责人、首席科学家、科技部重大专项评审专家、CDE新药评审专家、多伦多大学终身教授等羡煞旁人的光环，却在天命之年毅然走上了归国创业之路。

站在舞台中央的王庆华身上展现出的胆识与勇气深深感染了在场的每一位观众。最终这位仍将自己比作“80后”的创业者凭借着糖尿病治疗领域第一个国产人源长效GLP-1药物——苏帕鲁肽，成功俘获在场所有评委，以92.40分的绝对优势力压群雄，获得第七届中国创新创业大赛生物医药专场成长组冠军。

“从这么多新药研发公司身上，我看到了中国创新药的新希望。这让我深受鼓舞、信心倍增。就在2个月前，中国糖尿病协会主席贾伟平叮嘱我说，苏帕鲁肽一定要做出中国人自己的特色，造福糖尿病患者，将来更要借助‘一带一路’倡议推向世界。如今，我们又迈近了一步！”手捧金灿灿的奖杯，王庆华激动地说，“我们希望能够在最短的时间内把糖尿病的创新药推向市场，造福于糖尿病的患者，早日能够终结国外巨头药业垄断的局面！”

瞄准转化医学　开启单枪匹马创业生涯

数据显示，全球糖尿病人口有4.15亿人，而中国糖尿病人口超过1.3亿人。30年来，我国糖尿病的患病率从平均0.67%上升到平均11.6%，其

中控制达标率仅占 26%。由于生活方式和饮食习惯，中国预计未来 10 年糖尿病患病率依然会保持稳定在 11% ~ 12%。一连串骇人听闻的数字，让人们口中的“富贵病”成为“甜蜜”的负担。

胰岛素的发明是人类 20 世纪最伟大的发明之一，但尚不能够达到“标本兼治”的效果。

“从传统意义上来说，糖尿病的治疗主要通过注射胰岛素、口服降糖药进行，但这些都是治标不治本的疗法。”王庆华说，实际上糖尿病发病的根源在于人的胰岛 β 细胞分泌胰岛素不足，促进 β 细胞再生是治疗糖尿病标本兼顾的策略。

多伦多大学是全球综合实力排名前沿的优秀大学，多伦多大学医学院生理系的班廷和贝斯特在 1921 年发现了胰岛素，为临床治疗糖尿病做出卓越贡献。胰岛素的发现是医学领域的一个革命性的进步并为此获得 1923 年诺贝尔生理学或医学奖。

在多伦多大学做教授期间，王庆华主要是在医院做糖尿病和代谢病的研究，他注重胰岛生理学和 β 细胞再生的机制研究。运用基因工程重组蛋白生物技术研究多种糖尿病创新药，拥有 10 余项国际和中国的新药技术专利。王庆华的糖尿病研究获得多家国际学术机构资助及多项荣誉包括加拿大发明创新基金会学者、加拿大健康研究院和加拿大糖尿病联盟学者、班廷—贝斯特糖尿病研究中心学者和美国幼年糖尿病国际基金会项目首席科学家。长期致力于糖尿病转化医学研究，在国际上处于领先地位。也就是在那个时候，苏帕鲁肽（Supaglutide）诞生了！

王庆华于 2005 年开始建立与国内科研机构的合作关系，担任起复旦大学特聘讲座教授。10 余年的实验室研究经验告诉王庆华，自己研发的苏帕鲁肽不仅促进胰岛素的分泌，其还将有可能促进 β 细胞再生，提升 β 细胞质量，能够达到标本兼治的目的。而这一研究成果一经转化，其市场将不可估量。

“作为生命科学领域的科研人员，我们认为通过转化医学，能够让苏帕鲁肽达到标本兼治的效果，从而提升糖尿病患者的生活质量，是一件特别具有意义的事情。”这也是多年来其团队所锲而不舍的目标。

为达到这个目标，在此后10余年间，王庆华把目标瞄准了转化医学。

在医学界流传着这样一种说法：一个医生会做，只是一个兵；会写、会讲，是一个将；会科研、会教学，为一个帅；会组织管理，善前瞻性思考，乃一名主帅。这也从侧面说明了基础研究与临床应用之间存在着巨大鸿沟。

王庆华深知要把苏帕鲁肽推向市场，必须自己率先融入市场。而科技人员与社会资本和经营人才结合的过程，将成为决定苏帕鲁肽能够成功赢得市场的关键。

为把全部精力投入苏帕鲁肽的临床转化，2014年，怀着一颗医者仁心的王庆华毅然放弃了多伦多大学全职教授职位及国外的优渥生活，开始了“单枪匹马”的创业生涯。

“在科研成果转化过程中，科技人员很大程度上缺乏企业经营经验，对产业宏观理解、吸引人才和资本也都比较陌生。在这种情况下，进行企业化运作便成为苏帕鲁肽打开市场的第一步。”王庆华说。

归国后的王庆华担任起复旦大学特聘教授、博士生导师、复旦大学内分泌糖尿病研究所副所长的职务，并加快了筹备企业的步伐。

2015年，由上市公司昆药集团投资，王庆华领衔的糖尿病创新药公司银诺医药在张江药谷孵化器成立了。通过3年的发展，该公司目前已经拥有一支由中外知名糖尿病、内分泌专家领衔，新药研发资深专家和企业运营复合型人才完整搭配组成的核心管理团队，同时建立了先进的基因重组蛋白药生产线及上下游质量体系。此外，公司还有其他管线的产品。目前公司的在研项目多次列入国家“重大新药创制”科技重大专项和省市级的重点专项计划，获得国家和各级政府部门的认可与支持。

为与国外先进研究成果接轨，王庆华仍继续兼任加拿大圣米高医院内分泌代谢科资深科学家、加拿大圣米高医院研究所胰岛生理实验室主任、多伦多大学兼职教授等不领薪酬的职务。

苏帕鲁肽临床研究初见锋芒

十年磨一剑，出鞘见锋芒。即将完成临床 I 期研究阶段的苏帕鲁肽，准备进入临床Ⅱ期，这也将成为我国第一个国产人源长效 GLP−1 药物。

据介绍，作为中国药监局批准在中国以 1 ～ 2 周注射一次进入临床阶段的降糖药，苏帕鲁肽具有更好的人类同源性，其肝肾毒性和胰腺炎风险相对较低，具有更好的临床适用性，且与其他进口制剂相比，苏帕鲁肽将具有中国本地化生产的成本优势。“苏帕鲁肽是一款治疗 2 型糖尿病的长效原创新药，1 ～ 2 周注射一次。此外，我们公司还拥有一系列糖尿病、肥胖症新药管线产品：具有自主知识产权的糖尿病和糖尿病并发症治疗新技术创新生物药。”王庆华说。

在 10 年时间里，互联网产业或许几经沉浮，而 10 年对于生物医药行业来说，只能够完成一个新药的研发上市。

近年来，为加快创新药研发，国家通过药品审批改革对创新药开优先绿灯。

“现阶段我们需要做的是用最短的时间在国内完成 CFDA 规范的苏帕鲁肽临床研究，然后尽可能快地把创新药推向市场，期望在 2020 年或者 2021 年上市。”

“苏帕鲁肽实现产业化后，将是一个实现 10 亿～ 30 亿元工业产值和销售的重磅产品，将有可能改写中国生物制药产业的行业格局。”王庆华说，根据苏帕鲁肽项目财务评估与分析，该产品若以目前利拉鲁肽的每天 80 元人民币的零售价出售，即使中国只有 3000 人使用，第一年就可以达到 8760

万元的销售额，产生 3466 万元的税后利润。如果有 10 万人使用，就可以达到 29.2 亿元的销售额，产生 10.2 亿元的税后利润。这将让中国人第一次获得高技术高附加值产品所带来的巨大经济利益。

最终，“糖尿病转化医学国际前沿、20 余年扎实的研究基础、自主知识产权、高产能低成本压倒性的价格优势”等一连串的“吸睛”词汇，让处于临床研究阶段的 2 型糖尿病 GLP−1 原创新药——苏帕鲁肽连同王庆华的名字一起从 240 余家参赛药企中脱颖而出。

新药研发十年磨一剑　唤得资本东风来

医药行业从来没有速成，需要创业者坐得住“冷板凳”，投入超乎寻常的毅力和热情。同时，10 年的研发时间，加之后期的临床转化，也考验着资本的毅力和耐心。

在创新药领域深耕多年的王庆华，见过许多刚刚初创的项目由于缺少资金而遗憾退场。

“钱是创业者难以回避的话题。对于烧钱的新药研发来说，显得尤为重要。”王庆华说，早年间生物医药领域初创企业的创始人大多是从科研人员起家，有技术，但是缺少资金和管理经验。由于早期没有获得很好的扶植，很多创业企业没有获得进一步发展。现如今，在大众创业、万众创新的号召下，灵活充沛的金融产品和更为开放的资本市场为科学家提供了描绘未来前景的充足资金。许多创业项目不仅活了下来，而且成长得很好。

据王庆华介绍，成长阶段的银诺公司已经进入第二轮融资阶段，需要资金推进临床试验与生产制造。融资可以分两步融资：第一步融资完成Ⅱ期临床试验与启动规模生产工艺研究；第二步融资以期完成临床Ⅲ期研究和上市批准及规模生产的制造能力，为上市批准后启动产品的制造供应市场。

第七届中国创新创业大赛生物医药行业总决赛现场，王庆华收到了来自专家评委席上歌礼生物科技（杭州）有限公司董事长吴劲梓的热情邀约，“私下还有不少投资人来交换了名片，这为银诺生物未来发展提供了更为宽阔的舞台。”

当记者问及王庆华是如何在有限的15分钟内通过十几张PPT把自己的项目成功推介出去时，他表示：“科学的语言晦涩难懂，把这样的专业术语转化为生活语言表述出来，让资本方听得懂，看得清项目的未来价值是一件非常困难的事情。而坐在中国创新创业大赛的评委席上的评委，不仅懂得金融专业知识，不少还是生物医药顶尖的科学家，所以这也就不怕找不到自己的伯乐了。”

“做药难，做新药更难，做新药临床转化难上加难。创业的过程是枯燥而乏味的。需要创业者静下心来，从容走好每一步。坚持、执着，带着一份情怀付出必然会有收获。”王庆华说。

（李洋 / 文）

上海银诺医药技术有限公司荣获第七届中国创新创业大赛生物医药行业总决赛成长组一等奖

挑战“不可成药”魔咒

——记凌科药业（杭州）有限公司创始人兼 CEO 万昭奎

Ras 是人类较早发现的致癌基因，也是最常见、最恶性的致癌基因。当前，在所有肿瘤患者中，平均每 3 个癌症患者就有一个人具有 Ras 致癌基因突变，但至今依然没有任何 Ras 抑制剂被开发成药。近年来，新的 Ras 突变蛋白的别构结合位点被发现，给利用泛素蛋白降解技术设计靶向 Ras 的小分子抑制剂带来曙光。

在杭州医药港小镇近 2000 平方米的总部办公室及相关实验室里，由前辉瑞、默克和强生等公司的研发和运营高管创立，几位业界老兵挂帅加上充满活力的 80 后研发团队组成的凌科药业（杭州）有限公司，已研发可以用于传统小分子靶向技术无法作用的靶点。利用泛素技术可以用来挑战不可成药的致癌基因 Ras，帮助癌症患者恢复健康。

美国癌症协会执行委员、英国皇家化学会会士、凌科药业创始人兼 CEO 万昭奎介绍：“我们将立足中国，放眼全球；致力于治疗肿瘤、免疫和炎症等疾病的新药开发；通过自身研究开发、与海外大药企技术授权引进以及合作开发三个渠道，开发全球及国内领先的新药项目。”

偶然成必然的回国创业

1994 年，从中国科技大学研究生毕业的万昭奎前往美国求学。在波士顿大学就读博士、哈佛大学从事博士后研究的万昭奎，先后来到国际药企辉瑞和强生工作。有 20 年药企研发经验的他，曾参与研发 2010 年 FDA 获批用于治疗转移性乳腺癌的化疗药甲磺酸艾日布林，并有其他数个治疗自身免疫病与代谢类疾病的药物进入临床期。

“回国创业，既是偶然，也是必然。”万昭奎回忆，2013年加入强生，担任亚太区研发化学及相关科学总负责人的他参与了强生该研发中心的筹建工作。从某种意义上讲，这也开启了他的第一次“外企内部创业”生涯。在5年时间里，从他来时该部门只有他一个人，到他离开时该部门内外已经聚集几十个人，并架构出完备的人才梯队和产品研发管线。

在改革开放的浪潮下，中国国内环境已经发生巨大变化，国民经济正快速稳步地发展，人们对健康的需求也日益增加，国内对生物医药行业的创新也提出更高要求。2017年年初，万昭奎被授权为一个项目在中国寻找一个合作伙伴，实现项目的快速推进。正好此时，凯泰资本投资机构也找到万昭奎，主动询问他是否愿意出来创业。当时，凯泰资本正在中美主动式布局生物医药前沿的创新领域的团队与技术，并在生物医药领域主动布局聚焦未被满足的医疗需求，重点关注肿瘤、自身免疫病、NASH、慢性肾病、骨科疾病、眼科疾病、耳科疾病、HBV等疾病领域，尤其是first-in-class与best-in-class类别的早期项目。

“当时，有些领导也非常支持我做这个事情，因为如果将来我把项目做好了，他们有最先否决权，并且在占股投资方面有优先权。”万昭奎表示，“我也看到一个有关创业的统计，说在IT领域，很多创业者在30多岁时就比较成功；而在生物医药行业，创业年龄平均是48岁。我出来时，正好49岁，应该正是合适的时候。”

2018年3月，顺利完成千万美元天使轮融资的凌科药业（杭州）有限公司在杭州正式运营。此轮融资资金由凯泰资本领投，幂方资本、国药资本跟投，将用于支持凌科药业的新药研究，其中包括新药筛选平台建设、相关专利申报、组建创新药研发团队及建立肿瘤与自身免疫疾病药物为核心的研发管线。

新成立的凌科药业也吸引了不少国际和国内知名药企的科学家和管理人员加入，开始建立合理的人才梯队。除创始人万昭奎外，创始人团队还有共同创始人美迪西生物医药股份有限公司前生物部副总裁汪俊、辉瑞制药前药物化学总监 Michael Vazquez、长江资本生物医药基金前投资合伙人陈龑。汪俊博士在日本神户大学取得博士学位、美国西南癌症中心做完博士后研究，其后在默沙东工作多年。Vazquez 博士在辉瑞系统工作近 30 年，参与和负责过多个上市药物的研发工作。陈龑曾在康恩贝和国药工作过，在国内药厂管理方面也有一些难得的第一手经验。

挑战“不可成药”的蛋白靶点

2018 年 11 月 15 日，第七届中国创新创业大赛生物医药行业总决赛在广州迎来巅峰决战。出生于 1982 年的凌科药业（杭州）有限公司生物部总监于冰带来了一项生物医药领域的尖端技术项目——利用泛素蛋白酶靶向降解技术（PROTAC）挑战“不可成药”的蛋白靶点。凭借出色的发挥，凌科药业该项目成功脱颖而出，拔得头筹，获得初创组全国第一名，荣获一等奖。

此次大赛中，50后汪俊参加浙江区初赛，60后万昭奎参加浙江区决赛。全国决赛时，由于当时公司创始人在国内谈一个非常重要的海外合作，公司派出本科毕业于复旦大学、博士毕业于中国科学院丁健实验室的 80 后于冰参加全国行业总决赛。大赛后，汪俊专程为此写诗一首：“凌云壮志游四海，科创新药小镇来，折服评委共献策，桂花城内笑颜开。”

当前，在患者中有 Ras 突变的比例中，胰腺癌约 88%、结肠癌约 52%、多发性骨髓癌约 43%、肺腺癌约 32%。传统的小分子药物无法作用于 Ras。

泛素蛋白降解技术可以用于传统小分子靶向技术无法作用的靶点，这一技术可以用来挑战“不可成药”的致癌基因Ras。

泛素蛋白酶靶向降解技术（PROTAC）是一种通过新型小分子化学药技术，通过药物小分子连接致病蛋白和泛素蛋白酶，使致病蛋白被人体自身的泛素蛋白酶降解，从而达到彻底清除致病蛋白的作用。作为一项全新的小分子药物技术，PROTAC能够作用于传统靶向药物无法抑制的致病蛋白，从而为至今还没有有效药物的疾病提供新的治疗方法。

和传统的药物相比，泛素蛋白酶靶向降解技术的小分子只需要结合靶蛋白，不需要抑制靶蛋白的活性。它可以结合于靶蛋白的任何部位，彻底消除致病的靶蛋白。如果用成语来形容它们的功能的话，传统小分子功能是扬汤止沸，泛素蛋白酶靶向降解技术是釜底抽薪；扬汤不一定止沸，但是釜底一定能抽薪。

这一新技术也源于创始团队经验保证了凌科药业在PROTAC领域有先发优势和技术壁垒：万昭奎有过建立靶向蛋白降解平台的经验；汪俊多年前就在神户大学研究过Ras；Michael Vazquez和万昭奎在药物设计上有非常丰富的经验，这是对泛素蛋白酶靶向降解技术发展非常好的积累等。公司制定了一些确实可行的方案，加大了科研投入，希望利用这个全新的技术在不久的将来就会取得一些预期的阶段性成果。

期待研发更多肿瘤和免疫新药

如今，凌科药业已在杭州经济技术开发区获得约2000平方米的办公场地，建立了从小分子合成、细胞试验验证，一直到动物试验的完整研发平台。从2018年3月以来，凌科药业通过内部研发和外部引进合作，共建立6个产品管线，内部产品已经全部进入或完成动物试验。与此同时，公司在产品引进和对外合作开发上也取得了一些可喜的初步进展。

“PROTAC是一个很有创新意义的技术。”万昭奎表示，“我们的基本方针是既稳扎稳打，也创新开拓。我们既有几个比较靠谱的项目，争取产

品早点上市，也开展一些创新性更高、风险性更大，但是潜在回报也更大的技术，PROTAC就是其中之一。”

回国创业以后，万昭奎记忆深刻的一次，就是在临时办公室上班的第一天，他自己骑了一辆摩拜单车，当时天气有点冷，还下着小雨，而不是平时公司有车接送，但他的感觉没有丝毫落差，而是觉得兴奋。“现在，团队成员都抛家舍业，抱着同一个目标和梦想来到杭州创业；这是和所有团队成员的家属、家庭的支持和鼓励分不开的。”

在他看来，创业者要有抱负和目标。提前退休，过上平稳日子、大众化日子也是他想过的生活，但是这个阶段更重要的，就是真正去给患者做点什么事情。当前，中国环境非常好，生物医药行业还有很大的发展空间，这也为他们的发展带来了新机遇。

“如果要问创业酸甜苦辣的话，我觉得甜的成分更多一些。” 万昭奎回忆，“我在哈佛大学的博士后导师是个全球闻名的有机化学家，但对学生要求也非常严厉。我们每星期至少工作6天，每天从早上8点工作到晚上8

点。现在 80 多岁的他，一辈子也还是这样。这对我们也是一种锤炼。”

未来，凌科药业计划在 3 年内，至少完成 2 个一类新药的中美临床批件申报及引进 1 个临床阶段新药项目，并完成和海外大药企的项目合作开发或联合实验室建设，期待成为一家全球领先的实力药企，研发出更多肿瘤、免疫等方面的新药。

（邓淑华 / 文）

凌科药业（杭州）有限公司获第七届中国创新创业大赛生物医药行业总决赛初创组一等奖

找寻恶性肿瘤“死穴”

——记杭州纽安津生物科技有限公司创始人陈枢青

从小组半决赛到全国总决赛，短短一天时间内，不少选手都记住了一位“了不起”的牛人。其原因，不仅是由于其拥有的绝对前瞻性的项目，还有他多次重复出现的“赛场事故”。

大赛期间，由于二次翻页器不听使唤悄悄“吃”掉了几张 PPT。“最后，PPT 完全由不得我来控制了。这时担心自己讲的速度，跟不上 PPT 翻页的速度，留给专家评委的印象肯定会大打折扣。”陈枢青说，“眼看主持人没有叫停的意思，我也只能继续讲下去。”

正是凭借着这一股“永不放弃”的“蛮劲儿”，陈枢青在短短 15 分钟的时间内，让现场在座的 7 位专家评委看到了自己项目的实力，最终杭州纽安津生物科技有限公司获得第七届中国创新创业大赛生物医药行业总决赛成长组二等奖。

陈枢青，浙江大学药学院教授，也是一位在双创大潮下，携成果“下海”办公司的时代幸运者。“作为大学教授搞科研，我们经常是喜欢埋在实验室里十年磨一剑，但是项目是否真正受市场欢迎，并没有太多关注。中国创新创业大赛为我们提供了从幕后走向台前的机会，我们真诚地向第三方的专家评委取经，力争在项目市场化道路上越走越顺。”陈枢青说。

勇敢“逃离”　磨难中成就自我

1977 年，伴随着全国高考的恢复，中国从此迎来了尊重知识、尊重人才的春天。1979 年，也就是全国高考恢复后的第 3 年，心怀理想的陈枢青成功地从浩荡高考大军中脱颖而出，考入浙江大学的前身之一——浙江医科大学药学院，成为一名人人羡慕的大学生。

在那个物资极度匮乏的年代，大学生一毕业能够分配到对口单位，保住一个铁饭碗干一辈子，曾经不知是多少年轻人为之奋斗的梦想。“那时候，一毕业就能够有份稳定的工作，已经是一件很了不起的事情了。至于创业，那是一件想都不敢想的事情。”陈枢青说。

1983年，获得浙江医科大学理学学士后的陈枢青如愿地被组织分配到浙江省余姚丈亭卫生院，成为一名普通的药师。但是，普通的乡镇卫生院难以拴住年轻气盛的陈枢青。2年后，他决定“逃离”，去寻找更为广阔的舞台开阔眼界。

“在卫生院工作的日子，让我知道医学领域的烟波浩渺。日渐开阔的视野，敦促着我再一次走进浙江医科大学攻读硕士研究生，并在接下来的几年间担任了浙江医科大学生物化学教研室助教、讲师。”陈枢青说，在实验室里待久了，就喜欢“琢磨”一些事情。

由于当时国内学科建设还远不及国外，1993年，陈枢青决定再一次勇敢“逃离”安逸的生活状态，只身一人到美国肯塔基大学药学院做访问学者。在美国留学的日子里，陈枢青把大多数的时间放在了实验室。“那时候，主要是做基因多态性。”陈枢青说，也就是这个阶段，真正开启了他对新生抗原的思考。我们知道药物在使用过程中，人与人之间是有差异的，这叫个体差异。科学家发现这是因为个体之间在很多药物代谢酶的基因上存在多态性。在实验过程中，促使我思考难道一个人身上的所有细胞之间的基因一定是一样的吗？细胞分裂时，基因需要完整地进行一次复制，一般理论认为复制是高保真的，一旦出现少量错误，也会被细胞内的修复酶予以修复。遗传学界通常认为人体每一个细胞之间在DNA水平上是一样的，所以通常认为在身体的任何部位采集细胞样本，基因检测的结果是一样的。可陈枢青认为，如此大数据量的基因在复制过程中一定会有少量错误，而且这些少量的基因错误与人的生老病死密切相关。

带着无数个问号，陈枢青开始潜心研究肿瘤领域，“因为肿瘤领域的专家很早就提出肿瘤是因为基因突变引起的。那时候，我就有为肿瘤患者的

正常细胞和肿瘤细胞分别进行全基因组测序的想法，但是这个实验花费的成本太高，我根本负担不起。”

带着这样的疑问，陈枢青回到浙江大学药学院任职，“脚步走得再远，心永远系着祖国”是当时每一位青年大学生的梦想。“几年的海外留学经历，让我亲眼看到了国内外在技术层面的差距，从而萌发了利用所学知识报效祖国的想法。”陈枢青说。

回国后的陈枢青，选择在摸索中观望着机会。直到2010年左右，基因测序成本日趋降低，“我想验证自己猜想的机会来了，于是用辛苦攒下的几十万块钱，做了一个肿瘤患者的肿瘤细胞和正常细胞的全基因组测序，果然发现了细胞与细胞之间在基因上存在着差异，并发现了可以用来治疗肿瘤的关键靶点”。

“尽管10多年前就提出了新生抗原是肿瘤治疗的关键，但是因为资金不充足，我的试验始终停留在实验室阶段。”陈枢青说。

教授兼职开公司　把科研成果写在临床

曾经，不少“看起来很美”的实验室技术，由于脱离临床需求打了“水漂儿”。而今，在国家支持和鼓励专业技术人员挂职、参与项目合作、兼职、离岗创业的时代背景下，走在改革前沿的浙江大学，着力破除束缚创新的体制机制障碍，推动科技成果转化和产业化。

“不再单纯以论文论英雄”的时代，对于像陈枢青一样的教授而言，“教授”这一职称的背后，除了本职的教学工作以外，又多了一份责任——把科研成果写在临床上。

论文百篇，著作等身，对于一位站在三尺讲台30余年的老教授来说，这些带来的荣誉远不及“一款新药造福万千患者”来得有意义。陈枢青说：“不少大学教授拥有自己的科研成果，但只能停留在论文阶段非常可惜。尤其是像我们做新药研发的领域，每一个成果的投入应用，都将转化成巨大的经济和社会效益，造福成千上万的患者。”

而这样的想法，放在10多年前，是陈枢青敢想而不敢违的事情。

“之前，高校和科研人员之间的权责关系，一直剪不断理还乱。大学教师兼职开公司，是一个遮遮掩掩的事情。但是对于医药领域的科研人员来说，研究只有应用到临床，才能发挥其真正的价值。”带着这样的目标，自2006年以来，陈枢青立足自己多年在基因多态性、体细胞突变和新生抗原的肿瘤精准医疗新技术研究、新型抗体药物和抗体偶联药物的研究及高灵敏度临床样本检测新技术研究等多个研究领域，积极参与成果项目的推广及转化，并联合创办了杭州恩氏基因技术发展有限公司、绍兴华因生物科技有限公司等，但是新生抗原项目迟迟难以推进。

如今，在天命之年，梦想却意外照进了现实。浙江省政府、浙江大学和美国加州纳米技术研究院三方联合共建的浙江加州国际纳米技术研究院的一个产业化团队，找到了在该研究院担任国际精准医学研究中心主任的陈枢青，表示要帮助其推进项目转化。

据悉，浙江加州国际纳米技术研究院是全国首批33家国际科技合作重点科研机构之一，也是全国纳米领域唯一一家国家级国际联合研究中心。

一直以来，该中心都致力于纳米技术的产业化推进。“早些年中心的职责是到美国发现新技术，然后引进到中国做产业化推广。近年来该中心发现浙江大学的教授手里也有很多好项目，于是开始做校内的转化和产业化。我的项目也是在这个时候被发现的，随后便开启了创业之路。”

2016年5月，在浙江加州国际纳米技术研究院的帮助下，杭州纽安津生物科技有限公司在杭州滨江成立了。同年即获得3500万元天使轮融资。

在公司简介里这样写道，杭州纽安津生物科技有限公司是一家专注于为患者及临床医生提供新一代“肿瘤精准免疫治疗”技术的高新企业，致力于通过领先的人工智能分析技术筛选肿瘤细胞的新生抗原，开发以新生抗原为靶标的新型肿瘤免疫治疗方法。

成立公司后仍然从事同样工作，在技术和业务方面，陈枢青自然是轻车熟路。但是在公司经营方面却遭遇到了难题。“作为大学老师，其市场运作与经营能力有限。科技成果转化从产品定位、企业运作、工商注册、融资及市场营销等方面，都需要专业化人才。好在有纳米技术研究院的产业化团队，在企业经营和管理方面帮忙打理。”

截至目前，杭州纽安津生物科技有限公司已经组建 40 人以上的团队，设有研发部门、临床部门、运营部门。

找到恶性肿瘤“死穴”　为了生命延续保驾护航

癌症细胞在基因变异的基础上产生的带有特异性氨基酸序列变异的蛋白被称为“新生抗原”。这是因为如果没有氨基酸序列的改变，这些蛋白应该是没有抗原性的。而一旦发生变异，这些蛋白就会引起自身免疫细胞的注意，并引起一系列的免疫反应。

2014 年 5 月，《自然》杂志上曾报道过一个利用体外扩增的、能特异性识别癌细胞的淋巴细胞，成功治疗了一例恶性晚期胆管癌患者。

然而，这样的解释或许过于学术，陈枢青形象地说，所有恶性肿瘤都开始于一个“叛逆细胞”，这个“叛逆细胞”无限生长，衍生出无数的子孙后代，这些“子孙”就是肿瘤细胞，最终入侵到身体的其他组织中。

“肿瘤细胞在生长过程中，会产生特异性的新生抗原，它就像一个标记，如果找到这个特异性标记，告知体内免疫细胞这种标记，免疫细胞就会自己去寻找肿瘤细胞并杀死它，就能抑制肿瘤细胞的生长，这种标记就是肿瘤的死穴。”

很多人可能会问，人体有 3 万多个基因，这个“标记”到底在哪里呢？

陈教授说，要找到这个“标记”，好比在黑夜里摸黑找钥匙。“但通过基因测序，就相当于把所有的路灯都点亮了，这个时候要找到钥匙就一目了然了。利用人工智能和大数据的先进方法才能在基因测序产生的海量数据中找到这些标记。”

找到导致肿瘤的新生抗原标记后，可为肿瘤患者提供精准的免疫治疗方案。

而这一过程大致包括肿瘤组织提取—基因组／转录组测序—基因信息大数据分析—抗原表位文库构建—人工智能筛选及疫苗设计—分组灌装—个体化免疫治疗—全景疗效监测—优化位点筛选及疫苗设计等几个方面。

据悉，由陈枢青团队自主研发的一站式新生抗原生物信息学分析平台——iNeo生物信息分析平台可以使肿瘤新生抗原检出率比目前主流软件提高2.53倍，准确率提升13.7%。智能设计疫苗序列的合成成功率达到90%。可胜任新生原起源事件鉴定、异常肽段序列预测、MHC递呈肽预测、多维度组合验证、多因素优选模型、疫苗序列设计。

“我们打算同时采用新药申报和临床新技术应用的2种产业化途径。目前正在启动新药IND申报，预计2019年递交临床申请，开展正式临床试验。未来将在技术研发、临床前研究基础上，进入Ⅰ期临床、Ⅱ期临床、Ⅲ期临床，最终上市。”陈枢青说。

据悉，目前该项目已经在多家三甲医院进行正式新技术新项目临床研究，临床研究结果表明临床安全性好、有效性明显，终末期癌症患者疾病控制率达到78.9%。

一款新药从开始研发到获批上市，需要经过10～15年的时间，投入数亿元。但是一旦挺过“烧钱”的研发期、动物试验期、临床试验期，走上上市的阶段，企业的效益将会是不可估量的。

对于创业者而言，面对风险与艰辛，他们需要一份对事业的坚定。而在生物医药领域的创业，还要具有一份为国民生命健康而艰苦付出的情怀。“面对一条漫长且充满各种变数的创业之路，我认为最重要的是要寻找志同道合的合作伙伴。毕竟独木难成林，何况一位身兼数职的大学教授。”陈枢青说，创业需要沉淀，我相信只要一步一个脚印地走下去，就一定会造福于千万肿瘤患者。

（李洋 / 文）

杭州纽安津生物科技有限公司获第七届中国创新创业大赛生物医药行业总决赛成长组二等奖

噬菌体产业化的践行者

——记青岛诺安百特生物技术有限公司创始人、董事长潘强

噬菌体是个老命题，却成为产业化领域的新事物。

2018 年 10 月 3 日，瑞典皇家科学院宣布，美国密苏里大学乔治 · 史密斯及英国剑桥 MRC 分子生物学实验室格雷戈里 · 温特爵士被授予 2018 年度诺贝尔化学奖。他们的贡献是“肽类和抗体的噬菌体展示”。其中，史密斯开发一种称为“噬菌体展示”的方法，温特爵士则使用噬菌体展示技术来生产新的药物。

“诺贝尔化学奖获得者的噬菌体展示技术和噬菌体的抗菌本能有区别，却让更多人开始关注它们。”青岛诺安百特生物技术有限公司创始人、董事长潘强表示，“噬菌体很古老。人类发现噬菌体比抗生素早，但是抗生素变成了药，噬菌体还没有。”

2017 年 7 月，曾任中牧实业股份有限公司副总经理的潘强和在噬菌体领域研究十几年的山东青岛农业大学任慧英教授共同创办青岛诺安百特生物技术有限公司，聚焦于生物医药行业内的噬菌体新药开发。

短短 1 年时间，诺安百特获得鼎晖系资本等机构的千万元天使轮投资，实现 2000 万元 Pre-A 轮融资，并已经建立国内最大的动物源噬菌体生产毒株库，它的下一个目标是获得全球第一个噬菌体一类新兽药证书。

抗生素替代新药大有可为

2018 年 11 月 15 日，第七届中国创新创业大赛生物医药行业总决赛在广州迎来巅峰决战，潘强带来《抗生素替代新药——噬菌体制剂》获得初创组第 2 名，荣获二等奖。

“噬菌体是一个冷门领域，我们是全国参赛队中唯一一个做噬菌体的。但是我相信再过两三年，它会很热门，因为现在国际上已经有机构在做噬菌体的人药，相信未来中国也会出现做噬菌体药物的公司。”潘强表示。

何为噬菌体？噬菌体是侵袭细菌的病毒，也是赋予宿主菌生物学性状的遗传物质。1915 年 8 月，加拿大医学细菌学家费利克斯 · 德赫雷尔发现这种能够杀死细菌的病毒，并命名为噬菌体。

从全球来看，人类开始研究用噬菌体治疗细菌感染并不晚于抗生素，但由于抗生素的普及、噬菌体的特异性等，使得噬菌体始终未在世界范围内形成产业化规模。

近年来，随着抗生素耐药细菌的不断出现，“超级细菌”让人类越来越束手无策，生物医药行业又重新认识噬菌体的价值，并预言噬菌体的应用有望解决抗生素耐药性这一世界难题。

在潘强看来，噬菌体具有特异性强、高效杀菌、快速增殖、安全无残留等优势，在抗生素滥用导致耐药菌横行的今天，噬菌体势必会大有作为，推动实现“无抗、减抗”。

“我们之所以把噬菌体技术先应用在农业上，再想办法应用到人身上，主要还是因为人药的审批周期太长。而且，人的病 70% 来源于动物。”潘强解释。

世界卫生组织和比尔及梅琳达 · 盖茨基金会都提出过一个概念：One world，one health。

“他们的理念是，一个世界，一个大健康，并开始重视动物健康。”潘强表示，“所以，我们当时觉得这是一个方向，把创新生物医药技术率先用在养殖业、食品、猪、鸡、水产等领域，使得肉蛋奶里面的抗生素残留减少，这符合国内外大健康趋势。”

2017 年 6 月，农业部发布《全国遏制动物源细菌耐药行动计划（2017—2020 年）》，明确提出要遏制动物源细菌耐药，保障养殖业生产安全、食品安全、公共卫生安全。

这也预示着噬菌体制剂产品可广泛应用于畜牧业、种植业、水产养殖、食品加工和人类健康等领域，可有效解决细菌性疾病的防治难题。

成为噬菌体产业化的领先企业

2017 年 7 月，潘强正式邀请在噬菌体领域研究十几年的山东青岛农业大学任慧英教授入股，共同创办青岛诺安百特生物技术有限公司。这也成为全球范围内在农业领域实施噬菌体产业化的领先企业。

成立 1 年多来，诺安百特不仅聚集了 70 多名员工，完成了 1500 平方米的实验室、小试、中试平台建设，而且上市了防治养殖场中特定细菌病的环境改良剂、体表喷涂剂等产品，并完成了针对耐药金黄葡萄球菌、沙门氏菌的噬菌体一类新兽药的临床前研发。

如今，诺安百特已建立国内最大的动物源噬菌体生产毒株库，累计获得耐药菌株 1000 余株，噬菌体生产毒株 600 余株；完成噬菌体 5 ~ 200 L 规模中试生产工艺研究，发酵单位达 1011 pfu/mL 以上。在专利方面，诺安百特获得发明专利 1 个，进入实审专利 3 个，菌种保藏证 10 个。

“为开发抗生素替代新药，我们开发了病原微生物对应噬菌体的分离鉴定、高效培养和制剂技术等关键技术，从而保障健康养殖、食品安全。”潘强表示。

在动保领域噬菌体兽药产品开发方面，诺安百特重点针对农牧业中导致动物生病的发病率高、耐药严重的细菌，主要包括葡萄球菌、沙门氏菌、大肠杆菌、绿脓杆菌、呼吸道放线菌、水产病原菌等。

“我们可以看到，在仔猪渗出性皮炎的治疗上用噬菌体能够取得非常好的效果，5天就能够痊愈；在水貂出血性肺炎的防治上，可以显著降低水貂的死亡率。此外，它对环境里的大肠杆菌，可以实现30分钟99.9%的杀灭。”潘强表示。

伴随着中试产品“诺安清”的推出，诺安百特首次在鸡大肠杆菌病和沙门氏菌病临床预防和治疗中取得良好效果。

2018年年初，在山东威海某养殖试验场，5000只6日龄的蛋鸡发生腹泻，粪便散不成形，含水量大，而在使用诺安清3天后，腹泻基本控制，粪便含水量减少，粪便形态明显好转。

“诺安百特的创新之处在于噬菌体鸡尾酒配方，高效杀毒、安全无残留。”潘强介绍。

根据《中国兽药产业报告（2016年度）》统计，全国畜禽养殖产业抗生素使用量约5.5万吨，以饲料添加为主，包括水产养殖等领域，我国农用抗生素市场容量超过300亿元。

这预示着，噬菌体新兽药的市场规模，若包含水产养殖等领域，即使按初期替代抗生素2%～3%计算，也将达到几十亿元。

这也让诺安百特看到未来广阔的市场空间。

从央企高管走上创业之路

在创业公园雪浪湖畔，潘强也谈起他的创业之路。他把自己比喻成从一辆高铁上跳下来，推着一辆新车、踏上一条新路的人。而这辆车有2个轮子，一个轮子是噬菌体新技术，一个轮子是社会资本。

毕业于中国农业大学，在美国华盛顿州立大学从事生物系统工程博士后研究的潘强，曾是中国最大的动保企业——中牧实业股份有限公司副总经理，并有很短一段时间受聘于一家美资企业，负责农业用噬菌体产品的产业化项目。

为何从央企高管走上离京创业之路？“一是因为我是温州人，我的血液中就有这种创业冲动。” 潘强表示，“二是因为这个行业发展遇到瓶颈。我在中牧分管研发时也在思考，未来在抗菌药领域还有哪些路可走？在论证噬菌体项目的过程中，我就产生了这个想法。”

为什么选择去青岛？“我要找一家有噬菌体研发设施的公司，青岛正好有一家疫苗厂经营状况不是很好，希望我能够托管，所以我就到了青岛；而山东青岛农业大学任慧英教授也是我能找到的国内少数潜心研究噬菌体十几年的专家，我很佩服她这种纯科学家精神。”潘强表示。

当遇到几次难关时，他也曾后悔。“当邀请的重要伙伴，遇到更好机会并离去时；再有就是投资机构的钱需要尽调还没进来，下个月工资发不出来，在用家人的钱时，当时就觉得自己已到行业高峰，又跳到山沟里往上爬，反思自己做得值不值。”

“而现在回头来看，其实只要坚持。”潘强回忆，“当取得几个突破，比如第1个产品受到市场用户认可时，我突然觉得柳暗花明；比如受到专家评委和投资机构的肯定时，就觉得这么多苦没有白吃；再有就是目前为止，我的员工没有一个辞职，而且将近1/3（新）员工是（老）员工主动推荐来的，这在创业公司非常难得。最近，我们公司有了‘诺安二代’——一名员工生了孩子，全公司都给她祝贺，并专门做了‘诺安二代’纪念银牌送给那个孩子。所以我现在越做越有信心，因为团队都在全身心地做这个项目，他们甚至比我还努力。”

潘强现在也是青岛农业大学创业课讲师，他上课讲的第一句话是——“创业是九死一生，我个人不鼓励你们现在创业，你们现在应该更好地学习知识，积累创业所需要的要素”。在他看来，不是每个人都可以创业，创业者一定要有基本条件和深厚积累，并且在创业领域上尽量做到精和专，有好的创业态度。

当前，美国已有数家噬菌体医药公司进入一期临床，其中一家已进入中国。“目前，我们这个项目还处于早期，第1个产品已经出来：2018年5月，环境改良剂上市，已产生销售收入100多万元。”潘强表示，“我们希望2019年实现消毒剂上市，完成饲料添加剂和新兽药临床批件，并在2021年以后拿到全球第 1 个新兽药证书。”

现在，诺安百特即将完成新一轮融资，用于产品临床注册报批，以及中试车间扩大。未来，他们将把噬菌体项目延伸到人的领域，从动物角度保障食品安全，保障人类健康。

（邓淑华 / 文）

青岛诺安百特生物技术有限公司获第七届中国创新创业大赛生物医药行业总决赛初创组二等奖

新材料技术创新为生活“添彩”

——记珠海光驭科技有限公司创始人田丰

谁会想到，一张柔软的看起来并没有什么特别的薄膜产品，竟然可以不用任何化学染料或重金属颜料，却随着拉伸、弯曲、挤压，甚至视角的变化，能神奇地变幻出蓝、绿、红等不同色彩。

能研发这种像“变色龙”一样的薄膜高科技产品的企业，便是来自珠海高新区的珠海光驭科技有限公司。不仅如此，这家公司还凭借柔性结构色纳米光学超材料项目，获得第七届中国创新创业大赛新材料行业总决赛成长企业组一等奖。

“目前，这种柔性超材料已广泛运用在消费电子、日常穿戴、特殊功能等领域，让新材料技术创新为生活‘添彩’。”珠海光驭科技有限公司创始人田丰说，我希望把光驭打造成为全球领先的柔性纳米光学超材料解决方案供应商，为中国材料技术达到世界一流水平添砖加瓦。

怀揣梦想回国创业

从华东理工大学到复旦大学，从复旦大学到剑桥大学，再从剑桥大学到哈佛大学，田丰一连串耀眼的求学履历可谓“亮瞎眼”。然而，这位拥有“顶配学历”的海归博士后，却带着他十年求学的“结晶”和梦想回国创业。

十年间在国内外顶尖院校的科研经历，让田丰认识到超材料的特殊性能与巨大应用潜力。他说，目前，各国的超材料研究及成果转化皆处于初级阶段，即使在英国、美国顶级的大学和科研机构的最前沿项目和研究中，超材料的真正量产与大规模应用也仅停留在探索阶段，中国在超材料领域的研究及技术并不落后于其他国家。

“自己选择回国发展就是想把先进的科技带回中国。”田丰说，“如果能将自己掌握的这一全球领先的超材料研发及制备技术带回中国，通过国内的制造与市场能力来放大、加速超材料产业化进程，将会是对国家、对社会非常有意义的一件事情，也是我们这一代人留学报国、产业报国的责任所在。”

抱着这样的想法，不安分的田丰决定回国创业，一场关于超材料领域的科技创新与应用之路也由此展开。2015年，田丰毅然放弃了国外的发展机会和优厚的待遇，选择将多年研究的原创柔性结构色纳米光学超材料技术带回中国做产业化探索，并在珠海创办珠海光驭科技有限公司。

光驭科技是一家致力于推动柔性结构色超材料研发与产业化的高新技术企业。珠海光驭科技拥有由多名剑桥大学博士组成的研发团队，以及世界首创的核心专利技术，开发出利用仿生原理，将纳米光学与超材料制备技术结合，能够制备具有超高光学和力学性能的薄膜、色粉的变色材料，实现在不同视觉、不同应力和不同环境响应的色彩和性能变化，为时尚、装饰、防护、识别、伪装、防伪、传感与指示等行业提供基于柔性纳米光学超材料的色彩与光线控制解决方案。田丰表示，这种创新技术就是不使用任何化学染料或重金属颜料，而是借助纳米光学与超材料制备技术，让一种柔性的薄膜材料展现“五颜六色”。

田丰说：“与传统染料产品不同，这些薄膜材料可以随着温度、湿度、电场、磁场的变化，呈现红、黄、蓝、绿等不同色彩。同时，由于生产原料和工艺的特殊性，薄膜还具有全生命周期超低碳排放，无毒、无污染的特征。此外，具备变色能力的薄膜还可与包括金属、玻璃、织物、塑料在内的任何基材相结合使用。”

目前，光驭科技迅速发展，自主研发并设计了全球领先且仅有的2条全固态辊压成膜智能生产线，年产量总计100万平方米；建成了1500平方米万级洁净间标准生产场地；累计申请了7项发明专利并获得2项授权，先后与聚合物分子工程国家重点实验室及复旦大学高分子科学系展开全面战略合作，并设立了位于复旦大学先进材料平台的先进乳液联合研发中心；与英国剑桥大学化学系梅尔维尔实验室和纳米光学中心建立了长期合作关系等。

成功从来没有捷径

然而，成功从来没有捷径，创业途中遇到的不为人知的艰辛或许只有创业者自身才有切身之感。田丰说："新材料创业企业，要克服行业周期长、重资产束缚、技术壁垒、市场应用难等瓶颈，会遭遇重重考验。"

田丰坦言："在创业过程中，遇到的最大难题是团队的组建。"为此，他在国内的同学和校友帮助下，迅速组成了一支高品质的团队。核心团队里除了在力学、热力学、光学性能等超材料领域里，有一批科研经验十足的"剑桥大学博士团队"外，公司还聚集了多位具有20年以上的设备、电气与制造经验的工程师团队及在市场与销售领域摸爬滚打多年的工程师团队与职业经理人。

巧妇难为无米之炊。"我们所做的柔性纳米光学超材料，面临两大技术壁垒：一个是将所需原料配方国产化及吨级量产，另一个就是生产工艺与自主设计制造的智能生产线的结合。"田丰说，"要在几百种原材料中不断试错，才能够找出配方；而与生产工艺有关的硬件设备，则需要经历实践、优化、再实践来进行不断优化。"

在这期间，田丰既要满世界"飞"，去寻找这些最佳的"原料"，又要承担着与科研、生产、投资等多方沟通的繁杂事务。他说："（他）基本不休息，也不过周末。"

最终，田丰带领团队花费了9个月完成了原料配方全部国产化。而在此之前，这些原料只能从英国、德国等国家进口。不仅如此，这些国产原料固含量、反应时等各项指标均大大优于进口原料，且吨级量产后成本不足国外制备成本的1%。

"难题是一个接着一个出现。"田丰说，光驭在完成了原料国产化后面临的第一个关键问题便是生产设备。"柔性结构色纳米光学超材料产品，是一种在全球范围内的全新产品，市场上并没有任何一种现有的生产设备可

用，在这种情况下，光驭只能自主研发设计。”

为此，田丰带领团队历时 12 个月，完成了全球首套量产薄膜中试线的研发设计并投产，实现从最初的小片材间歇式生产到现今产能为 100 万平方米的 2 条全自动智能产线的建成。他说，这个技术突破意味着，我国已经掌握了柔性结构色超材料核心技术，并使得产品产业化和商业化能力走在世界前列。

同时，为了让更多人了解超材料，田丰带着他的柔性结构色纳米光学超材料项目参加了一系列的创新创业大赛，先后斩获广东青年创新创业大赛一等奖、“创青春”中国青年创新创业大赛金奖、创新中国 20 强、第七届中国创新创业大赛新材料行业总决赛成长组一等奖等多项荣誉。

如今，随着订单的增加，客户需求多样性对光驭发起新的挑战。产能不足、产品良率需进一步提升、设备需要更新……不过，田丰乐观地说：“种种问题的出现都在推动光驭‘向青草更青处漫溯’。企业的发展就需要不断地经历实践、优化、再实践的螺旋式上升过程，光驭经得起考验。”

创新是永无止境的事

回望来时路，“虽然现在和创业初始的预期有所不同，但也正是这些‘不同’教会了我们如何及时地调整策略，如何找到正确的方向。”田丰感慨道，“创新是永无止境的事，要永远往前、做得更好。”

“每一栋高楼都是由一垒又一垒红砖契合而成，每一个成功企业也都是由一个又一个小进步积累而成，我们感恩创业路上的每一个小小进步，那是我们踏踏实实走下去的不竭动力。”田丰说，“坚持每走一步，离目的地就更进一步，并且把每一小步都迈得铿锵有力，就会发现这条坑坑洼洼的小路其实也光芒万丈。”

在田丰带领下，光驭一步步地向前迈进：产品的每一次提升和突破，意味着我们的市场接纳度又深了一分；每新增一名员工，意味着又多了一个小伙伴愿意与我们一起奋斗；每一次融资成功，意味着我们的项目又多了一份认可……

经历创业艰辛的同时，田丰也频频收获成长。田丰说：“在激烈的市场竞争中将科技成果转化为生产力绝非易事，既需要创业团队具有厚实的专业知识储备，又需要创业者能够敏锐把握市场需求，抓住商业契机。不论是科研探索还是创业实践，都需要恒心和毅力。”

当被问及对公司有何期待时，他略想了一下，回答道：“就一步一步地踏踏实实地做下去。”创业的艰辛，都变为了此时的坚定与坚持。

如今，完成了从0到1的飞跃，田丰带领团队创业的速度骤然加快。未来，田丰计划结合公司研发优势，逐步在彩妆、家电与汽车、室内外装饰、消费电子等领域形成技术壁垒，向成为世界领先的柔性纳米光学超材料解决方案供应商的目标迈进。

（叶伟／文）

珠海光驭科技有限公司获第七届中国创新创业大赛新材料行业总决赛成长企业组一等奖

把推动 OLED 材料产业化当成终身事业

——记宁波卢米蓝新材料有限公司总经理陈志宽

当前，显示已无处不在。谁会想到，跑步时把手机戴在手腕上，逛街时像折纸巾一样把平板电脑放进衣服口袋，看完电视像画一样把电视机卷起来……随着我国 OLED 显示屏技术的快速发展，可弯曲的智能产品离人们的生活越来越近。那么，这种魔幻般的 OLED 屏是用什么材料制成?

来自宁波高新区的宁波卢米蓝新材料有限公司便是专注于 OLED 显示屏发光材料的研发和生产，给各种屏提供发光材料的企业。这家“隐身”在新材料行业中的高新技术企业，凭借着 OLED 材料研发与产业化项目，在第七届中国创新创业大赛新材料行业总决赛中获初创企业组一等奖。

“这次参加大赛能够得奖是个额外收获，没想到能得到这么高的荣誉。”宁波卢米蓝新材料有限公司总经理陈志宽说，“我参加创新创业大赛最重要的目的，就是把国内 OLED 产业化的这个想法介绍给投资方、行业界，通过资金、人才、设备等上下游整合，让国内的 OLED 产业做得更大更快些，突破国外材料技术垄断。”

抢抓 OLED 产业发展先机

近年来，随着显示技术更新迭代加快，OLED 显示屏异军突起，面板厂商对 OLED 材料需求将不断增加。DSCC 报告显示，2017 年，OLED 材料收入增长 43%，达到 8.69 亿美元。预计到 2022 年，OLED 材料市场年复合增长率将达 24%，届时市场将达到 25.6 亿美元。同时，高稳定性、高纯度的 OLED 材料核心技术仍被三星、LGD 等国外龙头企业所垄断。

“我从 1995 年开始，在新加坡潜心研究 OLED 材料近 18 年，在理论

研究、材料设计与合成、材料升华、器件验证工艺、光学模拟等各个关键环节积累了丰富的经验，从中看出OLED材料的发展前景是广阔的。”陈志宽说，“我国OLED材料行业刚刚起步，未来市场肯定在国内。所以我带着自主研发的技术回国创业，于2014年在杭州成立杭州卢米蓝新材料有限公司，抢抓国内市场空白。”

为扩大生产规模，陈志宽带领团队在宁波开始二次创业，在2017年2月成立宁波卢米蓝新材料有限公司，利用技术优势研发高效稳定并具有成本优势的OLED材料，优先布局OLED上游关键材料，并实现产业化生产。“公司的发展不可限量，但受用地等各方面的限制，杭州那边产能很难往上增长，所以我需要新的投产地方，宁波的扶持政策和环境非常好，我就把公司开到宁波来了。”陈志宽说，“如今，公司进入新的发展阶段。预计今年销售收入突破2000万元，未来5年的销售额将达到40亿元。”

据介绍，目前，宁波卢米蓝新材料有限公司注册资本1833万元，团队规模80人，拥有厂房面积9120平方米，洁净厂房1250平方米，化学合成厂房4000平方米，并于2017年6月获得宁波沃衍股权投资合伙企业5000万元战略融资。

随着OLED屏火爆，目前已进入OLED行业投资高峰期，京东方、和辉、天马等国内OLED面板厂争相进入。“OLED到2020年下半年将拥有10条生产线，OLED面板的生产商需要我们的供货，我们突破了核心技术，寻找到了发光效率高的有机材料，价格只有进口材料的1/3。”陈志宽说，“尽管公司已经大规模扩产了一次，仍旧难以‘喂饱’下游企业对原材料的需求，我们目前的产量只能满足一条生产线，因此需要大规模扩产。”

未来，卢米蓝将紧抓国家和宁波大力发展新材料产业的战略机遇，根据市场化需求及自身优势，以科技创新为动力，延伸产业链，在现有技术、产品、客户的基础上，计划在3～5年内逐步推出更多高质量的红、绿、蓝等OLED有机发光材料的产业化，并在稳定高迁移率电荷传输材料、双极性单一主体材料、低驱动电压主体材料及高折射率包覆材料等方面形成自身优势产品，努力将卢米蓝打造成集研发、生产、销售及服务于一体的国内领先的OLED材料供应商。

构建新的材料体系

与LCD液晶显示屏相比，OLED显示屏拥有更宽广的色域、更高的色彩饱和度、更加轻薄的结构、更快的反应速度、更广的视角和更低的能耗，更为重要的是其能自身发光。这些优势的源头就是有机发光二极管中的有机发光材料。

然而，究竟这种有机发光材料长什么样？

“卢米蓝的产品如果展示出来，没有几个人能‘看懂’，因为它的外形就是一小瓶一小瓶各种颜色的‘粉末’。在红、绿、蓝3种有机发光材料中，蓝光主体材料是目前世界公认最难攻克的一环。”陈志宽说，“这些粉末通过蒸镀等工艺将红、绿、蓝3种有机发光材料及其他配套材料一层一层地镀到基板上，使一块块呆板的有机玻璃板变成光彩照人的OLED显示屏。这些粉末价格便宜的几元每克，贵的达到上万元每克，比黄金还贵几十倍。”

但是，要掌握OLED材料核心技术并非容易。“OLED材料研发经历很多曲折过程，需要不断尝试各种配方、各种合成。”陈志宽说，10多年的技术积累让我了解什么样的材料具有应用前景，在2006年，我在OLED材料技术上取得重大突破，把材料发光效率从5%提升到超过10%。

“从0到1的过程，是新的发现，做别人没有做过的东西，相对容易，但从1到100是提升过程，是非常困难的。”陈志宽说，“从1到100的过程会解决很多问题，然后需要一点一点把问题、困难解决掉，把性能提升到应用的要求。”

为掌握核心，立于不败之地，陈志宽说：“公司目前发展方向为研制高效稳定并具有成本优势的有机发光材料体系及研制新型OLED照明器件结构与工艺。”

材料体系的搭建，离不开技术创新。“不同的公司材料体系是不一样的，一般都有10多种材料，有些是共用的，有些是特有的，我们公司能提供的核心材料为3～4种。”陈志宽表示，“我们通过系统计算有可能对材料发光过程产生调控作用，形成新的材料体系。”

据了解，目前，卢米蓝集聚了有机半导体领域的世界顶级专家和国内OLED领域的奠基人黄维院士、有机半导体材料专家陈志宽博士、国内知名的OLED材料量产专家张玉祥、具有扎实深厚OLED材料研发经验的杭晓春博士等核心成员，形成了完整强大的研发创新团队。同时，根据材料特性和升华量产积累，公司不仅购置了日本进口的OLED蒸镀平台，还研发了自主核心技术升华设备顶级200X200材料验证用OLED蒸镀平台等表征设备及器件设备，可对应顶发射器件。

目前，卢米蓝公司通过调控激子结合能、单线态／三线态能级、空穴与电子传输等重要参数，开发了新一代高效蓝光荧光材料，实现了效率大突破，材料发光效率超过10%。同时公司已经获得中国、美国、日本、韩国等授权专利15项，今年新申请专利30项。

把OLED材料产业化当作事业

“从CRT到DLP，从DLP到TED，从TED到LCD，这几代显示技术，我国都是在跟跑国外，别国不要的技术我们拿过来做。”陈志宽说，“在OLED领域，我国真正有机会超越国外技术。我希望把自己的知识积累变成产品，推动整个OLED材料行业产业化进程。”

“我国OLED核心材料技术实现国产，就要突破国外技术垄断，在材料技术上拥有自主知识产权，找到可替代产品。”陈志宽说，“OLED材料产业化需要上下游产业链共同推进。卢米蓝依托技术和设备优势，广泛链接上下游企业、上市公司、高校院所等高端资源，在拓展公司市场渠道的同时，也实现了技术创新向更高水平发展。”

目前，该公司与天马、京东方、维信诺等面板龙头企业以项目研究、定位委托等方式建立了长期合作关系，及时了解客户需求、掌握市场最新动向，集中优势资源拓展盈利空间大的产品。同时，与宁波激智科技股份有限公司建立了战略合作伙伴关系，依托激智科技的开放技术平台和渠道资源，建立协同开放和创新机制，促进资源共享，打通技术产业化与市场推广通道。此外，与南京理工大学、南京邮电大学、西北工业大学、中科院宁波材料所、宁波大学等高校院所开展产学研合作，联合开展重大科研项目攻关，持续提升公司的技术创新能力。

“如果说创办杭州公司，是我回国创业起步阶段，也是我一次‘练兵’的过程，那么，创办宁波公司，是想把推动OLED材料产业化当成我的终生事业来做。我将把我未来的人生规划全部投入这个行业中，做好产业化。”陈志宽说，“我定下了公司发展目标——2018年，成为国内材料供应商；2019年，建立具有自主品牌的材料体系；2020年，做国内最有影响力的供应商。”

（叶伟／文）

宁波卢米蓝新材料有限公司获第七届中国创新创业大赛新材料行业总决赛初创企业组一等奖

以新材料体系平台解决我国缺“芯”之痛

——记宁波东立创芯光电科技有限公司总经理程东

“我们的技术是半导体芯片的下一代技术，从新材料体系入手，打造一个光子体系集成平台。”在 2018 年第七届中国创新创业大赛新材料行业总决赛答辩现场，宁波东立创芯光电科技有限公司总经理程东说道。最终，东立创芯凭借“基于硅基改性材料的高性能光子集成芯片及器件的产业化”项目获得大赛成长企业组二等奖。

成立于 2015 年的宁波东立创芯光电科技有限公司，是一家专业从事 PIC（光电子集成电路）芯片、器件、模块及子系统研发、生产和销售的高新技术企业。成立至今，已聚集了一批国内顶尖技术专家和高端人才，其团队拥有多项光子集成芯片领域的核心专利，自主研发的高性能光子集成产品具有低损耗、低成本、超高密度、超大容量等特点，应用范围广阔，已被国内外数家一流通信厂商采用。

瞄准国际光通信领域的核心制高点

“规模集成电路从量产到现在已有 50 年，目前发展到了线宽 3 ～ 5 纳米的物理瓶颈，未来如何突破这一物理极限？就需要引入新的理论、新的材料、新的工艺，光子集成技术便是其中重要一环，它的核心是把光器件用半导体的技术集成到芯片上去，未来实现光和电统一集成到硅片上。这对传统的光电行业将起到颠覆作用，并且会成为半导体领域必争的高地。”程东说，目前欧美各国已经把光子技术从一般战略上升为国家战略，可见其重要性。

“我希望掌握未来光子信息技术的核‘芯’技术，解决我国光子信息行业的无‘芯’之痛。”程东说，东立创芯瞄准国际光通信领域的核心制高点，期望以新材料体系平台解决我国缺“芯”之痛。

2015年，程东及其团队作为当年宁波市重点关注的团队和项目被引入宁波市北仑区。随后，宁波东立创芯光电科技有限公司成立，这也是程东及其团队成立的第2家公司。

据介绍，程东及其团队拥有多项光子集成领域的核心专利，掌握全球唯一兼具高折射率差、超低损耗、微小尺寸、多层回路的光子集成核心技术，具备从光子芯片到光器件、光模块、子系统全系列产品的垂直整合能力。

“公司前期已在研发方面投入了上亿元，目前，新材料已融合了硅和二氧化硅两大材料体系优势，为光和电的集成提供了更好的解决办法。”程东说，“这是一种在世界上独一无二的产品，具有多功能、多通道、超高密度和微小尺寸等特点，主要应用在5G高速通信、光纤到户，以及大数据产业的光传输系统等领域。”

“总的来说，东立创芯开创了1个新材料体系平台，集成硅和二氧化硅两大平台的优势，并由此带来3个核心技术门槛：超低的本征损耗，耦合效率提升40%，芯片加工工艺的敏感性降低400倍。”程东介绍说，“该平台兼具核心技术的先进性和可生产性，如良率、日产出率和低成本的要求，东立创芯自主开发的新材料体系平台，极好地满足了这些要求。”

“我们的产品在国内是独具特色的，在光纤到户领域、数据通信领域能给客户带来系统成本和运维成本的下降都是显而易见的。”程东说道。

据悉，东立创芯已与中兴、华为等公司开展了广泛合作，和亚马逊、谷歌在数据中心领域开展合作。

放弃高薪回国创业

2013年，程东做了一件很酷的事——放弃国外企业高管的优厚待遇，带着来自美国、加拿大等国的3位国际顶尖人才组成的团队落户西安光机所。

2013年9月，程东在深圳参加中国国际光电博览会时，机缘巧合结识

了中国科学院西安光学精密机械研究所所长赵卫。赵卫邀请程东到西安光机所做信息光子器件与光子集成研究中心，而做这个中心的目的就是“把技术产业化”。当月，程东便带团队落户西安。

2014 年 2 月，程东及其团队成立了西安奇芯光电科技有限公司，主要从事光子集成项目的产业化工作。奇芯光电专业从事 PIC（光电子集成电路）芯片、器件、模块及子系统的研发，致力于高水平集成的 PIC 解决方案，推动“宽带中国”战略实施。通过自主研发的光电子集成领域颠覆性技术，实现对传统集成电路的“换道超车”，推动我国在光电子集成电路领域从“跟跑者”向“领跑者”转变。程东说：“奇芯光电做的几款产品，是通过技术让运营商降低整个系统成本，节约功耗，从而最终降低用户资费成本，使终端用户受益。”

其实，程东与西安光机所有着深厚的渊源。在西安光机所就读硕士期间，他第一次走入了光子集成的世界。

“25 年前，光子集成研究在国内刚起步，仅仅是局限于探索方面，很少有相关的应用产品。”但这个在外行人眼中似乎有些枯燥的领域，在程东看来却非常有意思。

“当时我们做的2类研究，从器件集成角度来讲也是有实际应用的。比如说日本的佳能复印机，在扫描的过程中用的是自聚焦透镜阵列做的排透镜，把一个一个聚焦透镜排成一排。另外，当时课题小组做的关节镜、内窥镜，也是用光纤深入到胃或膝盖，甚至泪腺中，用于医疗检查。但那不能算是真正意义上的光子集成，相当于器件的集成。”程东说。

“西安光机所的创新用人模式、开放办所理念吸引了我。西安光机所创新创业的氛围十分浓厚，给了创业人员宽松的环境和最大的自主权。”程东说。

2015年，由于发展需要，程东及其团队寻求市场拓展并落户宁波。

谈及项目落地宁波的契机，程东说：“主要有2个方面的原因：一是产业配套，光电子集成芯片的产业链很长，从新材料到芯片设计、流片、封测，再到最后的高端光模块，西安那边相对来说属于产业链前端，宁波这边是最终的产品成品。二是宁波当地政府对公司项目很感兴趣，有意引进落地。”2015年，程东及其团队获得宁波“3115”海外人才引进计划第1名。同年年底，东立创芯在宁波成立。

很快，东立创芯开始遇到一些小“麻烦”——招不到人。程东说：“在宁波如何把人招进来并留住，面临很多困难。”

那么，如何解决这一难题呢？程东表示，一是重点人员重点关注。对公司的外国专家实行全程保姆式服务，把外国专家生活上的困难等全部解决，让他们可以专注干事情。二是扩大招聘来源。东立创芯与10家猎头公司签订合同，每年在招聘上花费几十万元。三是加强培训。东立创芯聘请了很多行业领先培训公司，对员工进行培训。

科研人员创业要转变思维方式

早在2002年，程东就看中了中国刚刚起步的光通信市场，开始了第一次创业。

他与另外2名技术人员一起创立公司，没人拿工资，公司日常运转都靠

3个人的积蓄。坚信“技术为王”的他们遇到了市场、融资、管理等方方面面的问题，“大家全是从工程师出来的，公司其他方面基本上都不太懂。实际上除了技术以外，还有很多很多东西是原来所想象不到的。”程东坦言，“第一次创业不能用‘成功’来形容。”程东将那2年的创业经历总结为：“只是一次有益的探索”。

第一次的创业经历也给程东上了生动的一课：投资人是否给你的公司投钱，他们首先看的是人，即你的创业团队，而不仅仅是技术和市场。

作为一名光电子集成领域的专家，程东坦言：“科技工作者总有个情怀，希望把技术转化成实际应用，转化成财富，如果不能这样，科研成果只能束之高阁。”他一直坚信，科技的目的最终是创造价值，服务于民生。

“一般来说，科研项目是没有产业目标的，不需要事先考虑其可生产性，只需要发论文、申请专利。而产业化的项目是要在技术领先的前提下，同时兼顾可生产性，包括良率、日产出率、成本等。”在程东看来，如果科研项目一开始没有考虑可生产性，科研成果出来了，可能并不适合生产。

“创业更多的时候，除了战略的方向、产品的技术攻关，更核心的是要把人的主观能动性调动起来，让团队集群作战，才能把产品各个方面打造完美。这也是跟做科研不太一样的地方。”程东说，“通常说做人容易，做事容易，但做人事不容易。不是人人都适合创业的，创业一定要做好准备。尤其是科研人员创业，物质方面的条件没有可以创造，但是如果在思维方式上没有跃迁是很难成功的。”

（罗晓燕／文）

宁波东立创芯光电科技有限公司获得第七届中国创新创业大赛新材料行业总决赛成长企业组二等奖

打造电路板行业化学药水民族品牌

——记广东天承科技有限公司首席技术官刘江波

“中国是电路板制造大国，产品供应全世界电子行业。特别是近几年，我国的电路板产量连续占据世界第一，但我国的电路板行业使用的关键药水和设备主要靠进口，电路板技术对外依存度却很高。”广东天承科技有限公司首席技术官刘江波博士在第七届中国创新创业大赛新材料行业总决赛上表示。最终，天承科技凭借“高端电路板水平孔金属化与脉冲电镀铜技术”项目获得第七届中国创新创业大赛新材料行业总决赛成长企业组三等奖。

2010 年，广东天承科技有限公司在刘江波和童茂军先生的带领下成立，致力于研发和生产电路板行业需要的各种化学药水，并在广州和苏州都设立工厂。经过 8 年的发展，天承科技凭借优质的产品赢得客户信赖，在业界的知名度越来越高。

放弃高薪　踏上创业之途

温文尔雅、彬彬有礼，是刘江波给人的第一印象。说话慢条斯理的他，很难让人将其与电子化学品行业联系起来。其实，刘江波已经在电子化学品行业打拼 20 多年，可谓是“老行专”。

1983 年，19 岁的刘江波大学毕业后去法国留学攻读博士学位。之后到加拿大、美国硅谷工作，一直从事电路板制造和电子化学品相关工作。1997 年，刘江波来到我国香港，担任一家德国公司的中国区产品经理，用他的话说就是“香港回归自己也回归了”。2003 年，刘江波调入该公司的全球总部担任一个产品部门的研发与产品管理总负责人。

能够在一家行业内别具竞争力的企业工作，并拥有理想的收入，这是很多人不断追求的事业生涯，彼时刘江波已经拥有了这一切。但他内心依然是挣扎的，他认为自己所能为电子化学品行业做的远远不够。

“我在外资公司工作多年，其间看到中国电路板企业越来越厉害，产量也变成了全球第一。但是一直没看到国内有一家电路板化学品企业能够与国外企业竞争。”刘江波说，“像日本、韩国等国家，随着电路板行业的成长，当地都有大药水企业成长起来，但国内却一直没有。当时一直想为国家、为行业做点事，但是一直没有勇气。”刘江波坦言，自己是一个相对比较保守的人。

2009年，国内一家电路板公司的老总的一番话刺激了刘江波，“他说，‘在外资公司工作，虽然看起来薪水很高但与创业是完全不同的，你应该走出来帮中国人做点事’。”考虑到中国拥有庞大的市场，当时在国外已累积了一定经验的他，希望为中国电子化学品工业发展献出一分绵力。随后，刘江波下定决心辞职创业。

2010年，结束1年竞业期的刘江波与团队开始创业，并成立广东天承科技有限公司。

攻克难关　打破技术垄断

“电路板制造的过程中需要各种药水，比如电路板中各层导体之间有导通孔，刚钻好的是不导电的，我们的电路板药水就是通过对这个孔进行处理，把不导电的变成导电的，然后再用电镀的方式把孔内的铜金属层增加到需要的厚度。”在总决赛答辩现场，刘江波有点兴奋地分享着公司的产品及技术。

天承科技成立8年以来，由于拥有过硬的技术支撑和获得多个专利产品，目前公司积累了一批可靠优质的客户，其业务量也在稳步成长。然而，每一步走过来并不容易。

在一项产品成功被研发出来之前，总是经过无数次失败的过程，刘江波

及其团队对药水的研发也是如此。“药水研发出来后，需要经过反复的测试才可以投产，别看这药水无色、无味，但它的存在对电路板功能发挥着至关重要的作用。如果稍有不慎，药水会毁掉客户成批昂贵的电路板产品，所以我们必须严谨对待。”由于公司规模不算大，没有自己的电路板生产线，在推出新的产品时只能借助关系较好的客户的电路板进行试验，反复试验的成本也是一笔高昂的费用。然而，在刘江波看来，失败并不可怕，在不断地改良和试验中总会有成功的一天。“电路板非常精细，而这些起到重要作用的药水是处理电路板上那些用肉眼难以看见的小孔，盲孔使其金属化，因此，要完成这项工作需要专注和耐性。”

以天承科技掌握的“水平沉铜技术”为例，该技术长期被一家德国公司垄断。2012 年，天承科技经过 2 年的研发，成功打破了垄断，掌握了水平沉铜技术的关键技术点。同年，天承科技成功赢得了第 1 条量产生产线。“现在市场上有 30 多条量产线使用天承科技的药水，每月生产超过 100 万平方米的高端线路板。”

刘江波说：“天承科技的一家客户，2012 年以前用的都是德国公司的产品，但是由于对方垄断，每次都加价。后来用了天承科技的药水代替，降低了很多成本。这家客户现在都很感谢我们。”刘江波有点自豪地说，这也算是帮助中国电路板行业做了一点贡献。

2012 年，天承科技想进入水平电镀领域。“但是国外企业的专利太强了，一直保护着。天承科技用了 6 年的时间，在机会很渺茫的时候，找到了解决方案，绕过了国外企业的专利。”刘江波表示，天承科技掌握的脉冲电镀技术，采用与国外企业不同的技术路线，全封闭，工作环境好，效率提高了2～4倍，还很环保。

目前，天承科技的产品已经超过100种，可以为电路板制造厂提供绝大部分湿流程解决方案。特别是公司的水平沉铜、高分子导电膜、电镀、超粗化、化学锡、棕化等工艺，可为电路板厂家提供可靠而经济的解决方案，得到了业界的一致好评，成为国内行业内公认的第一品牌。

“国内的电路板市场这么大，但是却一直没有一家像样的药水公司。”这一现状让刘江波及其团队更加坚定了要打造出一个品牌的决心，“现在提起天承科技，业界都知道。”

不忘初心　创业要持之以恒

创业之路并非一帆风顺，没有坚持不懈的决心和强大的心理承受能力，是无法克服这当中遇到的每一个困难。

“创业要坚持，有时候看起来希望不是很大的时候也不要放弃。”对于当初辞职创业的决定，刘江波表示自己很幸运。

“以前在大企业工作，很多事都有秘书助理帮忙，觉得这些都是理所当然的。当自己创业的时候这些都没有，都要自己干，研发测试也要自己去找外面的研究所。”刘江波坦言，一开始创业还是挺辛苦的。

但是让刘江波最心惊胆战的还是“资金难”。“天承科技是轻资产企业，想着能很快盈利。一开始大家准备了500多万元的启动资金，结果几个月后，发现钱不够了，收不回来，要继续投入资金。当时心里有点没底，后来总共投入了1000万元，才慢慢开始盈利。”刘江波笑着说，创业头2年真的是心惊肉跳，因为害怕血本无归，公司的几位原始股东之前都是给大企业“打工”的，虽然工资比较高，但是用来创业远远不够。为此，几位股东甚至变卖了部分房产，刘江波把自己香港的房子也卖了。

“之前一直在大企业工作，每个月都有工资，当自己创业几个月没有收入心里有点发慌，随时可以放弃的。当时有其他公司来挖，但是我没有放弃，坚持下来了。”刘江波说，看到了客户对公司的认可，觉得很值得。

目前，天承科技也在寻求融资。“钱是一样的，但又是不一样的。”刘江波表示，希望投资机构不仅仅是投钱，也能给天承科技带来相关的资源，能够互相沟通顺畅。

除了资金难题外，对于要成立一家化工公司的刘江波来说，择地建厂也是其中一个难题。由于缺乏对化工行业的了解和认知，不少地方政府闻“化工”色变。“生怕生产制作过程所排放的污染物对环境造成影响，这种顾虑地方政府普遍存在，因此，化工企业的准入门槛较其他行业高。”刘江波说。

刘江波表示，天承科技和其他的化工公司不一样，他们是致力于研发和生产电路板行业所需要的各种化学药水，在研发和生产过程中并没有任何污染物的排放，并不会对环境造成任何影响。他们曾走访过很多地方的工业园区，并一次次耐心地向园区解释，但“化工”这顶帽子却紧扣在他的“创业梦”头上，使他们一次又一次被拒之门外。

“如今，天承科技想要扩大生产，但是地方政府一听到是搞化工的，就觉得会有污染。”刘江波说，“希望大家能多了解这个行业，天承科技不搞合成，没有高温高压制造工艺，只是按照配方调配，几乎没有任何排放和污染。”

目前，天承科技拥有水平沉铜、化学锡、电镀铜锡、超粗化、环保可循环使用中粗化及棕化等多种专业化产品，并致力于环保、低耗型产品的研发，为客户提供环保、可靠而经济的产品解决方案。

谈及未来规划，刘江波表示，技术都是相通的，天承科技的目标不仅仅是电路板行业，半导体及半导体封装、太阳能、玻璃面板等都是公司未来的发展方向。

（罗晓燕 / 文）

广东天承科技有限公司获第七届中国创新创业大赛新材料行业总决赛成长企业组三等奖

致力成为微处理芯片封装载板核心供应商

——记广东盈骅新材料科技有限公司总经理漆小龙

“巨头垄断在‘芯片封装载板’这个领域更为凸显。”广东盈骅新材料科技有限公司总经理漆小龙在第七届中国创新创业大赛新材料行业总决赛上表示广东盈骅此次参赛的项目是半导体领域一个非常重要的基础性材料，是半导体产业链非常关键的一环，希望通过努力把这一环在中国做好，打破垄断、取代进口。最终，广东盈骅凭借“微处理芯片封装载板”项目获得第七届中国创新创业大赛新材料行业总决赛初创企业组二等奖。

从基层走来的创业者

漆小龙给自己的定位是一名从基层走来的创业者。

“我本人从事这一领域 14 年，公司技术总监也是一样，有 14 年半导体的从业经验，广东盈骅的创始团队都是研究生毕业之后进入上市公司工作，从基层一步一步爬上去的。”漆小龙解释说，“团队的特点是比较实干的，踏踏实实干起来。”

成立于 2017 年 11 月的广东盈骅新材料科技有限公司，注册资金 3200 万元，是 IC 封装载板板材、5G 高频板、芳纶复合材料的研发、生产与销售为一体的中外合资企业。

其实，广东盈骅并不是漆小龙第一次创业。早在 2005 年，彼时 30 岁的漆小龙和几位同事开始了第一次创业，没多久公司便实现盈利。2009 年，漆小龙选择退出，重新回到上市公司“打工”。

“第一次创业‘失败’了。”回顾第一次创业经历，漆小龙感触颇多。“当时 30 岁出头，还很年轻，有点急于求成，想着把公司做到上市就能成为亿

万富翁了。”漆小龙笑着说道，穷孩子想得很简单，首先就是要实现财务自由，这样就能做自己想做的事了，但是对人、企业，以及创业方向的看法不完整。

在漆小龙看来第一次创业虽然“失败”，但对现在的创业很有帮助。“它让我懂得了创业合伙人很重要，股权架构很重要，团队很重要。要想法比较接近，理念比较接近，才能合伙创业。”漆小龙说道。

2013 年，在外资公司工作了几年的漆小龙发现自己已经到达了事业的“天花板”。带着“人生还是要有追求”的信念，漆小龙萌生了再次创业的想法。随后，漆小龙开始着手准备第二次创业，“创始团队交流谈判就花了 1 年时间，通过充分的沟通彼此有了很深的了解。创业前一定要弄清楚到底想做什么，公司定位是什么。”

我们早就做好了准备

如今，全球终端电子产品的发展不断地朝向轻薄短小、多功能、低功耗等趋势迈进，SiP的成长潜力越来越大。此外，在万物互联的趋势下，必然会串联组合各种行动装置、穿戴装置、智慧交通、智慧医疗，以及智慧家庭等网路，多功能异质晶片整合预估将有庞大需求，低功耗也会是重要趋势。

“芯片是高精度、高密度集成，作为承载芯片的载板，为了匹配芯片，自然也是高要求。”漆小龙说，“芯片需要放在一个东西上面，就像水要用杯子装一样。”

漆小龙表示，目前全球的载板行业市场规模约为2000亿元（包括中高端产品），行业内专家预测，在不久的将来，载板市场可迅速发展到万亿元的规模。封装技术作为信息产业的重要基础，在产品中发挥着很大的作用。具体来说，封装市场巨大，决定产品性能、可靠性、寿命、成本等。“现代电子信息产业的竞争在某种意义上主要就是电子封装业的竞争，尤其是封装载板，它在一定程度上决定着现代工业化的水平。”

作为芯片生产的重要基础材料——芯片封装载板，目前，日本三菱公司控制了90%以上的市场份额。“我们的竞争对手短期内只有1家，就是日本三菱，没有第2家。”漆小龙说，“元器件承载体有很多，但是IC市场客户98%以上用载板，这块基本上把所有的利润都收掉了。”

“每年都有很多企业往这个领域发展，但几乎无一生还。”漆小龙说，“芯片封装载板已经被日本三菱公司垄断了30多年，这个‘护城河’太宽了，很多企业都没有活下来。广东盈骅很幸运，通过长期的努力，最终跨过了那个‘护城河’。”

据介绍，芯片封装载板的应用很广泛。除了传统领域，还有一个非常新的领域就是LED，未来有望取代OLED和LCD，目前广东盈骅已经开始量产。“广东盈骅主要做了2个工作，一是实现批量生产的销售；二是促进产业链的发展。” 在漆小龙看来，广东盈骅的竞争对手短期内只有1家，那就是日本三菱。为什么这么说？“半导体产业链很强大，也很脆弱，哪一环发生‘地震’，整个半导体产业链就得瘫痪一半。比如载板用铜箔，三井集团一家企业就占据了全世界95%的市场份额，它一停整个产业链也就停了，这是产业现状。”

历时2年，广东盈骅的“微处理芯片封装载板”最终顺利研发出来。漆小龙表示，广东盈骅的优势在于具有独立的知识产权；产品品质媲美三菱；技术关键指标具有世界先进水平，打破垄断。

“但是，一开始我们的产品研发出来了，却没有企业敢用。”谈到产品刚进入市场时，漆小龙有点无奈地说，“产品刚研发出来的前半年，完全卖不出去。实验测试很完美，但市场现实很骨感。”

虽然如此，机会还是来了。2017年，国内一家公司在使用日本三菱公司的产品时出现了异常，面临产品供应的问题。“那家公司找到我们，试了公司产品之后发现很好。”谈到拿下第一个客户，漆小龙有点兴奋地说，“广东盈骅早就做好了准备，才能顺利抓住机遇，逐渐打开市场。”

创业要脚踏实地

“人还是要有情怀的，30岁的时候，我只想着赚钱。随着年岁的增长，慢慢会想赚钱的目的是什么，还是要做一些有意义的事。”漆小龙说，“以前穷的时候，解决基本的温饱都很困难，现在生活那么好了，更要勇敢地往前走。”

“为什么要赚钱？为什么公司要往这个方向走？这些都是要有回答的。”漆小龙说。

2014年，漆小龙和团队加入广东盈骅的母公司——江门盈骅。此时的江门盈骅存在技术和市场方面的问题，开始转型进入半导体行业。“当时资金很少，公司要养人，压力很大。”

在漆小龙看来，创业一是要对投资人、股东负责。“2014年开始，每年亏损超过1000万元，作为管理层是要对股东负责的，他们的钱都是血汗钱，不是捡来的。”二是要对团队负责。但是现状是，小企业在转型过程中很难，没有 2 年是转不过来的。“那 2 年是很煎熬的，经常被大股东和投资人问公司什么时候盈利？被团队成员问公司什么时候有希望？”

在经历 2 年亏损之后，“微处理芯片封装载板”项目于 2017 年顺利研发出来。随后，广东盈骅应投资者要求成立。

谈到公司未来规划，漆小龙表示，广东盈骅的短期目标是载板在 LED 领域（小间距 LED、Mini LED、Micro LED）占领市场，并引领市场；在闪存、传感器、CMOS 领域逐步增加市场份额；同时推进类载板项目进入手机领域。中长期目标是持续逐步占有用于 BGA、PGA、BOC、CSP 等封装领域的高阶载板（CPU、GPU、AI 处理等），积极推广和完善类载板，为中国的先进制造业和新材料领域贡献一份力量。“希望广东盈骅在传统领域打破垄断，进口替代，填补次世代显示屏用载板板材的空白；在 5G 板材领域，填补载板和高频高速融合的空白。”

“任重道远，知行合一，不忘初心。”这是在采访过程中，漆小龙反复提到的，“创业初期免不了需要苟且，经历过心酸，最后才有诗和远方。”

如今，漆小龙又多了一个身份——投资人。漆小龙表示，自己现在也在看创业项目，希望创业者能脚踏实地，这样创业的成功率会更高。谈到给创业者的建议，漆小龙认为，一是创业功力要深厚，创业者的专业能力要过硬；二是文化底蕴要深厚，不然很容易迷失；三是要经得起失败。

（罗晓燕 / 文）

广东盈骅新材料科技有限公司获第七届中国创新创业大赛新材料行业总决赛初创企业组二等奖

为物联网应用装上智能大脑

——记鲲云信息科技有限公司创始人、CEO 牛昕宇

2018 年 11 月 30 日，第七届中国创新创业大赛电子信息行业总决赛在深圳迎来了巅峰决战。站在总决赛的舞台上，鲲云信息科技有限公司创始人、CEO 牛昕宇充满激情的表现，不仅赢得了现场观众热烈的掌声，也深深打动了评委，7 位评委中有两位评委向他发出邀约卡，准备赛后进一步对接交流，寻找合作机会。鲲云科技的项目备受看好，最终获得了大赛初创企业组二等奖。

回首创业历程，牛昕宇说，迄今为止，自己人生中收获最大的一件事就是创业。

从学霸到创业者

在别人眼中，牛昕宇是一名标准的学霸，他从复旦大学电子工程系毕业后，来到英国帝国理工学院继续深造，接连拿下硕士、博士学位，之后又成为该学院最年轻的助理研究员。

2015 年年底，当时还是帝国理工学院博士后研究员的牛昕宇，在国内一个学术报告会上做了个关于“人工智能芯片应用的新技术突破研究”的分享，受到了现场几位投资人的关注，他们主动与他联系，并表达了投资意向。这一次接触，让牛昕宇看到了国内人工智能市场的发展前景及自己 idea（想法）落地的无限可能。

“人工智能芯片是我读博士时的研究课题，我带着研究生团队给包括 JP 摩根这样的金融企业做过相关的研究工作，这让我感觉到这块市场是有很大需求的。”牛昕宇说，“如果我想要在人工智能芯片领域做出成绩，要么

继续做学术、带科研团队，要么出来自己创业。而我还是希望把人工智能芯片领域的一些idea在产业里落地，能够进行实际应用。因为对于工程人员来说，这是最有成就感的一件事。”

是继续在高校里任教，走学术路线，还是出来创业，走商业之路？其实牛昕宇心里早已有决定。

“回到伦敦以后，我和导师Wayne Luk（陆永青）院士谈了创业的想法。没想到陆永青院士非常支持我创业。”2016年年初，陆永青院士、牛昕宇和蔡权雄博士在上海联合创立了鲲云信息科技有限公司，还在伦敦建立了实验室，主攻人工智能在物联网领域的应用。

“我们算是一家技术驱动型的公司。”牛昕宇说，“创业之前我们跟一些企业有合作，他们比较认可人工智能这个方向，而且2016年公司成立时人工智能芯片还没有现在这么火。而我们有多年的技术积累，能够把人工智能芯片产品做得很好，这就是我们创业最大的初衷。”

“成立之初遇到的困难主要还是人才。公司刚建立需要优秀的人才，在核心团队方面，公司核心的技术主管都是我在帝国理工的同学、同事，他们原来在大公司都做到比较高的职位，工资待遇也还不错，要说服他们来加入公司，就要让他们相信我们能够成功，是在做一件很有价值的事。”在牛昕宇看来，对于创业企业来说做好2件事很重要，一个是要把产品做出来，这就需要组建一个非常好的团队；另一个是把产品卖出去，这需要建立一个好的商业模式和商业渠道。“这是很大的挑战。”

牛昕宇认为，要做好以上 2 件事情都是需要建立信任关系。“你要让公司同事、合伙人相信，你能够做成这件事，大家才会认可，觉得这件事情做好以后能够更好地实现个人价值，大家才会加入。同时，要让客户信任你，相信你的新产品确实是最好的，能够带给客户更大价值，他才会与你合作。解决这 2 个问题的核心都是一个信任的问题。”牛昕宇说。

鲲云科技的英文名为 Corerain。core 有计算核心的意思，而 rain 则代表数据流过。“鲲云”这个名字灵感来自庄子的名篇《逍遥游》：“北冥有鱼，其名为鲲。鲲之大，不知其几千里也。化而为鸟，其名为鹏。怒而飞，其翼若垂天之云。”牛昕宇说，希望鲲云科技有朝一日能随风而起，“扶摇直上九万里”，成长为一家拥有自主知识产权人工智能芯片的伟大公司。

遨游人工智能蓝海

万物互联时代的到来，每个物联网节点都需要高性能的专用芯片。智能家居、自动驾驶、智慧城市等不同领域应用场景的落地，都将给人工智能芯片带来新的需求和挑战。

“现在到处可见人工智能的热潮。全球 1/3 半导体产业的采购地都是在中国，国内从政府到企业再到个人对人工智能的技术都非常关注，回国发展是个很好的时机。”牛昕宇坦言，“我们可能是运气比较好，在很多人还没有关注这个行业的时候我们就已经在做这件事，在这个领域已经有多年的技术积累。”

鲲云科技的联合创始人及 CSO（首席科学家）陆永青是英国皇家工程院院士，深耕定制计算芯片领域 30 余年，是该领域的全球行业权威，参与开发全球首款针对定制芯片的高层编译软件 Handel-C，率先在金融领域和 AI 领域运用定制计算技术。鲲云科技成立后，陆永青院士在确定科研及产业方向的高层战略、平台合作等方面发挥了巨大作用，并在技术转化的过程中扮演了把关的角色。

“公司的目标是为物联网应用装上智能大脑，提供下一代人工智能计算平台，通过基于定制数据流（CAISA）架构的高性能芯片，解决从顶层算法到底层硬件的自动编译，实现零门槛的人工智能应用落地。”牛昕宇介绍。

得益于深厚的技术积累，鲲云科技自主研发出的数据流芯片引擎和端到端自动编译开发平台，填补了国内外人工智能平台底层硬件的支撑空缺，支持大规模深度学习网络在低功耗环境下高速运行，可适应工具链具备极强的通用性，平台级的板卡黑盒解决方案，接入即可使用，支持非专业人士自主开发，应用零门槛。牛昕宇说：“这保证了我们的技术能高效快速地在各垂直领域实现无门槛的快速规模化落地，快速实现从硬件、软件、系统和算法一体化的从0到1的人工智能应用解决方案。”

“与其他公司相比，我们的优势还是在技术方面。在AI芯片行业，我们不管是在芯片架构、开发平台，还是在各领域算法等方面都有全套的软硬件开发技术。这意味着我们在产品上能够提供高性能的解决方案，另外我们还可以快速在某个领域提供定制化解决方案。”牛昕宇透露，目前鲲云科技已与多家行业巨头达成战略合作，明星产品“星空”“雨人”芯片平台已在航空（C919国产大飞机）、航天（中国航天集团）、电力、安防、教育、工业监控、智慧城市等领域落地。

“芯片是一个全球化竞争的行业，必须站在国际化的舞台上证明自己。在易用性、功耗等各个指标上都能领先。对于客户来说，哪个产品最好用，性价比最高，用起来最好，肯定就会选它，这是一个简单的逻辑。”牛昕宇坦言，目前鲲云科技发展得不错，都是按照自己的计划、自己的节奏在运行，已于2017年实现盈利。成立至今，鲲云科技已经完成了天使轮、Pre-A轮和A轮的数千万融资，更于近期成立人工智能创新应用研究院，目前已申请30余项国际和国内专利。

“人工智能芯片的开发技术需要多年的经验积累，不仅要做一个新的架构，还要去做整个平台的开发和应用对接。与此同时，要根据客户反馈来不断迭代底层构架。要保持技术的领先型，计算和能耗也要保持绝对的优势，更重要的是与市场紧密的结合。产品开发终归是要回归市场，因而必须迎合市场需求，如此才能够保障用户的体验度。”牛昕宇希望，未来能有更多的企业参与进来，大家一起推进技术的发展。

创新是一个没止境的过程

如今，在业界各种峰会上经常可以看到牛昕宇的身影，他在不断向外界传达鲲云科技的愿景，开始从一个学术研究者转变为一个创业者。对于创业企业如何发展得更好，他也有自己的见解。

“企业每个阶段的发展，都需要更好的团队来不断地进行技术研发，然后把产品落地，需要持续的资金支持，包括营收资金、风险投资的支持。最核心的问题其实一直都是怎么把产品做到最好，跟市场上的合作伙伴产生联动，最终实现产品落地，可以说这是一个没止境的过程。”

“当你非常认真地做一件有价值的事情的时候，当大家都很认可这件事情的时候，是非常有成就感的。”牛昕宇举了个例子，“我们前一阶段最新的一个技术研发成功后，大家虽然很累，但是都很开心。因为我们还是一个比较偏工程师文化的团队，当我们觉得这件事情是真正有价值的时候，状态就会很不一样，大家一起把这件事做成了，这个时候成就感是非常强的。”

牛昕宇对科技领域的创业者给出 3 条建议。第一，一定要顺应大的趋势，知道这个行业大的趋势是什么，要顺势而为，因为这个大势会推着你往前走，比如说当移动互联网六七十亿的设备数量升级到物联网几百亿数量的时候，这里面的需求是非常广阔的，机会非常多，顺应这个势头会取得事半功倍的效果。第二，还是要做自己擅长的事情。一定要专业。在大的趋势里有很多事情可以做，你能做什么其实是由你擅长做什么来决定的，而不是由你想做什么来决定。第三，与产业链上下游企业合作共赢。做好自己擅长的东西，不擅长的东西交给合作伙伴，共同打造一个良好的产业生态。

“知其雄，守其雌，为天下溪。” 牛昕宇用《道德经》里的这句话，为自己的建议画上句号。

（李辉／文）

鲲云信息科技有限公司获第七届中国创新创业大赛电子信息行业总决赛初创企业组二等奖

做一座制造业与金融业沟通的“桥梁”

——记常州天正工业发展股份有限公司董事长张翀昊

2012年，在意大利工作生活8年的常州天正工业发展股份有限公司董事长张翀昊博士做了一个重大决定：回国。促使他下这么大决心的因素有三个：其一，江苏省的人才计划支持了他，当地政府鼓励、支持他回国创业；其二，“他乡容不下灵魂”，为了和家人团聚；其三，常州激光装备制造业产业链完善，在此创业前景更大。

正是这一决定改变了张翀昊博士的人生轨迹：目前，他已获得科技部第一届“科技创新人才推进计划”、团中央“中国青年创业奖”等多项国家荣誉，以及省市级各类荣誉。在他的带领下，公司经过5年的发展，已分出3家全资子公司，为社会提供400个就业岗位，2017年销售额突破5亿元，拥有激光装备、工业通信、数据服务三大主营业务，并已完成股份制改造，正准备上市。

带着这样的荣誉参加第七届中国创新创业大赛电子信息行业总决赛，张翀昊博士很轻松。“我们只是希望展示一下自己，更好地了解整个电子信息行业的情况，以便找到差距，适时调整公司发展方向。”最终，常州天正工业发展股份有限公司获得第七届中国创新创业大赛电子信息行业总决赛成长企业组第3名。

获奖之后，不仅是参赛企业，甚至多个总决赛评委都来与张翀昊博士交流。毕竟在此次参赛项目中，芯片创业项目占了半壁江山，像张翀昊博士这样致力于用信息化提升传统制造业的企业并不多。他希望自己的企业能够在万物互联的时代，搭建一座桥梁，链接更多的制造业企业和金融业，为工业信息化做出自己的贡献。

创业是被“赶着鸭子上架的”

与很多立志创业的人不一样，张翀昊博士坦言，自己创业是被“赶着鸭子上架的”。

2004年，张翀昊博士从燕山大学本科毕业后就去了米兰理工大学，在那里通过硕博连读，获得博士学位。

2005—2010年，在攻读博士期间，张翀昊博士在意大利国家激光实验室工作。作为研究员，他参与了欧盟框架协议第四期、第五期、第六期的工作，并主要研究装备制造中的激光设备的研究分析工作。其间，他获得了4项国际专利，荣获“意大利北方联盟优秀青年科学家”称号。

2010年，张翀昊博士进入了世界500强企业布雷博集团，致力于海外项目的并购重组。他说，2年期间，他参与了德国、捷克、波兰、中国南京等地的多个并购项目。

也就是在参与中国南京的并购项目中，张翀昊博士与江苏省相关部门有了亲密接触。“当时，江苏省相关部门负责人鼓励自己回国，并表示目前江苏省拥有很好的政策、发展环境。”张翀昊博士说，当时自己在意大利待了8年，后2年基本都是满世界跑，与家人聚少离多，特别是妻子在米兰生孩子，父母又在江苏，天各一方的生活让他很疲倦。

正是这次亲密接触后，张翀昊博士有了回国的想法。他认为，自己拥有制造业和跨国并购方面的经验，在中国生活应该不成问题。

不过，一切并不如张翀昊博士想得那么美好。“理想很丰满，现实却很骨感”在他身上得到了验证。“2012 年回国时，国内的制造业处于低迷状态，而国外的跨国并购和国内的情况完全不一样，自己很难施展拳脚。”张翀昊博士坦言。

实际上，随着越来越多的大学生走出国门，“海归”并不再是那么神圣耀眼的名号，“海归”变成“海待”的大有人在。不过，张翀昊博士说，自己并不是找不到工作，而是找不到理想的工作。

“是金子总会发光。”在“大众创业、万众创新”的号召下，江苏省相关部门再次鼓励张翀昊博士，并给他讲述了诸多创业的便利政策，特别是常州市政府把他划定为“龙城英才计划”人选，同时他考察了常州当地的情况，发现激光制造项目与常州市打造“智能制造业之都”的定位不谋而合。于是，张翀昊博士就这样被“赶着鸭子上架了”。

腹背受困　发现新机会

创业是艰难的，但这却是一条不归路，需要勇气和果敢。

虽然是被赶着鸭子上架，但张翀昊博士却很幸运。创业伊始，他拿着手中仅有的 10 万元开始注册常州天正工业发展股份有限公司。

“起初，我是想在老家无锡设厂，但通过考察发现，当地主要以发展软件、物联网等产业为主，不仅产业不配套，而且生产场地小。后来是常州市政府向我伸出了‘橄榄枝’，并提供了 2000 平方米的厂房和 150 万元的真金白银。”张翀昊博士说，正是在常州市政府的帮助下，他们才有了厂房、资金，公司才得以运转。在他看来，初创公司能够得到当地政府的扶持是一种莫大的荣幸，这也为今后的快速发展提供了先决条件。

有了当地政府的扶持，加上多年的技术储备及对市场的敏锐把控，张翀昊博士的公司在激光装备制造方面迅速壮大。

“从 2013 年创立常州天正后，短短 2 年时间内，到 2015 年我们的销售额就过了亿元，并于2016年成为华东地区最大的激光装备制造企业，最高峰的时候，在华东地区市场占有率达55%。此后，装备业务每年的增长都保持在60%以上。”张翀昊博士说。

不过，好景不长。在突飞猛进的同时，常州天正也遇到了很多制造业企业面临的同样问题：资金周转困难。

“2016年，我们的销售额已突破3亿元，随着应收账款逐渐增加，资金链一度出现紧张情况。”张翀昊博士说，一方面，企业客户普遍存在融资难问题，导致设备货款回收困难；另一方面，银行等各类金融机构，虽然有服务的意愿，但由于中小微企业普遍缺乏客观的财务数据，导致企业征信、授信等工作无法展开，这形成了严重的矛盾，极大地阻碍了工业制造的技术更新。

经过调研，张翀昊博士发现，在工业制造领域，产成品流通领域的金融服务有超过10万亿元的缺口，重点就在于中小微企业的资产负债率不足大企业的10%，严重缺乏流动性。特别是江苏作为工业大省，有55万家工业中小微企业，常州作为工业重镇，有5万家工业中小微企业，产业矛盾尤其突出。

2016年年末，为解决客户融资难问题，由张翀昊博士牵头，与MIT团队合作，历时4个月研发，共同开发了“生产力征信”模型。该模型针对工业中小微客户，以设备运行数据为基础，对企业的真实生产状况进行多维排序，从生产力的角度对企业画像，描述企业的信用状况，以便于向金融机构贷款。

不过，刚开始这一模型采集到的数据并未得到金融系统的认可。为此，张翀昊博士顶住压力，用自己的企业担保，最终让金融系统为这些企业发放贷款。此后1年多的时间内，张翀昊博士开始建设基于设备运行数据的企业征信平台“工业大数据金融服务平台”，服务的企业超过1万家，帮助1200家中小微企业获得融资，总金额超过8.6亿元。

最终，天正的“生产力征信技术”获得国家相关部门及省市各级领导的关注和支持，并认为该征信模型以客观、真实的设备数据为基础，摆脱了企业征信工作对财务数据的依赖，是信用评估领域的一次重要创新。

此后，以张翀昊博士为首的技术团队，陆续发表了20余篇论文，并多次被引用。

张翀昊博士自豪地说：“迄今为止，平台上共有上线设备2.6万台／套，各类企业1.5万多家，合作的金融机构共计22家；先后帮助1200余家企业，获得各类贷款超过12亿元；作为一家基于工业大数据的征信平台，目前天正已经拥有各类自主知识产权达60余项。”

再出发　搭建制造业与金融业的桥梁

通过研发“工业大数据金融服务平台”的案例，张翀昊博士更加深刻地了解到了制造业企业信息化不足的问题，并尝到了在帮助制造业小微企业完成融资后的甜头。他希望，将来能服务更多的制造业小微企业，把他们的真实数据采集出来，搭建一座制造业与金融业沟通的“桥梁”，让金融机构和社会资本更加了解制造业，提高制造业的信息化水平。

但张翀昊博士坦言这条路还挺艰难。“首先，部分制造业企业很谨慎，生怕泄露他们的核心数据，其信息化过程的主动意识不强；其次，制造业大都投入大，回报周期长，金融系统大都不愿在这一领域投入。”

作为一个创业5年的企业负责人，张翀昊博士认为，创业是一件很辛苦的事情，不仅仅是累，主要是压力太大，甚至有些事情自己还无法把控，急也急不来。“创业初期，面临发工资的压力，因为一睁开眼就面临各项费用，为此前2年都是在恐惧中度过，每个月都会在保险箱里放20万元，保障能正常发工资；企业进入稳定阶段后，又面临转型压力。目前，旗下有3个分公司，如何分配资源，把握方向也需要根据世界发展局势变化；还有内部管理问题等。”张翀昊博士说。

对于目前很多创业者把主要精力放在销售、技术等前端的情况，张翀昊博士建议创业者要更多关注人事、财务等二线部门。在他看来，企业效率越高，发展就越快，其中“人、财、物”起到至关重要的作用。

"5年来自己犯了很多错误，有的是技术方向，有的是道路选择，更有好大喜功等个人性格问题，希望创业者能多倾听、多交流、多请教。"张翀昊博士也希望，社会各界给予初创企业更多的试错机会，尤其是制造业企业，这是国之重器。

张翀昊博士透露，他们将于2020年左右准备上市。"这是给投资者的交代，也是对公司上下多年努力的认可。"

（戈清平／文）

常州天正工业发展股份有限公司获第七届中国创新创业大赛电子信息行业总决赛成长企业组第3名

以芯为翼　助力中国物联网腾飞

——记芯翼信息科技（上海）有限公司创始人、CEO 肖建宏

创业是人生的感悟。站在2018年第七届中国创新创业大赛电子信息行业总决赛的舞台上，芯翼信息科技（上海）有限公司（以下简称“芯翼信息科技”）创始人、CEO肖建宏博士讲述的用“中国心”创造中国“芯”的创业故事，赢得现场观众一阵阵热烈的掌声。最终，芯翼信息科技获得了大赛优秀企业奖。

这家立足于差异化垂直NB-IoT芯片，借助新技术变革迎接5G下的万物互联的企业，背后的创业故事引人探究。

追寻人生的价值

翻开肖建宏博士的履历表，简单而精彩。2001年毕业于北京大学，之后赴美留学，6年后获得Texas A&M RFIC博士学位，随后加入Broadcom（博通）公司，担任该公司高级首席科学家。

业界知名专家、大公司高管，肖建宏博士在海外的事业发展风生水起，这样的发展轨迹让他成为别人眼中的成功人士。“这个时期工作做得非常开心，日子也过得安逸舒服。”肖建宏博士坦言。

然而，这样的生活并不是肖建宏博士的追求。在他心中始终抱有对中国半导体行业的关注和牵挂。他时常在想：如果中国半导体行业发展不起来，行业人都应该承担起责任；如果中国半导体行业发展良好，而自己却未参与其中，将会是人生憾事。

为什么回国创业？肖建宏博士认为是很多点结合在一起，很难得地把个人事业和产业发展及民族机遇结合在一起了。“个人方面，像我们这样在海

外发展的人，在业界已经做得非常好时，就会思考接下来的人生道路该怎么走。产业发展方面，其实芯片产业在欧美已趋于饱和，趋于寡头化，很多时候一些新的爆发点、一些增长机会就不那么明显，而芯片产业向亚洲迁移的现象非常明显，以前是迁到中国台湾地区、韩国，现在是迁到中国大陆，这就是机会。民族机遇方面，刚好赶上中国大力发展集成电路产业，这是很难得的机会，不做会后悔。”

中国作为全球半导体核心市场，对半导体有着巨大需求。尤其在当前芯片集成度非常高的情况下，核心技术与关键元器件却受制于人，这也成为芯片行业新的窗口，给国内芯片企业带来新的挑战与机遇。

虽然芯片行业通常具有“高投资、高风险、规模大、周期长、见效慢”的特点，很多人都觉得这个行业创业机会渺茫，但肖建宏博士对此却有自己的见解。他认为，芯片行业的这些特点确实存在，但同时也是一个很好的“护城河”。只有坚持技术与应用的结合，做出别人做不出的东西，才算得上真正意义上的硬科技创业。他看到物联网应用的发展趋势，而芯片是物联网发展的基础。与国外相比，中国的大芯片公司并不多，创业企业更有机会。经过多方思量和多年酝酿，他决定回国创业。2017 年，肖建宏博士带领海内外核心技术团队在上海张江成立了芯翼信息科技，专注做窄带物联网（NB-IoT）芯片设计研发与销售。

对于肖建宏博士来说，在国际大公司工作是自我价值的一次认证；回国创业，则是人生的一次全新挑战与自我价值升华。

找准赛道深耕 NB-IoT

随着科技的日益发展，人们的工作、生活越来越智能化，可穿戴设备、共享单车、智能水表、智能燃气表、智能停车系统、智能家居……科技创造美好生活，物联网把万事万物联结在一起，带给人们极大的便利，而每一个联结的背后都有很多的数据，都需要芯片来处理。

在肖建宏看来，物联网的意义不仅仅是通信手段上实现物物交换，更大的价值是将物联网端测量数据收集起来加以利用，将物理世界数字化。

肖建宏觉得，物联网行业存在碎片化的特点，对于创业公司来说有巨大的机会。“碎”是指覆盖行业领域多，包括智慧家居、物流、农业、医疗等；“片”是指每一个行业，现在都没有达到手机行业数十亿元的商业规模，所以即使国际大公司，也很难有“通吃”市场的机会。

那么，作为一家初创企业，芯翼信息科技为何选择入局 NB-IoT？

“NB-IoT 属于物联网重要分支，聚焦于低功耗广覆盖（LPWA）物联网（IoT）市场，是一种可在全球范围内广泛应用的新兴技术。”肖建宏表示，“相比于 Wi-Fi、蓝牙等技术，NB-IoT 最明显的优势是数据采集和能耗，其应用场景非常丰富且十分碎片化，很多应用都还没有完全爆发。对于大公司而言，在市场初期，它们并不会选择集中人力与资源去针对某个垂直领域。而且，不同应用领域对 NB-IoT 芯片的要求除了满足互联互通的基础上也会有不同的性能需求，比如有些应用功耗要求特别低。这些性能需求有很高的技术门槛，而这恰恰是芯翼信息科技这样的初创企业的机会。”

芯翼信息科技具有完整的世界领先水平的技术研发核心团队，成员均来自世界领先公司，包括射频模拟、算法、软件、数字等不同领域。“在物联网亿万蓝海中，芯翼信息科技只需找准赛道，用技术推动应用，便会有足够的生存空间。”肖建宏博士坚信，对于物联网应用而言，低功耗比以往任何时刻都重要，选择低功耗广域通信芯片切入，无疑为芯翼信息科技找准了赛道。

2018 年 6 月，2018 世界移动大会在上海新国际博览中心举办。芯翼信息科技在会上发布全球第一款单片集成 CMOSPA 的超低功耗 NB-IoT 芯片。该款芯片单片集成了 CMOSPA、射频收发、电源管理、基带、微处理器等，大幅降低了模块的成本及开发复杂度。

“跟市场上的产品相比，我们产品的功耗比它们低很多，还有一项集成的技术是我们独有，这能够大幅降低显性和隐性的成本。”肖建宏博士表示，这涉及芯片行业的一个规律，芯片的英文是 chip，谐音 cheap 就是便宜，一定要让它价格便宜。“这个便宜不是说牺牲利润率来达成，而是通过技术力量来实现，我们有技术可以实现集成，集成以后成本就会下降。”

“我们第一批就有 18 项发明专利在申请，都是原创的，把我们对底层技术的造诣放在新的应用需求上。”肖建宏博士表示，“很多投资人说我们技术领先，其实我们最核心的是团队的战斗力。”

创业需要坚持

肖建宏博士坦言，以前做大公司高管，现在自己创业，有很大的不同。“首先工作内容不同了。以前我是技术高管，主要负责在规定的赛道里做到世界第一，但现在我思考的问题是为什么要做世界第一。因为我们要解决客户的问题，要在创业里找到自己的赛道，而赛道决定了我们要在哪些方面发力，要找到合适的团队，找到相信我们能做成这件事情的人，包括团队的成员，从高管到普通人员，还有投资人、客户。”在肖建宏博士看来，这些工作远远超过以前的工作量，是一个很大的挑战，而这恰恰是很多人想创业的原因之一。

“刚开始创业的时候，确实会遇到很多困难。我觉得困难是常态，倒没有想太多。”肖建宏表示，“虽然现在创业了，方方面面都和以前不一样，但我觉得这是做企业的常态，所以还好。”

“我基本上是没有周末的，闲暇时也总是在和人交流、沟通，探讨市场、行业机会、招聘人才等话题，可以说是全身心投入工作。”肖建宏博士说，“当然有部分原因是我的家人在国外。遇到困难、压力大的时候我会跟朋友和家人聊天，缓解压力、获取新的能量。我认为困难是暂时的，总会有办法解决。”

“现在中国的创新创业的环境越来越好，对科技创新来说是一个非常好的时代，这是毋庸置疑的。”肖建宏表示，芯翼信息科技已完成三轮融资，“有人说现在是资本的寒冬，但我们还是顺利完成融资，达成我们的目标，可见资本市场对我们还是比较认可的。”

“目前我们面临的一个很大挑战是人才招聘。”肖建宏博士坦言，“我们在海外招聘方面做得非常成功，得益于以前在海外的一些人脉和积累，但本土招聘这块还没有达到我们想要的境界。”

创业企业如何去跟大公司竞争？肖建宏博士认为，毫无疑问方向的选择很关键，而正因为创业企业规模小，所以更需要精兵强将，需要在细分赛道里面能够在非常短的时间里少走弯路，所以人才非常关键。“但我们又不可能像大公司一样开出非常高的薪水，所以需要花更多的精力去寻找志同道合的人。”

“创业最重要的是什么，我认为是坚持。”肖建宏博士说，“这次参加中国创新创业大赛电子信息行业总决赛收获很多，看到国内很多同行，以及很多跟应用相结合的企业，从他们创新创业历程中获得了一些感悟，让我开阔了眼界，也坚定了我们自主创新发展的信心。”

作为一名锐意进取的创业者，肖建宏希望，芯翼信息科技的未来之路是一条创新突破之路。不惧潮来，不怕潮去，在即将迎来爆发的 NB-IoT 市场中，以坚实的技术为基础，以芯为翼，助力中国物联网腾飞。

（李辉 / 文）

芯翼信息科技（上海）有限公司获得第七届中国创新创业大赛电子信息行业总决赛优秀企业奖

第二章

创业伯乐篇

希望有更多力量投入创新创业

——访达泰资本创始合伙人李泉生

“我们是制造业大国，但不是制造业强国。通过中国创新创业大赛，我们希望在某种程度上促进中国成为制造强国。”在第七届中国创新创业大赛先进制造行业总决赛现场，达泰资本创始合伙人李泉生如此表示。

中国创新创业大赛给创业者提供了展示的舞台，但是要真正选出具有创新潜力，能够引领中国经济新力量的企业，离不开伯乐的慧眼识才。

连续多年担任中国创新创业大赛评委的李泉生，拥有近20年股权投资经验和国内上市公司管理经验，曾主导投资了展讯通信、川仪股份、珠海矩力、重庆博腾、网达科技、中际旭创、百华悦邦、凯乐士机器人、新宁物流等高科技项目。在创办达泰资本前，他曾发起设立首批获商务部批准的人民币基金之一的“长三角创业投资企业”，并担任长三角创投主管合伙人。因此，李泉生在创新创业投资领域有着自己独到的见解和认识。

关注“中国制造”　希望推动制造强国建设

“评委一致感觉，每一届的项目跟上一届比，在质量上都有所提高。”

连续多年担任中国创新创业大赛评委，李泉生看到了中国创新创业项目可喜的变化，尤其是在制造业领域，让他感触颇深。

在第七届中国创新创业大赛先进制造行业总决赛上，参赛项目中一半以上是与机器人相关的。通过与这些企业的对话，李泉生发现，在机器人技术细分领域的机器人视觉技术、机器人多维度动作柔性技术等方面，我国自主创新技术跟国际上相比，已经比较接近了。

另外，在制造业相关的核心技术、工艺、材料方面，在本次大赛上都有可喜的创新点。比如，锂电池生产中的关键材料，已经基本能替代进口材料；可变光玻璃国产化也将很快会实现。

李泉生说，制造业是传统行业，创新非常不易，但是国际技术的进步及市场应用的要求迫使制造水平必须提升。近年来，我国制造业确实在技术创新上迈出了坚实的步伐。最明显的一点就是，在一些关键的应用层面，我们能和进口产品，甚至国际上先进的产品有相当的可比性。

同时，李泉生认为制造业创新面一定要广。在第七届中国创新创业大赛上，他不仅看到了很多高校、科研院所及海归团队的身影，还看到了很多与高校、科研院所合作的民营企业团队。尤其是民营企业主动投入资金，引进人才和技术，响应和参与到制造业的创新创业，让他感到很欣喜。

“智能制造必须是国家和民间共同推动发展，从第七届中国创新创业大赛的参赛项目可以看出，大学、科研院所、海归团队、民营企业等机构单位都参与到了制造业，尤其是民营企业参与到制造业的创新创业，这和四五年前的创业

环境相比是一个巨大的变化。”李泉生说，此次制造业行业参赛项目中，有很多都是他感兴趣的项目。

智能制造一直是达泰资本重点关注的领域之一。李泉生表示，未来会继续关注大数据、AI技术在智能制造领域的落地项目，打造相关的生态链。他希望通过积极参与中国创新创业大赛，为促进中国成为制造强国尽自己的一份力量。

看好切中“痛点”的企业 希望更多力量投身创业

近几年来，达泰以技术投资为核心，在大数据云计算、人工智能、智能制造、网络安全和医疗健康领域做了积极布局，形成良性的投资生态。2018年，达泰资本投资了燧原科技、北醒光子、海螺家、珠海亿智、汇医慧影、亮牛科技、求臻医学等一批早成长期的优质项目。“现在的每一笔投资，我们都要从整个产业链的宏观角度进行通盘考虑，每一个棋子下对了，这整盘棋也就活了。但是从单个棋子，也就是企业的微观角度来分析的话，我们目前比较看好切中现实生活中‘痛点’的企业。”李泉生如是说。

在对第七届中国创新创业大赛先进制造行业总决赛中获得初创组第1名的企业——苏州艾利特机器人有限公司作评价时，李泉生就表示：“我觉得这家企业应用点找得比较好，找准了市场的‘痛点’。”

投资早成长期的企业意味着风险也相对较大。为什么达泰资本依然坚守这条信念？“对于行业竞争格局，我们做过分析。”李泉生说，早成长期阶段有很多优秀的目标企业，同时没有很多竞争对手。“我们所定义的早成长期，是指通过初创期自然淘汰而生存下来的企业。这些企业有一定的产品和稳定的销售，虽然规模还小，但如果具备较高的技术壁垒，有快速发展的基础，就有机会在中国商业环境里生存下来。”

更重要的是，处于早成长期的企业，经常由于还没有实现盈利，所以他们更需要投资者在市场资源、商业模式、销售策略等方面的协助。“这种企业的投后管理，往往对投资人的业内资源和提供的增值服务提出了更高的要求，而这恰恰也是达泰的优势所在。当然，虽然早期项目可能成长很快，但做偏早期项目要选择自己相对熟悉的细分赛道和企业，这样才能降低风险。”李泉生补充道。

第七届中国创新创业大赛先进制造行业总决赛现场，李泉生把珍贵的邀约卡给了上海芯仑光电科技有限公司。这家公司的核心实力是仿生AI芯片设计，公司未来最大的发展方向是汽车的自动驾驶和辅助驾驶。

谈及为何把邀约卡给了这家公司时，李泉生表示：“因为我本身是学汽车的，对这一领域比较熟悉，同时也是想鼓励一下这个领域的新技术发展。另外，ADS目前还是一个很难突破的难题，是‘卡脖子’的一个环节。我想把这个瓶颈突破。”

对于创业者，这位拥有“产学研政企”全方位经历的创投老兵提了2点建议。第一，创业者要问自己一个问题，就是做好长期吃苦的准备了没有。因为创业是一个非常辛苦的过程，是需要时间积累的，创新模式类的门槛不是技术，它的门槛是执行力。因为没有技术门槛，所以大家学得都很快，剩下的就是执行力。第二，创业者还要问自己一个问题，就是你是不是一个学习能力特别强的人。因为创业成功需要团队或者创始人有全面的能力。即使创业者一开始能力并不强，但是后期学习能力很强，能够改变和调整自己也是可以的。但如果创业者是一个专才，其实是不适合主导创业的，主导创业的创业者应该是通才、全才。“所以创业者一定要了解自己和团队，这样才能提高创业的成功率。”

“创业成功太不容易了！但我们还是希望越来越多的人才，越来越多的新生力量能够投入到创新创业当中。”李泉生总结道。

（崔彩凤／文）

携手创业者一路同行共谋宏图伟业

——记上海三盛宏业投资（集团）有限责任公司

赛场是一个展示参赛企业风采的舞台，同时也是项目与资本对接的“练兵场”。

“你们企业的核心竞争力在哪里?”“项目的商业价值在哪儿?”“这是一个非常热门的领域，国内外药企都在做。你所在的企业在知识产权方面有什么优势?”2018 年 11 月 15 日，第七届中国创新创业大赛生物医药行业总决赛在广州迎来巅峰之战。比赛现场，评委席上的 7 位专家评委，本着“赛马场上选骏马”的原则，循循善诱，其尖锐提问和犀利点评，简明扼要地点出了项目“痛点”。

相对于其他专家评委，上海三盛宏业投资（集团）有限责任公司副董事长兼执行总裁喻中权提问次数并不频繁，问题也绝不辛辣，足以堪称最具企业家情怀的评委。其留给人印象最为深刻的一句“创业不易，创新更难。我认为创业和创新不只需要坚持，更需要社会的支持”，获得了台下观众阵阵掌声。

最终，喻中权把宝贵的邀约卡发给了具有创新精神和创业情怀的博动医学影像科技（上海）有限公司。

做有民族情怀的企业

正如人们常说，创业是一场没有终点的旅行，路上会经历种种，痛苦过，焦虑过，甚至绝望过……开始了，便不可能回头。“一直在路上”的三盛宏业集团把“追求卓越，止于至善”定格成了企业核心价值观。

1993 年，三盛宏业集团自东海之滨起航。随后的 26 年间，集团立足上海，走向全国，已成长为房地产开发、科创及大数据、海洋投资、金融投资、战略新兴、城市建设、文旅健康等产业多元发展的投资型、集团型民营企业，名列中国民营企业500强、上海民营企业100强，旗下拥有30余家下属公司，遍及全国各地。其中，中昌数据为A股上市公司，中昌国际控股集团为香港H股上市公司，钰景园林为新三板挂牌企业。

多年来，三盛宏业集团坚持规模与效益并举，始终保持较高的盈利水平，得到了持续稳健的发展，总资产规模超500亿元，净资产超250亿元。与此同时，积极履行企业社会责任，历年三盛宏业集团捐助社会慈善公益事业累计已达1亿余元，在教育、救灾、健康、养老、环保等领域贡献出自己的力量。

三盛宏业集团董事长陈建铭先后获得上海市及浙江省优秀中国特色社会主义事业建设者、风云浙商十大风云人物、中国优秀房地产企业家、“十二五”期间优秀企业家、世界浙商大会创业创新奖等殊荣。

“三盛宏业一直关注并支持我国创新创业事业，希望为我国的产业升级做些事情。”三盛宏业投资及投行事业部投资总监朱凌毅说。

据悉，该集团主营业务集中于科创及大数据产业、战略新兴产业、海

洋投资产业、城市建设产业、文旅健康产业、房地产开发。科创及大数据产业是三盛宏业集团积极响应国家战略号召而进入的新兴投资领域。三盛宏业集团控股上市公司中昌大数据股份有限公司是国内第一家以大数据为主营业务的上市公司，已成长为全球化大数据数字营销全产业链服务提供商。未来，中昌数据将逐步向大数据全架构层功能拓展，通过内生增长、外延并购和自有能力培育相结合，发展为国内大数据行业的领先企业。

连续 7 年，中国创新创业大赛一直本着“赛马场上选骏马，市场对接配资源”的办赛模式，为创新创业者营造了良好的创业氛围和环境。而通过这样的资源平台，经过层层甄选，与项目“结缘”，共同解决社会“痛点”，挖掘未来趋势，正是三盛宏业赞助中国创新创业大赛的初衷。

三盛宏业集团产业事业部副总经理沈兆麟在中国创新创业大赛生物医药行业总决赛启动会现场发出邀约。他表示，作为大赛特别支持单位，三盛宏业将一如既往地支持大赛，以大赛为契机，紧跟创新创业发展趋势，希望通过大赛平台找到更多有潜力的合作伙伴，协助新兴产业科创成果转化，和大家一道为我国创新驱动发展战略添砖加瓦、贡献力量。

现场邀约致力于与创业者同行

赛场内，项目比拼异常激烈；赛场外，参赛企业与投资机构攀谈热烈。作为三盛宏业参与本次现场项目考察的主要负责人，朱凌毅亲身感受到了热情高涨的创业温度，同时也目睹了本届参赛企业的整体实力。

“登上决赛巅峰的创业企业代表，踌躇满志、睿智作答，涌现了很多可圈可点的创业想法，与评审专家也产生了激烈的碰撞，彰显新时代创业者的创新精神和奋发热情。”朱凌毅感慨地说。

同时，朱凌毅表示，一般来说创新创业，是指天使或者 VC 阶段。“通过前几天半决赛项目的路演，我们发现进入决赛的不少创业团队虽然仍叫做初创企业，其实已经建有比较完整的创业团队。此外，许多参赛企业前期已经获得一些知名投资机构的天使或者 A 轮融资。”朱凌毅说，现场有不少项目是海外专家回国创业团队，资力和经验都十分丰富。这对于以后其在国内外建立业务往来，乃至对我国创新药及医疗器械研发都非常有帮助。

据悉，本届中国创新创业大赛全国3万余家参赛企业中有3667家生物医药领域企业，通过地方初赛、复赛、决赛的层层选拔，最终有241家优秀企业挺进广州。从参赛项目来看，覆盖创新器械、精准医疗、基因检测、新药研发、再生医学、医药装备、体外诊断、互联网+医疗等各个领域。

拥有自主IP的改良性新药挑战全球首仿和国内首仿药、基于新生抗原为靶点的肿瘤精准免疫治疗、再生型植入性医疗器械……比赛现场精彩纷呈，可谓藏龙卧虎，竞争异常激烈。朱凌毅表示，不少优秀的参赛项目通过大赛的舞台脱颖而出，获得了创业导师的邀约卡，增加了创业团队和企业的曝光度，这是一件值得祝贺的事情。在参赛团队获奖的同时，作为投资方，三盛宏业同时也关注在比赛中脱颖而出，但最终未获奖的项目，与创业企业一路同行，携手并进。“我们认为只要能够登上中国创新创业大赛决赛的舞台，应该都是一些优质的好项目。只不过可能由于领域不同，评委关注角度不同，才没有机会最终站在决赛之巅。我们愿意向这些项目抛出‘橄榄枝’。”

近年来，战略新兴产业成为三盛宏业集团战略转型的重要方向，主要是通过股权并购及产业基金等方式打造新材料、节能环保、新能源汽车、高端装备制造业、航空航天、生命大健康等战略性新兴产业集群。

投资方与参赛企业合作的实现路径有哪些？这是参赛企业代表普遍关心和关注的话题。对此，三盛宏业开诚布公、坦诚相待。沈兆麟介绍说，首先是战略投资，即主要通过股权并购的方式，进行投资布局及项目孵化；其次是将这些投资资源进行合理配置重新组合，进行上下游产业配套升级，实现资源整合。同时，帮助上游项目加速产业化，集中资源打造生态产业园。

在初步观看完企业路演后，三盛宏业已决定向多个参赛项目抛出“橄榄枝”。朱凌毅表示，三盛宏业现场和参赛企业进行深入洽谈，与大量优质项目进行了一对一深度对接，致力于充分释放合作需求，为集团大数据产业布局与资源整合贡献坚实力量。“未来，三盛宏业集团将通过产业＋基金＋基地模式，建设大数据产业园区及产业综合体，围绕地方政府的整体产业布局，打造生物医药行业创新产业生态。”

新时代坚持中心突破、两翼齐飞

新的时代、新的挑战，三盛宏业集团开拓创新、转型发展，向战略控制型投资集团过渡，实施“中心突破、两翼齐飞”战略，向 3 年千亿战略目标奋力前行。其中“中心突破”是指以园区物理空间打造为中心，一边粘连“双创”产业孵化，一边粘连房地产，实现产业创新和商业模式的突破。积极响应国家美丽特色小镇建设号召，围绕“构筑数字化生态，促进区域产业转型升级”主旨，聚焦智慧产业集聚区、创新创业孵化区、智慧生活居住区三大功能，构建一个产业生态综合服务平台，打造“中昌数创智慧谷”产业园品牌，3 年内，三盛宏业集团将布局 50 个大数据园区，同时加快推进文旅小镇和田园综合体 IP 建立和全国性布局。

“两翼齐飞”是指以房地产和科创、大数据等新兴产业为两翼，共同发力。

大力发展科创、大数据等新兴产业。与中科院、科技部火炬中心、中国科学院大学、工业和信息化部信息通信研究院、上海航天电子通讯设备研究所，以及华为、赛伯乐集团、深创投集团、清华启迪等结成战略合作伙伴，深化多领域合作；联合捐资1亿元建立中国科学院大学创新创业学院，学院上海基地成功落地三盛宏业大厦；资助科技部及中科院创新创业大赛，持续加大科创板块投入力度。

在围绕集团的主业基础上，三盛宏业将继续扩大产业链的上下游投资。三盛宏业集团将继续与科技部火炬中心共同办好中国创新创业大赛，为集团投资业务寻找优秀投资项目，为集团产业地产业务拓展产业IP，为集团产业园区招商运营积累产业资源。

（李洋／文）

大中小企业融合发展已成全球趋势

——访广州白云山医药集团股份有限公司常务副总经理吴长海

明代，公元 1600 年，经营中草药店的李昇佐和商人陈体全合伙创办了“陈李济”。时至今日，“419 岁”的陈李济仍是一个活力四射的中药企业，并曾以全球最长寿药厂之名获得吉尼斯世界纪录。陈李济所在的广州白云山医药集团股份有限公司，旗下拥有 32 家公司，其中 13 家是中华老字号，10 家历史超百年。

在第七届中国创新创业大赛生物医药行业总决赛期间，广药集团和美年大健康、达安基因、香雪制药、万孚生物等生物医药领域的行业龙头企业敞开大门，向参赛中小微企业抛出“橄榄枝”。

广药集团旗下上市公司广州白云山医药集团股份有限公司(以下简称“广药白云山”）常务副总经理吴长海出席大企业对接活动和一对一企业对接会，并以评委的身份出现在总决赛现场，本着“赛马场上选骏马，市场对接配资源”的原则，提问直击问题要害，并向心仪的创业者送去邀约卡。

“这些创业者有激情、有活力，也很理性、很从容。”吴长海表示，“他们在研发上会比较有创意、有灵感，而我们有资金、有品牌、有资源，在市场、管理、服务、盈利等方面比较有经验，彼此可以取长补短、共同成长。”

三大基因促进广药发展

2018 年 11 月 13 日，广州白云山中一药业有限公司和香雪制药、生物岛金域集团、生物岛展厅向参赛企业代表敞开大门，迎接近 300 名创业者代表的参观来访。

白云山中一药业是一家拥有 357 年历史的中华老字号、中药现代化大型企业，被誉为岭南中药老字号发展的“活化石”。其创业始祖黄中璜药店创立于 1662 年，如今由 40 多家中药老字号及私营企业组建而成。

“白云山中一药业正是广药白云山的子公司，广药白云山是全国首家完成横跨三地资产重组的企业，实施了 A+H 股混改定增，引入云锋基金等战投，实施员工持股计划，募集资金 78 亿元，入选‘国际资本风向标’MSCI 指数。” 吴长海介绍。

20 世纪 80 年代，吴长海就读同济大学应用数学专业。一直对医药感兴趣的他最终进了药企，参与见证了经典新药的研发诞生、疑难病症的药到

病除，以及广药集团的研发创新、产品创新、管理创新和商业模式创新。

在商海沉浮、大浪淘沙中，广药集团实现了长足的发展。如今，广药集团是全国最大制药工业企业，主要从事中成药及植物药、化学原料药及制剂、生物药、大健康产品等的研发及制造、商贸物流配送及医疗健康服务等业务。2011—2018 年，广药集团连续 7 年获中国制药工业百强榜第 1 位，2018 年在中国企业 500 强中排名第 165 位。

“长寿基因、红色基因和创新基因，是广药集团发展的三大基因。”吴长海介绍，在红色基因方面，一批革命仁人志士和广药集团密切相关。广州起义的组织发起者杨殷，以陈李济药厂工人身份开展革命工作，并在陈李济成立中国第一批由共产党领导的红色工会。陈李济创始人李昇佐的后人李朗如，国难之际弃商从戎，矢志不渝追随孙中山先生参加民主革命。

在创新基因方面，广药集团在国内外高端人才的引领下，自主创新能力不断提升，目前集团已经聚集诺贝尔奖得主 2 人、国内院士 8 人、国医大师 2 人、享受国家特殊津贴 2 人、首席专家（科学技术）24 人、博士及博士后 50 人的高层次人才队伍。

如今，广药集团拥有 10 件中国驰名商标，领跑全国医药企业；药品批文达 2600 多个，在全国排名第一。

探求大中小企业融合发展

“十三五”时期，广药集团发展的重点领域是时尚中药、仿创化药、生物制剂、现代医药物流、现代医疗服务、中高端医疗器械及王老吉系列大健康产品。

“大中小企业融合发展已成全球趋势。我们坚持引进来、走出去，积极开展对外合作。”吴长海表示，“微软就是跟着 IBM 做起来的，而华为、苹果等大企业旗下更是聚集了一大批中小企业。”

在他看来，大海中既有孤帆、孤船，也有航母。大企业就像一艘航母，会有许多护卫舰和船只跟着一起走。它们在行走中代表了行业生态链和

价值链。大企业需要提供源源不断的动力，中小企业的加入将使得大企业更具有规模性、前瞻性、超越性、灵活性。

2018 年 11 月 14 日，在大企业对接活动中，广药集团和多家生物医药领域的行业龙头企业，现场发布“技术人才招募令”，向参赛的中小微企业抛出“橄榄枝”。大赛还设置一对一企业对接会，让中小微企业更好地与行业龙头企业实现精准对接。

广药集团与携带新药研发、业务合作、投资、研发合作、产业化合作等需求的 20 家企业进行现场对接。最终，来自杭州纽安津生物科技有限公司的基于新生抗原为靶点的肿瘤精准免疫治疗、重庆根欣网络科技有限公司的具有皮肤弹性的硅凝胶——疤痕平、宁波美童智能科技有限公司的手声等 6 个项目的产业化合作、投资等需求将被广药集团继续跟进。

“我们还将继续跟进，去他们单位看一看，或者邀请他们来我们这里进一步沟通。一方面探讨怎么往前做，并给他们的做法提一些建议；另一方面，如果能够真正合作的话，双方再细谈。”吴长海介绍，“合作方式是具体项目具体商讨，广药集团有创新人才或团队落户、股权合作等方式。”

在与中小企业和创新团队合作方面，广药集团主要有 3 种方式：一是“品牌 + 技术”合作，发挥自身资金、品牌、市场、管理优势和专家、行业、政府资源优势，与中小企业或者创新团队的创新性、灵活性技术合作，推进项目发展；二是资金入股，并导入管理、市场、品牌；三是控股。

在吴长海看来，大赛搭建了一个良好的对接平台，帮助大企业筛选一些合适的项目。“小企业如果独立性太强，或者依赖性太强，大企业如果太自大，觉得对方研发技术不好，或者一定要控股，管理太多，双方对接结果都不会很好。大企业和小企业都要保持相对的独立性，并互相取长补短。”吴长海表示，“这需要双方慢慢地接触磨合，探索技术发展和未来盈利方向。”

创业者不能埋头拉车

2018年11月15日，第七届中国创新创业大赛生物医药行业总决赛在广州迎来巅峰决战。答辩环节，作为评委的吴长海先后提出20多个问题。

“这个纳米抗体在国际上处于什么研究水平？”

“当噬菌体进入动物体内后，代谢过程是怎么样的？主要代谢物是什么？”

“你们市场机会挺大，做的是到B端的销售模式，最主要的核心技术怎么保护？”

“因为现在的创伤有很多，在专用军队上就有枪伤、烧伤等，你们的创伤产品定位在哪里？未来主要盈利市场在哪里？”

面对这些提问，参赛选手们镇定自若、对答如流，偶尔出现幽默诙谐的语言表达，丰富生动的形象比喻，不时赢得台下观众的阵阵掌声。

“他们有激情、有活力。在参赛选手的答辩环节，他们蛮理性、蛮从容，不是匆匆忙忙、草草率率上马。”吴长海表示，“一些项目让我拓宽视野，了解前沿技术，对行业有更深入的了解。在和其他评委相处时，我感受到他们的视野、境界和操作都很不一样，学习到许多东西。”

对创业者有什么建议？吴长海表示，希望他们在研发创新的基础上，以市场为导向，了解商业模式和盈利模式，对接好大企业的生态圈和价值链。在技术层面，要有把专利转化为产品的能力。产品导向型要强，这是研发型必过的一关。此外，市场需求是核心。创业者不能只埋头拉车，更要抬头看路，走出来了解市场需求，从需求导向看问题，设计好顶层解决方案。“大病种才有大市场，大市场才能出大产品，所以做大产品必须能解决大病种的问题，但大市场竞争也非常激烈。面对小众化的特殊需求，能满足特殊市场的产品，小市场也会产生很高的利润，所以小众产品也是一条路，关键是设计好价值链。”

“大赛被提倡到国家层面，并坚持七届，久久为功，十分可贵。这是一个很好的平台，对于我本人也是一次难得的经历。”吴长海表示，“虽然本届参赛的企业（和项目）已超过3万家，但可能还有相当一部分高精尖企业没有参与进来。希望未来有更多企业加入中国创新创业大赛，并让大赛做得更精更专，在行业专场的基础上再设置细分小专场，比如在糖尿病等大慢病方面再单独评选出一家优秀企业，并落实好激励机制，让大赛做得有声有色、日久天长。”

（邓淑华/文）

这世界变化太快 伯乐要拥抱学习新时代

——访歌礼生物科技（杭州）有限公司董事长吴劲梓

在2018第七届中国创新创业大赛生物医药行业总决赛评委席——7位知名投资人、企业家阵容里，出现了1位上届生物医药行业总决赛的参赛选手。他就是在2017第六届中国创新创业大赛生物医药行业总决赛中获得成长企业组冠军的歌礼生物科技（杭州）有限公司董事长吴劲梓。

“生物医药行业分支多，知识量宏大。担任评委对我是一个很好的学习机会，这让我有更多渠道了解一些新技术，并给他们提供一些借鉴和帮助。”吴劲梓表示，“过去1年来，歌礼主要做了2件事：一是首个抗丙肝I类创新药戈诺卫成功上市；二是作为首个未盈利的生物医药公司，歌礼成功登陆香港交易所主板。”

四五年前，吴劲梓曾在不同平台做过和创新或创业相关的评委，包括国家“十三五”重大专项等，他看到了我国生物医药行业的不断进步，和以美国为代表的国际一流水平的差距正在不断缩小。

提问最多和最犀利的评委之一

在第七届中国创新创业大赛生物医药行业总决赛中，吴劲梓是提问最多、最犀利的评委之一。

“这个领域估计只会有两三家公司能生存得很好，中国已有大概30个本土公司在做PD1、PDL1，再加上四五家跨国企业，所以想知道你们的商业价值，听听你的长远规划。”

“任何靶向是不可能100%靶向的，如果美国FDA给你提问，你有什么证据证明降解不正常的RAS？”

“尽管我理解噬菌体不会侵染人的细胞，但大部分人不理解，并会因为杀死细菌、引进病毒而不敢用。您怎么解开人们的心理问题?”

“现在很多大制药公司也不会投太多‘全球新’的项目，您的勇气和智慧从哪儿来?”

在总决赛现场，吴劲梓先后提出30多个问题，与参赛选手进行沟通交流。“我觉得既然做评委，就要对参赛选手负责。他们都是一路过五关、斩六将进入总决赛的，如果不花时间，对这些选手不尊重，也不负责，所以我做了一点准备。”吴劲梓表示，“在总决赛开始前，我看了他们的项目资料，准备了一些要提的问题。”

在吴劲梓看来，“研发 + 销售”是生物医药公司最重要的2个部分，没有研发就没有创新药，没有国际一流水平的技术；没有好的销售团队，技术无法转化到临床应用，无法惠及病人。因此，他提问的关注点放在2个方面：一是技术是否达到国际水平，二是能否迅速转化为应用。

“若干年前，中国生物医药产业还存在保护本土创新的现象。而现在，在国家监管政策调控下，我们的本土企业需要跟跨国公司同台竞技，本土创新要站在国际水平线上，否则连临床都进不了，更不用谈拿新药证书了。”吴劲梓表示，“所以，我关注他们的技术是不是达到国际水平。如果你的技术只在中国最好，但可能国际上已经领先你5年了。”

吴劲梓关注的另一个热点是，能否快速转化为应用。“惠及患者，时间很重要。很多技术看起来是高水平，但它很难转化，也不能及时满足病人临床需求。”

为敢做全球第一的创新药点赞

大赛期间，吴劲梓的邀约卡分别给了来自成长组的上海银诺医药技术有限公司和来自初创组的劲方医药科技（上海）有限公司。

在他看来，银诺医药用多年研发的经验、扎实的功底研发出世界一类新药，而且是面对一个重大疾病——糖尿病。以前的糖尿病药短效，但银诺

医药却做到了长效、技术领先，并且已经进入临床二期。

“糖尿病需要终身用药，一天打一针和一个星期打一针、一个月打一针，是完全不同的生活质量。如果每天打一针，相当于间接提醒患者自己是糖尿病人，而且针还要冷藏保管，很麻烦。银诺医药用药的成熟机制，把技术改进，做到一个月打一针。”吴劲梓表示，“银诺医药不仅技术上国际一流，而且能非常快地转化到临床应用、造福糖尿病人。”

而在初创组，吴劲梓比较看重的是劲方医药科技（上海）有限公司。“做新药难，十年磨一剑。做全球性创新药更加困难，要有勇气和智慧，还要有长期艰苦奋斗，克服千难万险的魄力和勇气。”吴劲梓表示，“虽然他们没有拿到冠军或者亚军，但他们敢于做全球第一的创新药，这种精神让我感动。所以我就给了他们邀约卡，为全球创新药鼓劲加油。”

除了这 2 家企业以外，很多企业也给吴劲梓留下深刻印象。“比如山东艾孚特科技有限公司的舒巴坦酸绿色合成新工艺开发与产业化，让我看到生物医药行业的发展和变化，我们不能天天追求阳春白雪。”吴劲梓表示。

在吴劲梓看来，“赛马场上选骏马，市场对接配资源”的办赛模式，让他更深入地看到好项目。“作为评委，首先要有学习能力。仅凭十年前的经验不一定可行，因为这个世界变化太快。”吴劲梓表示，“不论做选手还是做评委，我都抱着一个学习态度。当我做选手时，会听评委对我的批评和建议，然后学习一些东西。作为评委，我可以向所有选手提问挑战他们，在跟他们的交流中相互学习。”

让大健康产业造福人民

2018 年 4 月 30 日，香港交易所新制定的《新兴及创新产业公司上市制度咨询总结》正式生效，开启 25 年来最大的变革，允许未有收入生物科技类公司、同股不同权结构公司及将港交所作为第二上市地的公司这 3 类公司上市。2018 年 5 月 2 日，歌礼提交上市申请。2018 年 8 月 1 日，歌礼成为全球第一家在港交所上市的未盈利生物医药公司。港交所还专门定制一个直径 1.8 米的大锣，第 1 个敲大锣的人是全球第一家在港交所上市的同股不同权的新经济公司——小米集团董事长兼 CEO 雷军，而吴劲梓成为第 2 个敲大锣的人。

“我非常感激国家新政策、港交所和投资人支持海归创立的企业上市。歌礼创立 5 年后上市，是一个重要里程碑。”吴劲梓表示，“港交所给我们几个不同的号码选择做股票代码，我们选择了 1672。1672 年，牛顿看到苹果从树上掉下来，触发他的思考，发现了万有引力定律。歌礼在香港上市，也开创了中国生物医药的新纪元。我们希望‘歌礼引力’可以带动一批技术水平国际一流的生物医药企业在香港上市，共同打造一个良好的生物医药生态圈。”

过去 1 年来，歌礼主要做的另一件事是，2018 年 6 月 8 日，歌礼通过 5 年的奋斗，做出首个治疗慢性丙肝创新药“戈诺卫”。该药打破国际垄断，填补了丙肝治疗领域国产创新药的空白，并与跨国公司同类产品同台竞技。

“除此之外，我们也做了很多其他事情，包括第 2 个丙肝创新药拉维达韦也申请上市了，国家有关部门受理了，我们也组建了一流的销售团队。”吴劲梓表示，“我们研发团队在临床开发上创了一个小纪录：第 1 个创新药‘戈诺卫’从 2015 年 9 月拿到临床批件，到 2018 年 6 月 8 日拿到新药证书，历经临床一期、二期、三期，到临床核查、生产核查和拿到新药证书，仅仅用了 33 个月，这也是让我们感到非常自豪的地方。”

吴劲梓依然记得，歌礼在 2017 年参加比赛的时候，大概从当年 4 月就开始为比赛做准备了，到 9 月成为生物医药行业总决赛成长组冠军。这

就像美国篮球赛一样，不是半天赛，而是系列赛，你要打很多比赛，过五关、斩六将才能进入总决赛。在这个过程中，歌礼团队很多人都参加了，实现了很好的团队合作。在比赛中，他们也会碰到不同的选手、不同的评委，让他们学到很多东西，有跟同行沟通的机会，听取评委点评和批评的机会。在这个过程中，杭州市政府层面也对大赛非常支持，体现了对数字经济、生物医药行业的重视。

“所以，我特别希望中国创新创业大赛继续高质量地举办下去。”吴劲梓表示，“一是希望让选手和评委有更多互动，让评委能更深入地了解选手企业，让沟通更有吸引力和亮点。二是我们的评委席里一定需要有投资人。此外，也可以请一些以往在中国创新创业大赛中无论是冠军、亚军还是其他成绩的资深生物医药界人士来当评委，让更多人既做选手也做评委。我也特别感谢大赛给我这个机会。”

当今，生物医药产业的发展和全人类生活息息相关。在吴劲梓看来，生物医药行业最后要看能帮助多少病人，让多少老百姓活得更长寿、更健康，获得更高的生活质量。“生物医药是大健康产业的重要支柱，我希望能有更多企业尽快把他们的技术和想法转化为应用，造福广大人民。”

（邓淑华 / 文）

这是一个芯片创新创业的好时代

——访北京清芯华创投资管理有限公司总经理张锡盛

“这批创业者技术含量很高，大都拥有世界前沿技术。”

“创始团队比较完整，很多具有海外留学或工作经历。”

“我其实想多发几张邀约卡，可惜只能发一张。”

……

首次担任2018年中国创新创业大赛电子信息行业总决赛评委的北京清芯华创投资管理有限公司总经理张锡盛抑制不住内心的激动，给创业者一大堆好评。他说，在“大众创业、万众创新”这个好时代里，这批创业者表现出来的水平之高让他刮目相看。在成功晋级22强的总决赛选手中，他至少对近10家企业表现出愿意进一步沟通的意愿。最终，他把两张邀约卡分别发给了初创组企业芯翼信息科技（上海）有限公司和成长组企业广州鼎甲计算机科技有限公司。

“中国创新创业大赛让我很有收获，这真是一个芯片创新创业的好时代啊。”张锡盛感叹道。

芯片创业项目含金量很高、市场前景广

虽然2018年中国创新创业大赛最后一个行业总决赛是以电子信息行业为名，但芯片创业项目却是此次大赛的主角。在进入全国22强的选手中，芯片创业项目几乎占据大半壁江山，特别是初创组六强全部是芯片领域的创业者。

对此，张锡盛表示，自中兴通讯事件以来，芯片引起了举国上下的强烈关注。特别是即将进入5G时代，最近几年国家也在大力扶持芯片产业，不

仅有扶持政策，还有产业基金，可以说芯片创业已迎来最好的时代。

“不过，这个领域的创业可不是一般人玩得起的。除了需要满足创业各种条件外，这还是一个技术含金量极高（能够与欧美发达国家的技术抗衡），需要若干年技术积累的领域。同时芯片领域创业风险极大，具有投入大、重资产、研发时间周期长、回报慢等特点。”张锡盛说。

门槛高，但参与者却很多，从另一个侧面反映出此次电子信息行业总决赛的含金量。为此，张锡盛特意再次点评了几家优秀的企业。

初创组企业一等奖获得者真微科技（广州）有限公司是面向移动通信设备、物联网终端、移动穿戴医疗领域提供包含算法、芯片和系统的完整嵌入式人工智能解决方案。他们的技术能够降低芯片功耗以提高移动终端设备处理人工智能任务的续航能力。最关键的“两把刷子”，一是芯片架构创新；二是优化底层电路模块的工作模式。

南京凯瑞得信息科技有限公司的项目聚焦在卫星通信领域，本身技术门槛就很高，而且是世界范围内为数不多的掌握整套卫星通信技术的公司，其特有的通信调制解调技术有广阔的应用前景。

“江苏集萃智能传感技术研究所有限公司创始人曹笈女博士虽然是我的师妹，而且选择的创业项目技术非常好，团队成员水平也都很高，但她们在中国需要努力找到切合的市场，目前不建议重金扩大生产规模。”张锡盛说。

芯翼信息科技（上海）有限公司和广州鼎甲计算机科技有限公司是张锡盛发放邀约卡的 2 家企业。对于这 2 家公司，张锡盛也给了较高的评价。

“芯翼信息科技（上海）有限公司的董事长肖建宏在海外从事芯片研发

十几年了，后被国内的创新创业环境吸引，带领团队回国创业。他们做的是物联网终端芯片解决方案，他们的技术创新在国外都处于较高的水平，而且与5G的发展息息相关，当下关键在于如何与市场相结合。广州鼎甲计算机科技有限公司的创始人是在国外大型公司担任高管后回国创业的，不仅拥有较高的技术，而且拥有较高的市场格局，他们是做备份软件和数据安全的，能解决当前市场的信息存储和信息安全问题，这个公司不仅技术领先，而且市场也很大。”张锡盛说。

张锡盛总结说，与过去几年互联网领域的模式创新不同，此次大赛的硬科技项目非常多，质量也比较高，大都拥有较好的市场前景。在他看来，硬科技领域的创新是一个扎扎实实的硬技术，别人轻易模仿不来。“我们也是关注集成电路等硬科技领域的投资者，在集成电路及上下游已经投资了几十家企业，愿意与这些企业多做资源对接，为企业的成长添柴加油。”

底层技术的比拼将是未来芯片竞争的核心

总决赛中出现这么多芯片创业项目，张锡盛并不意外。

“随着5G和人工智能时代的到来，与之相关的芯片是一个大的蓝海市场，而且我国在这2个方面并不落后，这是创业者涌入这个赛道的重要原因。”张锡盛说。

在此次大赛上，有面向医疗和物联网终端的人工智能芯片、晶圆级光芯片、智能存储芯片、固态多光谱传感器芯片、窄带物联网NB-IoT芯片、智能终端触摸屏控制芯片、人工智能DNN语音芯片等项目。同时，还涌现了诸如海陆卫星通信网宽带系统、“鹰眼”机场FOD与LSS探测智能防卫系统、智慧墙入侵探测系统、基于机器视觉的ADAS驾驶辅助电子控制系统、远距离探测激光雷达系统、基于激光设备生产大数据的金融征信服务平台、沙盒密云架构及其数据保密、企业大数据绩效管理和分析商务平台、基于机器视觉识别技术的智能无人零售系统等各行各业的优秀项目……

张锡盛分析说，对只停留在应用层面的公司来说，未来的厮杀会越来越惨烈，因为门槛低，新进入者的机会少，更容易形成寡头垄断。“在电子信息行业，无论哪个细分领域，它的竞争都会越来越往底层走。”在底层，技术就是创业者的“护城河”。

在总决赛现场提问芯翼信息科技（上海）有限公司董事长肖建宏时，张锡盛就提到了他们如何建立“护城河”的问题。在他看来，这家公司的技术较高，团队比较完整，但做的却是标准化产品，如何避开巨头的竞争是关键。

同时，张锡盛还提到大连达利凯普科技有限公司和南京凯瑞得信息科技有限公司。他说，大连达利凯普科技有限公司之所以能获得成长组企业第1名首先是电容市场的前景非常广，而且增速非常快；其次是他们的技术处于全球领先，能与欧美巨头直接竞争，属于大市场下技术领先的微创新。这也符合他们的投资方向。

“南京凯瑞得信息科技有限公司的创业项目瞄准卫星通信领域这一高精尖领域，而且还是一个军民融合项目，采用了独特的技术体系，与国际竞争对手相比，有明显的价格优势，市场前景很广。”张锡盛说。

愿为创新创业做点微薄贡献

面对如此多的芯片创业选手，张锡盛比较欣赏聚焦在能够替代进口产品，而且注重微创新的企业。

结合自己公司的投资理念，张锡盛谈到，他们主要关注集成电路产业及上下游的投资，专注于发现行业内早期、成长期和成熟期的科技公司，坚持以专业化、国际化、注重全产业链的投资理念进行集成电路产业投资。

“集成电路产业的发展趋势有3个明显的阶段，是从20世纪80年代的欧美，到90年代的日韩和中国台湾地区，再到现在的中国大陆。产业发展的驱动从大型主机到PC及存储器，再到目前以手机载体的移动互联和人工智能。目前，中国市场是全球最大的集成电路芯片市场，消耗价值1万多亿元的集成电路芯片，其中大多数是进口芯片。中兴事件后，中国的系统级厂商越来越重视其自身的供应链安全，有动力采用本地化的集成电路芯片产品。同时，新的技术，如5G和人工智能，又为中国的芯片企业提供了弯道超车的机会。”张锡盛说，目前是集成电路芯片创业的最好时期，有系统级厂商的扶植，有一批掌握核心技术的团队，整个行业的产业投资基金也非常充裕。从我们投资的经验看，目前芯片行业的主要机会还是技术创新下的进口替代。芯片创业者只要拥有较好的技术，就可以与欧美企业抢市场，毕竟国外企业的毛利率至少在50%以上，而中国企业，在30%的毛利率下也能茁壮成长。中国的芯片企业只要跨过技术和客户门槛，和客户的紧密合作程度是国外厂商无法对比的。这种本地化的快速产品迭代是芯片企业成功的关键。

张锡盛举例说，大连达利凯普科技有限公司的创业项目就是技术优于欧美企业，能够与欧美企业直接抗衡，同时又是基于中国市场的微创新，可以说前景很广阔。

对于立志要创业的人，张锡盛建议创业者一定要有创业的热情，不可“三天打渔两天晒网”，同时一定要有技术积累，最好是毕业后到小公司去磨炼，熟悉业务、提升技术；后期去大公司学习战略，把握宏观方向。最好是走一条从工程师到产品经理，再到企业家的路线。“创业是艰难的。一定要在有限的资源下，认清自我，分配好时间、人力，找准市场，精准发力，快速扩张，少犯大错误；同时，要有很强的学习力和执行力，带领团队前进。”

“中国创新创业大赛为创业者搭建了展示的舞台，也提供了投资者与创业者沟通的桥梁，希望今后有更多的机会与创业者沟通，指出他们的问题，为他们的创业护航。”张锡盛说，自己拥有创业经历，如今是一个投资者，愿意为中国的创新创业做点贡献，也愿意做创业导师去辅导创业者，和创业者一起努力，争取培养一批独角兽类型的集成电路芯片企业。

（戈清平 / 文）

人才 + 技术助推新材料科技成果产业化

——访中国科学院宁波材料技术与工程研究所所长黄政仁

当前，我国将新材料产业作为国家战略性、基础性产业，正加快发展新材料，改变产业“大而不强”的现状。那么，如何通过大众创业、万众创新助力新材料产业创新发展？

“从入选第七届中国创新创业大赛新材料行业总决赛的项目来看，总体上质量比较高，出现了一些填补国内空白的项目。很多项目有较高的技术创新性，并与国际、国内市场接轨。部分项目除了具有核心的自主知识产权外，还在商业模式上进行了探索和创新，很接地气。”中国科学院宁波材料技术与工程研究所所长黄政仁在参加第七届中国创新创业大赛新材料行业总决赛暨新材料行业高峰论坛后表示，总的来说，来自高校院所或者具有海外留学背景的创业团队，技术积累较厚实一些，项目的层次也相对高一些。

“新材料行业是一个非常有前景的、很活跃的行业。”黄政仁表示，“新材料行业创新创业要考虑 2 个问题：人才支撑和技术成熟度。”

黄政仁解释说：“好的科技成果出来以后，需要人才与成果共成长、共转移。同时，要提升新材料成果的技术成熟度，强调创新。”

人才支撑

“新材料行业的创新创业，需要大量的骨干科研人才供给。”黄政仁说，“现在，很多科技成果在转化过程，可能只要 1 ～ 2 个骨干人才来到当地落地，其他研发人员需要从当地招聘。这造成人才队伍建设跟不上，会使成果转化效率大打折扣。因为，新招聘的人才一般需要培养 3 年，只有人才和成果一起转化才是最好的方式。”

"新材料作为战略性新兴产业，其发展离不开科技创新，而人才是重要支撑。"在黄政仁看来，"无论研究机构还是企业，都要想方设法聚集人才，建设好创新创业团队。"

据介绍，中国科学院宁波材料技术与工程研究所坚持"全球人才，本土创新"的战略，通过全面实施各级人才规划，强化组织领导，打造开发平台，健全引才网络，完善引培计划，创新人才政策，规范人才管理，实施安居工程等举措，从全球引进高层次人才300多人，组建了50多个创新团队，培养了一批青年科技人才，组建了一支创新能力强、能承担高集成度研发活动的创新团队，全力打造成熟优秀的人才队伍。

目前，中国科学院宁波材料技术与工程研究所拥有员工1000余人，其中院士1人，国家优秀青年科学基金获得者2人，科技部中青年创新领军人才3人，"万人计划"科技创新领军人才4人，青年拔尖人才3人。同时，拥有6个研究生培养点，2个博士后流动站，目前在学研究生868人，在站博士后99人。

抢人才，还要留人才。这些高素质人才聚集以后，如何发挥其应有的价值，让其与科技成果共成长？

"需要建立有利于激励技术创业的创新收益分配制度，探索提高知识产权入股比例，最高程度激发人才的积极性。"黄政仁表示，为打破科研人员创业禁锢，支持高科技人才走上高质量创新创业道路，最大限度推动科技成果和科技人才落地生金，2017年中国科学院宁波材料技术与工程研究所实施了新的《科技成果转移转化管理办法》，将成果转化的八成收益用于奖励科研团队，并为科研人员在职创业开设“绿色通道”。

如今，行业大咖云集中国科学院宁波材料技术与工程研究所。留美博士刘兆平、朱锦、刘升高、姚强，留学德国的闫阿儒，留日博士李润伟、宋伟杰，新加坡制造技术研究院的杨桂林等众多海内外科技英才，放弃了原来优渥的待遇和优越的工作条件，来到宁波踏上创新创业之路。

这些“最强大脑”汇聚，碰撞出哪些火花？截至2017年12月，中国科学院宁波材料技术与工程研究所共承担了各类科研项目近3000项，获得竞争性科研经费30亿元。累计发表论文近4000篇，申请专利2829件，其中发明专利2518件、国际专利144件；授权专利1268件，其中国际专利13件。2014年、2015年连续入选全国研究机构专利十强；2015年、2017年2次获得中国专利优秀奖。

架起成果产业化桥梁

“现在年轻人创新创业，一旦有了一个好的idea以后，马上去注册公司，急于产业化。”黄政仁说，“事实上，新材料行业科技成果技术成熟度只有3～4级就进行成果转化，成功率并不高。这需要进行技术升级，提升技术成熟度，等到技术成熟度达到7～8级，再进行产业化，孵化成功率高。”

什么是新材料技术成熟度等级？据悉，2017年12月，工业和信息化部公示了《新材料技术成熟度等级划分及定义》国家标准。标准明确规定，新材料技术成熟度按实验室、工程化、产业化3个阶段分为9个等级，该标准制定对于新材料研究成果的认定具有指导作用，可以促进科技成果的快速转化。

如何提升新材料技术成熟度？黄政仁说：“无论政府、企业也好，还是金融机构也罢，都要搭建一个好的平台，架起成果产业化桥梁，让新材料科技成果在平台上孵化，从而打通科技成果到产业化的通道。”

“我们探索出一条有利于出创新成果、创新成果产业化的机制，打通‘研究—成果—产品—市场—产业竞争优势’全价值链转化的通道。”黄政仁表示，中国科学院宁波材料技术与工程研究所把人才和成果引进来，为其提供人才、技术、装备、平台、市场要素等方面的支撑，让成果尽快成熟起来再产业化，提高科技成果的转化效率。

据介绍，中国科学院宁波材料技术与工程研究所始终坚持“把科技转化为生产力”的定位目标，聚焦解决从“科研”到“技术”的转化难题，努力建设成为引领性的创新平台。目前，中国科学院宁波材料技术与工程研究所建立了公共测试、专业研发、工程化、先进制造等四大类支撑平台，拥有5亿多元的先进科研装备。建成碳纤维制备技术国家工程实验室、稀土永磁材料与应用技术国家工程实验室、中科院海洋新材料与应用技术重点实验室等省部级以上各类平台15个。

与市场对接

“新材料被称为产业粮食。材料工业是支撑国民经济发展的基础产业，是发展先进制造业和高技术产业的物质基础。”黄政仁表示，“新材料产业作为国家战略性新兴产业的重要组成部分，肩负着引领高新技术产业发展、促进经济结构转型的重任。”

那么，新材料行业如何把科技转化为生产力，解决普遍存在的科学研究与产业发展“两张皮”的问题？黄政仁给出的答案是：新材料要想成功产业化，需要与当地产业发展紧密结合，即与市场对接。

“新材料成果实现产业化必须围绕全产业链进行创新链布局，从开发、产业化到应用，需要上下游联合攻关、不断迭代，企业应用新材料并不断反馈问题，生产企业不断完善和改进工艺，最终实现协同发展。”黄政仁表示，“中国科学院宁波材料技术与工程研究所与地方和企业开展了多元合作，创立了一套行之有效的合作模式。目前，已经与国内600多家企业和全球60多个知名机构开展了广泛合作。”

近年来，中国科学院宁波材料技术与工程研究所组织专家团队对接宁波市所辖区域内企业，针对企业发展面临的技术瓶颈与产业升级的迫切需

求，共创合作平台。同时，紧密结合宁波市新材料产业发展需求，围绕产业链深入打造以材料为核心的创新链，聚焦科研技术链、补齐人才引进与培养链、拓展材料应用链，逐步形成三链深度融合的创新创业生态体系。

“为推动科技成果与市场有效对接，中国科学院宁波材料技术与工程研究所创新实施了科技特派员（包括科技联络人）的举措，深入企业、了解企业需求，防止闭门造车。”黄政仁举例说，科技特派员制度，就是让科技人员到企业到车间去、到生产一线去，帮助当地企业破解技术难题，提升企业的自主创新能力。“科技特派员在加强院地之间的交流、了解企业技术需求、促进政产学研合作、帮助企业解决技术难题等方面，发挥了重要的桥梁与纽带作用。”

据了解，截至2017年9月，宁波材料所累计派出400余人次的科技特派员。通过发挥科技特派员的作用，先后举办100余场科技交流对接会，达成横向合作项目100余项，合同金额超亿元；帮助企业申报各级各类科技项目100余项，争取各类科技经费超2亿元；帮助企业解决技术难题200余个，促使企业通过科技创新实现新增产值数十亿元。与此同时，宁波材料所通过“连人带成果”转移的做法，助推科技成果在企业顺利实现产业化，有力推动了地方经济的转型升级及战略性新兴产业的培育与发展。

石墨烯基重防腐涂料、大尺寸金刚石单晶、非晶软磁带材、石墨烯产业化、医用CT关键材料、生物基耐热聚乳酸材料……中科院材料所聚焦科研成果转移转化，一项项重大成果从这里走向市场，助推宁波经济驶上转型升级快车道。

（叶伟 / 文）

趟出大中小企业融合发展新路

——访上海电气中央研究院创新中心总监肖庆亮

“在和中国创新创业大赛主办方接触和沟通后，了解到大赛是由科技部、财政部、教育部、国家网信办和中华全国工商业联合会共同指导举办的一项以‘科技创新，成就大业’为主题的全国性创业比赛，同时，结合上海电气转型过程中对于外部创新技术的需求，所以第一次参与了大赛的活动。”上海电气中央研究院创新中心总监肖庆亮表示，在大赛的活动中，上海电气先后在新能源及节能环保行业总决赛、先进制造行业总决赛、新材料行业总决赛和电子信息行业总决赛过程中发布了创新需求，并和很多创新项目进行了一对一的对接。

“在参与的过程中，发现第七届中国创新创业大赛的参赛项目符合国家产业政策和地方发展布局，创业思路较为清晰，有明确的发展规划，商业模式合理，整体上质量较高。”肖庆亮说，同时，大赛中有许多创新项目符合上海电气重点关注领域，待经过标准风险技术评估流程后，后续将确定下一步的合作情况。

大企业闯出改革转型创新路

上海电气，一个清晰投影在中国工业胶片上的名字，是新中国第一个动力制造基地的摇篮。“大电气”是行业内外对上海电气亲切的称呼，它不只是规模大，更是“大国重器”，是中国制造的脊梁。

能源装备是上海电气的核心主业。如今的上海电气在坚持每年30亿～40亿元科研投入基础上，持续加大科技投入力度，不断提高研发投入集中度，确保研发资金集中用于打造人无我有、人有我优、人优我特的关

键技术领域，同时加强对科技投入产出比和转化率的跟踪和落地举措，推动技术创新，在发展新动能上跑出“加速度”，打造真正具有核心技术的高端装备产业。

同时，上海电气还秉承“技术不求为我所有、但求为我所用”理念，依靠兼并收购、合资合作、风险投资等多途径解决技术来源问题。体现环保、绿色、高端、智能、互联、数字化及全面解决方案，是近年来上海电气充分利用全球资源，推动创新资源集聚的鲜明特征。

比如在合资合作方面，上海电气已经与德国西门子、德国凯士比、法国泰雷兹、日本三菱电机、日本富士电机、日本发那科等国际第一梯队企业开展合资合作，以开放合作、公平对等的市场化方式，获取新的技术来源。截至 2017 年年底，上海电气已组建 66 家中外合资企业。

在产业孵化方面，上海电气一方面通过加大风险投资力度，重点瞄准需长期培育的新兴产业，获取颠覆性技术、战略性技术、新兴技术；另一方面通过自主研发创业、自建社会孵化器等手段，培育一批种子企业、初创企业。

“目前，上海电气的创新体系主要分为 3 层：第一层是以各下属工厂的技术部为主体，以开发短期新产品、改善产品性能及降低成本为主要创新工作。第二层是以各产业集团技术中心为主体，以开发中长期新产品及必要核心技术研发为主要创新工作。第三层是以上海电气中央研究院为主体，进行前瞻性技术研发及技术孵化投资工作。”肖庆亮表示。

在新的发展阶段，“大电气”正沿着“强”和“新”的方向闯出一条改革转型创新路。在传承“大国重器”品牌价值积淀的基础上，上海电气以创新为引领，进一步向市场化、专业化、国际化转型，推动新动能在传统装备制造业中加速形成。

构建大中小企业融合创新体系

除了主体成长之外，上海电气以中央研究院作为先锋，通过打造内部的新生态和寻找外部创新的需求 2 种方式为创新创业企业做一些赋能。

“参与中国创新创业大赛是上海电气寻找外部创新需求的一种有利尝试。”肖庆亮表示，大企业一般有完善的生态，研发主体、产业园、孵化器、配套基金等架构相对完备，并购、股权投资、天使投资、产品合作、技术转让等合作方式都是大企业的发展通路。对于小企业来说，单打独斗找市场实属困难，只有站在巨人的肩膀上，去琢磨怎样和大企业建立合作关系，才能实现快速发展。

中国创新创业大赛组织的大企业需求发布及对接，就是让上市公司或者产业龙头企业与参赛企业“擦出火花”，大企业发挥其丰富的渠道、资本等资源，小企业发挥其活跃的技术创新能力，双方可以快速找到技术合作点，在未来一同分享市场蛋糕。

“大赛给龙头大企业提供了发布创新需求并和创业项目一对一交流的机会，同时也给参赛项目提供了融入大企业生态圈的机会，开拓市场、发展壮大。”肖庆亮说，这是双赢的结果。

比如在 2018 年 11 月 20 日下午，第七届中国创新创业大赛新材料行业总决赛“大企业需求发布及对接／新材料新技术发布及答疑”活动上，上海电气对外发布了最新的新材料创新需求，并现场与创新创业企业一对一精准对接，打造新材料行业“双创”新生态。

“上海电气未来重点布局的方向有新能源汽车、储能、智慧能源及分布式能源、智慧交通、智能制造、人工智能、军工装备、电子通信……新材料和我们所有领域都会产生交集，期待和参赛企业能够进行深入沟通。”肖庆亮在发布时表示，上海电气希望能与新材料企业找到“结合点”，通过研发合作、风险投资、合资合作等方式进行深入对接。

“通过赛前和主办方进行沟通完成项目筛选并参加大企业对接会，丰富了案源储备，为后续技术引入工作夯实了基础。”肖庆亮表示，大赛中有许多创新项目符合上海电气重点关注领域，后续将与这些项目进行沟通交流。

大企业通过搭建“双创”平台，创新机制，吸引众多中小微企业成为创新共同体，聚众智汇众力提高创新效率。这种新模式使大企业与中小微企业不再是简单的上下游配套关系，而是形成优势互补、相互服务、利益共享的产业生态，走出大中小企业融合发展的新路子。

创业项目要有突破性的创新

目前，“双创”正在成为驱动产业升级、引领未来发展的重要支撑，已上升为国家重点战略优先发展。

“同时，在大企业进行改革创新求变的诸多路径中，通过引入外部创新技术来增强自身现有业务或布局未来业务，是很多大企业尤其是努力转型的传统型大企业的一个重要方式。”肖庆亮表示。

创业具有高风险，据统计发现，全球创业成功率平均不到1%，原因往往在于创业者在产品定位和构建商业模式时，对各种风险预测和分析不够，没有详细和准确的预估。

肖庆亮希望，创业项目首先要符合国家政策和地方发展布局，在技术或商业模式上寻求有突破性的创新；其次要明确产品定位，合理分配和利用资源，并对风险进行充分考虑；最后应合理构建组织架构，明确管理分工，选择多种能力互补的成员组建团队，这样就能提高创业成功率。

（李争粉／文）

新时代药企转型升级呼唤“好项目”

——访香雪制药副总工程师史志伟

“岭南无雪何称雪，雪本无香也说香。十里梅花浑似雪，萝岗香雪映朝阳。”20 世纪 50 年代，诗人郭沫若在广州萝岗赏梅，题诗描绘的羊城八景——“萝岗香雪”，正是广州香雪制药股份有限公司的发祥地。

1986 年萝岗制药厂成立，1997 年改制为广州市香雪制药股份有限公司，从此确立了自主生产研发、打造企业品牌的发展战略，开始了以“香雪”（萝岗一景）为名，打造企业品牌的创业之路。此后，打造出了闻名全国的“香雪抗病毒口服液”品牌。如今，经过 20 多年发展，香雪制药已成功转型成为集制药、生物医学工程为一体的现代化医药综合企业，资产规模达 97 亿元。

为满足企业转型升级中的人才技术需求，2018 年 11 月 11—15 日，第七届中国创新创业大赛生物医药行业总决赛期间，香雪制药与广州本地的广药集团、达安基因、万孚生物等一道参加了大企业需求发布及一对一企业精准对接会，并向参赛的中小微企业热情抛出“橄榄枝”。

“香雪把发展中药和实现中药现代化作为长远发展战略，现已成为拥有自主知识产权、自主品牌、自主创新能力的中药现代化领军企业和高新技术企业，在中药资源、智慧中医、高效能新药创制、中药先进制造、生命科学研究等领域的大健康

产业，形成全产业链集成创新体系。”香雪制药副总工程师史志伟在现场发布“技术人才招募令”时说。

史志伟表示：“经过初期考察，我发现此次大赛涉及领域广泛，从尖端的干细胞应用技术、创新的蛋白质生产技术到农业种植技术，覆盖生物医药产业诸多领域；项目技术创新性强，其中企业涉及的蛋白工厂概念与模式，可能对蛋白质类药物的大规模、低成本生产产生巨大影响，将使更多疗效好、高成本的蛋白质药物变得更亲民，带来良好社会效益；对产业发展支持性强，参赛企业既有实用产品技术研究，也有能为产业发展提供良好支撑的关键技术平台建设，这些能够为生物医药产业发展提供持续、良好的支持。”

企业转型升级“求才若渴”　现场发布技术招募令

2010年，对于香雪制药来说是意义不凡的一年。这一年，该公司在深圳证券交易所创业板挂牌上市。而这也成功开启了香雪制药转型发展的新起点。

成为上市公司意味着企业有更大的发展平台。香雪制药负责人深谙如果企业转型过程中故步自封，不能勇敢走出过去的舒适圈，将可能被市场淘汰的道理。“从此，香雪制药决心在立足于中成药制造的同时，开启生物医药、医疗器械、食品行业等多个赛道的探索。”史志伟说。

新事物的初次尝试谈何容易，更何况是医药行业。而这也意味着药企需要更多的财力、人力和时间的投入，汇众智共同解决。

例如，此次大企业对接会上，香雪制药就发布了自己的技术需求。“目前，我们的应用胶黏剂本身在临床上使用很广泛，但存在一些缺陷，满足不了医生临床使用时对它的更高的需求，我们希望参赛的创新公司有类似的一些技术能够跟我们相互补充，改善这个产品。”史志伟说。

据史志伟介绍，香雪制药筛选项目标准主要有2个：一是技术创新优势明显，具备核心知识产权与领域领先优势。二是项目符合企业发展需要，

即对企业现有生产技术提供效率提升或提升成本效率；对现有产品的市场表现提供支撑；属于或有利于企业开拓行业新领域的技术或项目。

“我们筛选项目的流程主要包括以下几个方面：了解供方基本情况，选定需要会见供方。听取供方简介，了解供方实际供应内容与需求，初步沟通双方意愿。公司内部筛选，通过公司专业技术委员会，挑选合适项目。对口单位与选中项目单位对接，确认合作价值。对于符合要求单位进行尽职调查，进入商务讨论阶段，公司专业部门介入，配合相关单位进行技术、商务洽谈。”

像这样的大型企业需求对接会，史志伟每年都会代表香雪制药出席很多场。与此同时，香雪制药在生物医药领域的海内外布局也越来越多。

据悉，目前香雪制药用于缓解感冒及流感的板蓝根产品注册申请获得英国药品和健康产品管理局审评批准，成为首批按照欧盟指令要求申报中成药的中国药企，标志着香雪制药数字化中药正式进入国际市场。

香雪制药和广州纳泰共同开发的抗组织纤维化的小干扰核酸创新 1.1 类新药科特拉尼（STP705）也已在美国获批临床 IIa 期试验。香雪制药作为合作伙伴共同拥有 STP705 用于增生性瘢痕治疗药物的中国权益。2017 年 4 月，在国内取得该品种的《药物临床试验批件》。此外，香雪制药还与香港大学等单位合作，对含独特序列的小核酸广谱抗病毒应用进行研究。

2016 年 6 月，该公司与广州市香雪新药开发有限公司、杭州康万达医

药科技有限公司共同向广东省食品药品监督管理局提交了原料药“KX02”及制剂“KX02片”新药临床注册申请，2016年10月，“KX02”及“KX02片”正式获得国家食品药品监督管理总局药品审评中心受理。2017年5月，该品种获得国家食品药品监督管理总局核准签发的《药物临床试验批件》。

作为癌症的新疗法，细胞治疗能够弥补传统手术、放化疗和药物治疗的不足，潜在市场前景广阔。香雪制药引进李懿博士团队，正在开展TCR-T应用于实体肿瘤治疗方面的研究。

种子选手勇接“橄榄枝”　助力企业步入数字化阶段

在大赛一对一企业对接现场，每家企业前都排满了前来登记对接的企业。

“前来对接的中小企业，请在门口做一下登记。”“这次对接活动真火爆。我都已经排到20多名了。”大连科万维医疗科技有限公司总经理郑成福表示，“我是前来参赛的成长组企业，明天答辩，想要找大企业洽谈一下合作事宜。”

来自汕尾市维明生物科技股份有限公司的参赛选手苑泽堃表示，此次他们打算与达安基因开展精准对接，企业对接就像谈恋爱，不可能第一眼就相中，这肯定有一个过程，一对一的企业需求对接就像是相亲会，大赛为他们与大企业之间建立联系提供了机会。

史志伟说，此次参加对接，主要有2个目的，一是了解行业新技术创新发展情况；二是寻找企业需要的一些技术与研究成果，看是否有推动企业现有研究项目的技术与项目。“包括在售的一些中成药产品，很多抗病毒的产品虽然服用以后对感冒的治疗确实很有效果，但是到底它的效果是通过什么原理来发挥作用的，我们想要了解得更清楚，这样对以后产品的推广将起到重要作用。”

据悉，中医药检测难题曾是困扰许多制药企业的难题，当然香雪制药也不例外。

20 年来，香雪制药先后成功研制抗病毒口服液、清肝利胆口服液、壮腰健肾口服液、小儿化食口服液、中风回春胶囊 5 个新药并取得国家新药证书，“香雪”商标为司法和行政双认定中国驰名商标，香雪抗病毒口服液获评广东省名牌和广州市名牌产品。

中药材虽好，但成分复杂、品种多样，不稳定因素多并且难以检测。而西方国家要求的就是标准化和一致性，这也恰恰成了中医药难以走出国门的主要原因。

“能否告诉我，这个产品里面的成分是什么？”“你的下一批产品和我手里拿的这盒是否一模一样？”近年来，新一代的“指纹图谱质控技术”出现让这些问题有了答案。所谓“指纹图谱质控技术”即通过分析仪器把中药产品里的所有成分标识成波形特征图谱，再通过软件对照不同批次产品的图谱相似度来控制产品质量稳定性。

但在当时的医药界，尚无人真正完成该技术的实际应用。因为一来其技术实现难度很高且耗资巨大；二来标准被大多数中药厂视为“紧箍咒”。在变革中求发展的香雪制药，坚定地认为，中药现代化需要标准化。于是，历经 4 年几十万数据的反复攻关，投入近千万元，致力于中药现代化的研究和实践，在全国率先建立了以“现代中药指纹图谱质量控制技术”为核心的现代中药集成创新系统，率先应用指纹图谱质控技术，通过计算机相似度分析系统使得成分复杂的中药质量可以得到有效控制，所制定的抗病毒口服液质量标准及特征图谱质量检测标准成为《中国药典》标准。

据悉，香雪抗病毒口服液已经完成在全国多家大医院进行的大规模临床病例研究，近3000例患者使用证实其具有改善症状、有效缩短病程的作用。

“尽管如此，中成药产品治病原理还需要进一步探究。”史志伟说，本着越辩越明的精神，香雪制药的“智慧”程度也日益深化。

2016年建成运营的香雪智慧物联中药配制中心，是国内首个基于物联网技术和人工智能的中药处方配置平台，创新性地导入药品GMP标准管理，搭建了全程可追溯的精准中医药服务质量控制体系，实现了医生诊断、开方审核、中药配制、冷链物流等联动，是中医药治疗方式由“模糊”到“数字化”再到“精准”发展的实践，成功实现中医个性化用药。

“未来，香雪制药将根据广州市‘IAB’计划战略部署，主动加速转型，从资本经营向知识营运转变、从产业链向产业闭环转变的健康产业生态系统，推进香雪智慧中医、精准医疗的战略布局，全力打造香雪2.0。这也是香雪制药招才引智的关键时期。”史志伟说。

“创业企业通过中国创新创业大赛的舞台，不仅让风投、行业专家及大众都能够看到自己的项目，更方便了大企业与创业企业能够比较精准地对接，为资源需求与创业企业的价值的结合搭建了一个顺畅的通道。”史志伟说，“目前，香雪制药已经初步与蛋白质非生物生产方法、新型药材种植技术、新型再生医学工程技术等一些符合企业未来战略发展方向的项目建立了联系，后期将由相应专业部门进行持续跟进与洽谈。”

（李洋／文）

第三章

创业服务篇

创客精英齐聚山城　共享科技环保绿色盛宴

第七届中国创新创业大赛新能源及节能环保行业总决赛纪实

“双创”筑梦赢未来，科技环保建美丽中国。

2018 年 9 月 16—20 日，中国创新创业大赛新能源及节能环保行业总决赛在享有“山水之城、美丽之地”之称的重庆精彩上演。这是首场行业总决赛，更是重庆首次承办中国创新创业大赛总决赛。经过全国各地方赛的激烈角逐和层层选拔的 200 多名新能源及节能环保行业的“双创”精英与创投机构、创业导师、知名评委在山城激荡头脑风暴，共享科技环保绿色盛宴。

重庆市副市长李殿勋在大赛开幕式上致辞时表示，本届新能源及节能环保行业总决赛在重庆举办，是对重庆特别的信任、关心、支持。“重庆高新区一定会当好东道主，做好创新服务，要通过比赛与创新创业团队做好对接，广聚天下创客，广纳创新资源，共同推动重庆创新创业的大力度发展。下一步，重庆将全方位地优化创新生态，提升创新服务，推进“双创”基地建设。特别要大力度地推进科技管理体制改革，加速地建设创新治理体系，以便于为各类创新创业人提供更优质的服务。”

“双创”之星的选秀场

这里，不仅是“双创”实力的竞技场，更是明日“双创”之星的选秀场。

来自全国新能源及节能环保行业的 200 余家企业，参赛项目主要集中涉及污水处理、新能源电池、新能源汽车、能源设备、微流体生物传感器等多个领域，代表了新能源和节能环保科技创新的最新研发成果。最终登上决赛舞台的 18 个新能源和节能环保领域的创业者，是从网络海选开始，历经各地方赛事的区域竞赛和培育，最终汇聚重庆闯进全国总决赛，同台打

擂、巅峰决战。大赛决赛采用“8+7”模式的现场答辩评选，即参赛选手陈述 8 分钟，评委提问 7 分钟，每家参赛企业代表需要同时接受 7 名评委的现场评分。

赛场上群英荟萃，各显神通。参赛选手意气风发、侃侃而谈，向评委和观众详述自己带来的创新成果和创新规划，不仅是自我的一次精彩亮相，更是一次交流分享、对接资本、接受点拨的机会。重量级行业大咖、投资人组成的评委军团，从技术、市场、团队、财务等多维度对参赛企业项目进行评审，挖潜企业亮点和潜力。这不仅是一次评审过程，也是对参赛企业的一次全面检阅，更是一次难得的全方位培训机会。

“这些企业从几千家参赛选手中杀出重围，每一个都很优秀，我也对好几个项目都感兴趣。”大赛评审专家邱玉芳表示，这些参赛选手展示的新技术、新理念，以及选手们的创新、实干精神深深地感染了自己。

最终，经过紧张而热烈地比拼，苏州英磁新能源科技有限公司和浙江臻泰能源科技有限公司分别获得成长组和初创组一等奖；深圳一目科技有限公司、南京博兰得电子科技有限公司和浙江超容新能源科技有限公司分别获得成长组和初创组二等奖；广东埃森环保科技有限公司、浙江东大环境工程有限公司、青岛海永顺新能源科技有限公司和赛腾机电科技（常州）有限公司分别获得成长组和初创组三等奖。此外，还有88家参赛企业获得优秀企业奖。

荣誉的背后包含着创业者艰辛的创业历程和伟大的人生梦想。参赛选手们砥砺相勉、永不言败的精神，正是中国企业家精神的真实体现，更是新时代“双创”的力量。

浙江臻泰能源科技有限公司CEO吴剑说：“一场比赛不过15分钟，但创业是永不停止的比赛，一定要不忘初心，在创业路上继续努力，脚踏实地把事情做好，创造美好未来。”

比赛是有限的，交流沟通的机会是无限的。“巴山夜雨昨逢时，乡音各异结情谊。论道‘双创’总决赛，剑指紫巅终不迟。”一位参赛选手道出了来渝参赛的真谛。

为进一步营造“双创”氛围，打造交流沟通对接平台，主办方组织举办长江经济带绿色发展高峰论坛、大企业对接会、“创新重庆行”参观考察、公益大讲堂、重庆创新创业成果展、长江经济带环保科技项目展、创业加油站等众多创业服务活动，为企业免费提供培训辅导、融资路演、展览展示、大企业对接等多元化服务，为众多创业者提供了融资、培训、对接、展示方面的支持，营造良性的创新创业氛围。

对此，参赛选手纷纷表示收获颇丰。“大赛给我们与投资机构、同行搭建了沟通交流的‘桥梁’，也给我们更多科技创新的启发。”浙江超容新能源科技有限公司负责人陈大波表示，参赛期间，评委们给了中肯的点评，公司马上就要扩大生产规模，同行们也提出了很多建议，通过与其他参赛选手交流，还发现了很多合作机会，收获满满。

“在创业过程中，在大赛平台上的融资效率最快，并找到了质量最高、最具缘分的投资方。”获得初创组桂冠的苏州英磁新能源科技有限公司总经理裴瑞林也表示，除了与同行沟通交流，通过参加大赛，公司还获得了不少投资机构青睐。

造梦、追梦、圆梦

智慧引领、逐梦山城。

重庆是首次承办国赛，也是本届大赛6场行业总决赛中首个“亮相”的城市。重庆市、重庆高新区以东道主身份广纳全国各地“双创”人才来渝做客，从大赛申办筹备到举办全程，始终矢志不渝致力承创新底色，传播“双创”精神，打造了一届精彩绝伦的高峰科技盛宴和国家最高水准的年度“双创”盛典。

“重庆高新区积极申办新能源及节能环保行业总决赛，既是从量变到质变的内在逻辑要求，也是‘知行合一、激情创业’重庆高新精神的具体体现。”重庆高新区管委会主任、重庆市九龙坡区区长刘小强说：“举办新能源及节能环保行业总决赛，充分发挥国家自主创新示范区重要功能赋予，集聚创业人才，甄选创新项目，汇集金融、孵化等各类创新要素，着力打造良好创新创业生态系统，培育壮大新兴产业势能，打造‘双创’升级版，推动重庆高新区加快建成中国西部创新中心和全球功能性创新中心。”

作为第七届中国创新创业大赛的首站，重庆高新区为来到重庆的参赛企业提供落地后的多项优惠政策扶持。重庆高新区项目进入决赛的，重庆高新区创业种子基金予以50万元免息贷款或者30万元公益参股支持（已获创业种子基金支持的除外），并通过重庆高新区科技金融平台授信50万～500万元优惠贷款。重庆高新区企业获得重庆赛区决赛或者全国行业总决赛一、二、三等奖的，给予100万～500万元的政策资金资助；非高新区企业于比赛结束后6个月内在重庆高新区注册的，同等享受此政策。

“中国创新创业大赛在区域创新创业生态中有着无可比拟的符号引领、品牌撬动效应。重庆高新区探索一套举办分区赛总决赛、地方赛、行业赛的成熟独特范本。”刘小强表示，重庆高新区已经连续4届承办中国创新创业大赛（重庆赛区）暨“高新杯”众创大赛，参赛企业从2015年的285家，跃升到现在的582家，参赛企业的递增，不仅是创业者们对创新创业大赛品牌认可的体现，也是重庆创新创业激情更加澎湃的展现。同时，重庆赛区

4 年累计吸引 2817 个项目参赛，为大赛获奖企业和团队提供奖金及扶持资金达 1.5 亿元，帮助创业者获得创业投资超 5.5 亿元，更是大赛对创新发展品牌撬动效应的凸显。

刘小强表示："期待社会各方共同促进大赛优秀项目与市场发生融合反应，推动大中小企业造梦、追梦、圆梦，真正从铺天盖地走向顶天立地，走向蔚蓝浩瀚的世界经济海洋。"

构造中国西部一流的创新生态

作为此次大赛的举办地，当前，重庆市正全面落实"两点"定位、"两地""两高"目标和"四个扎实"要求，以推进供给侧结构性改革为主线，围绕培育壮大经济发展新动能和加速新旧动能接续转换，深入实施创新驱动发展战略，积极谋划科技创新中心建设，打造"双创"升级版，构造中国西部一流的创新创业生态，加速构建内陆开放高地，着力打造山清水秀美丽之地。

李殿勋表示，构造中国西部一流的创新生态在于，要有比较完善的创新政策，能够引导激励和支撑大规模的创新创业；有功能比较完备的创新平台，包括众创空间和国际企业孵化器，能够承载和服务各类创新创业；有浓厚的创新氛围，包括要培育有较大知名度的创新创业品牌；要有比较周全的创新服务，包括科技资源的共享服务、科技人才的对接服务、科技金融的支撑服务、科技研发的服务。

为此，重庆通过出台《关于重庆市发展众创空间推进大众创业万众创新的实施意见》《关于印发贯彻落实强化实施创新驱动发展战略进一步推进大众创业万众创新深入发展意见任务分工的通知》等政策，完善创新创业政策体系。同时，打造科技创新体系。截至2018年9月，重庆市建设国家高新区4个，累计建设科技企业孵化器77家、众创空间307家。

值得一提的是，西部科技金融路演中心在大赛期间揭牌。重庆不断强化科技资源共享、科技人才对接、科技金融支撑、科技研发服务，设立债权融资的风险补偿基金，在全国率先推出科技型企业的信用贷款，构建从股权融资到债权融资到众筹募资的服务体系，打造中国西部创新资本高地。

作为本届大赛新能源及节能环保行业总决赛东道主，重庆高新区以建设重庆国家自主创新示范区为统揽，实施以大数据智能化为引领的创新驱动发展战略，着力解决创新创业所必需的阳光、土壤、养分和空气。

近年来，重庆高新区突出制度建设，深化科技体制综合改革，实施了知识价值信用贷款改革、科技成果初始权益分配改革、“渝新券”试点等工作。出台科技创新促进办法、自主创新专项政策“龙九条”、科技企业孵化平台扶持细则、博士后科研工作站管理办法等政策，努力营造重庆市最优的创新政策环境。同时，突出创新平台建设，拥有煤科院、重庆农科院等科研院所和创新工场、阿里体育、施耐德电气等高端创新资源，建成重庆大学

产业技术研究院、清研理工汽车研究院等研发平台，建成清华启迪等孵化器和众创空间，联动留学人员创业园、高创园、生物医药产业园、电子信息产业园等，形成“苗圃—孵化—加速—产业化”孵化链条，建成投运西南首个科技要素交易中心。为创新创业提供优渥“土壤”。此外，突出服务托底，蓄积创新创业“养分”，出台自创自贸科技金融建设办法和实施细则，筹建金融创新联盟，启动打造科技金融创新中心。持续深化“放管服”改革，深入落实“证照分离”改革试点，推进“互联网＋政务服务”工作。另外，突出人文氛围，涵养创新创业“空气”，举办亚洲通讯营销产业发展大会等大型节会和重庆新三板高峰论坛等主题论坛及各类路演培训活动，建成全国首个石墨烯产业专利分析与专利数据库、高新区专利托管服务平台，推进规上企业专利清零行动，持续开展年度高新技术企业十强、高技术服务企业十强等活动，引导和鼓励企业开展科技创新。

李殿勋说：“通过这些努力，解决好创新创业所需要的阳光、土壤、空气和水分，重庆致力于打造中国西部一流的创新平台，服务各类创新创业。”

（叶伟 / 文）

汇聚创新力量　洛阳奏响“双创”最强音

第七届中国创新创业大赛先进制造行业总决赛纪实

2018年10月11—15日，第七届中国创新创业大赛先进制造行业总决赛在洛阳举行。此次大赛展现了洛阳作为“中国先进制造业名城”的魅力，为洛阳产业发展注入新的活力。同时，洛阳也成了众多创业者圆梦的“沃土”。

历时6个月，经过全国各地方赛的层层选拔，有242家企业从全国31 136家参赛企业中胜出，入围先进制造行业总决赛。最终，苏州艾利特机器人有限公司、北京中科睿芯科技有限公司脱颖而出，分获初创企业组、成长企业组一等奖。

此次入围中国创新创业大赛先进制造行业总决赛的242个项目，代表了我国创新创业浪潮中最前沿的“制造力量”，也是传统制造业吸纳高新技术成果，转型升级为先进制造的行业典范。

洛阳市委常委、副市长胡衡庐表示，中国创新创业大赛先进制造行业总决赛连续3次在洛阳举办，是洛阳的机遇和光荣，也是洛阳的担当和使命。经过3年来不断探索，这一赛事的影响力日益扩大、实效性切实增强，不仅涌现了一大批高质量创新成果，也为洛阳的创新发展提供了新的合作机会。清科激光、天津尚德药缘、北京拓博尔、国际大学创新联盟等一批高水平项目与创新平台成功落户，为洛阳“双创”注入了新鲜血液。此次大赛以“科技创新，成就大业”为主题，精心筹备了一系列高规格的赛事活动、特色论坛等，旨在为各参赛参会城市、企业团队、创新创业精英提供一个展示才华、交流合作的良好平台。

洛阳既是历史文化名城，又是国际旅游名城，更是我国多个重要产业和技术创新的摇篮。洛阳有着良好的人才和科技基础，拥有大量的科研院所、重大创新平台、大学科技园和各类专业化众创孵化空间，是有名的创新创业魅力之城，创新创业活力之城。近年来，洛阳加快建设国家自主创新示范区、国家自由贸易试验区、国家小微“双创”城市，凝聚了大批来自国内外的创客群体，创新创业在河洛大地上蔚然成风，洛阳正在成为中原大地乃至国家创新发展的重要增长极。

“黑科技”“硬创新”　制造业涌入创新力量

制造业是国民经济的主体，是立国之本、兴国之器、强国之基。近年来，电子信息、互联网、新材料等高新技术成果的涌现，给我国传统制造业带来了更大的发展空间，也为我国从“制造大国”向“制造强国”迈进提供了重要途径。

此次入围总决赛的项目涵盖先进制造行业的重要领域，涉及 AI 机器人、无人机、3D 打印、视觉检测、工业操作系统、粒子加速器、激光成像设备、固体火箭冲压发动机、无人驾驶、工业在线设计等多个细分领域，代表了我国先进制造的科技创新力量，可谓卧虎藏龙，各类酷炫项目让人应接不暇。

获得成长企业组一等奖的北京中科睿芯科技有限公司，是高通量计算的创始者，致力于成为高通量计算的前沿技术研究、实现和服务提供商，引领高通量智能计算时代，由中国科学院计算技术研究所和中国科学院计算技术研究所高通量中心骨干团队共同投资建立。其核心技术团队在中国科学院计算技术研究所高通量中心主任范东睿博士的带领下，先后完成了 SmarCo-1（Godson-T）高性能众核芯片、SmarCo-2（DPU-m）高通量众核视频处理芯片、SmartSys-Media 系列高通量音视频加速系统，并得到了广泛应用。

其参赛项目是搭载基于 ARM 架构的高通量人工智能一体机，可实现大数据和人工智能快速、高效、稳定地落地交付，省去用户搭建服务器环境、搭建人工智能平台等诸多复杂步骤。成立以来，先后获得中国科学院科技成果转化奖、北京市科学技术奖等荣誉，团队拥有发明专利达 120 余项。

来自苏州的艾利特机器人有限公司，其核心成员为北京航空航天大学、清华大学博士及博士后，均毕业于北京航空航天大学机器人研究所，师从国内著名机器人科学家王田苗教授和张启先院士。项目团队对机器人运动控制算法、嵌入式软硬件、实时操作系统和中间件、伺服驱动等核心技术

有着透彻的认识和厚重的积累。最终，艾利特摘得初创企业组桂冠。

还有来自上海的芯仑科技，是服务于机器视觉和人工智能产业的芯片企业，核心产品是动态视觉传感器——CeleX，通过仿生原理实现动态像素的实时捕捉。该技术颠覆了传统的图像感知方式，帮助人工智能更快、更准、更省力地感知外部世界，可用于高级辅助驾驶、自动驾驶、无人机、智能安防监控、3D 场景重建、体感和人机交互等场景。据悉，目前全球范围内掌握该领域自主 IP 的企业仅有 3 家，公司不但填补了亚洲空白，且技术水平大幅领先于国际同类企业。

在比赛期间，还有一位来自新加坡的参赛选手李家康，他带来的项目是视觉智能导购／展示系统；来自广东的康云多维视觉智能科技有限公司，是专注于图像处理、计算机视觉、光学成像、机器学习、数据挖掘等领域技术研发和业务落地的高科技企业，不仅掌握虚拟现实领域中的基础技术，同时还通过自主研发，成功获取了 USPTO 专利 120 余项，把虚拟现实从 3D 复刻时代带进了无屏、无膜、可交互的“空气成像”时代，该公司获得广东赛区先进制造领域一等奖。

搭建交流平台　彰显大赛众扶机制

根据大赛规则，获得先进制造行业总决赛优秀企业奖的项目，将被优先推荐给国家中小企业发展基金会设立的子基金、国家科技成果转化引导基金设立的子基金、科技型中小企业创业投资引导基金设立的子基金、中国互联网投资基金等国家级投资基金，大赛合作银行将择优给予贷款授信支持，还将鼓励地方科技管理部门和创业服务机构给予配套政策支持。

大赛期间，还举行了“科技赋能、智造未来”高峰论坛、大企业对接会、创业文化之旅、公益大讲堂、洛阳创新之夜、创新创业生态展、科技嘉年华等“双创”服务活动，为企业免费提供培训辅导、融资路演、展览展示、大企业对接等多元化服务，为众多创业者提供了融资、培训、对接、展示方面的支持，真正体现了大赛的众扶机制。

其中，在大企业对接会上，京东、海尔、上海电气、科沃斯、宇通、一拖相继为 240 余家参赛企业释放创新需求，与参赛企业进行了“一对一”深度对接。

京东云产业孵化高级经理师海珍在发布京东创新需求时表示，将为参赛企业提供更多赋能，基于京东云，除了为参赛企业提供云方案外，还会结合京东云内部孵化企业，以及全国各地的创新型产业集群做整体全方位生态的对接与落地。京东的众筹平台也会对参赛企业进行小批量市场验证，验证成功的将直接推到京东电商平台，或直接出口海外，进而达到产业聚集服务。京东在仿真技术、工业大数据、CPS 技术、工业信息安全技术等智能制造领域发布了合作需求，还在智慧城市、AR / VR、新材料等领域希望和参赛的先进制造企业进行跨界融合。

行业龙头企业、创业投资机构是大赛构建众创众扶平台的重要参与方，它们的创新资源和资本是支持参赛企业的重要社会力量。招商银行郑州分行行长助理袁森介绍了招商银行服务于“双创”企业的“千鹰展翼计划”。据悉，自 2011 年以来，“千鹰展翼”受益企业中已有 300 家在境内外上市，3500 余家在“新三板”挂牌，6000 余家在 2011—2016 年获得 PE/VC 机构投资。

对此，参赛选手纷纷表示收获颇丰。“在大赛中，我们对接了很多资源，比如跟海尔集团有了对接。我们需要找市场、投资人等资源，大赛能帮助我们获取到这些信息，甚至让我们拥有与大企业、投资人面对面对接的机会。”一位参赛企业代表说。

“在比赛过程中，我结识了很多合作伙伴，和各位参赛选手沟通切磋、互相学习，感受到了大赛的热烈气氛，梳理了艾利特自身的商业逻辑和运营哲学，这次大赛之旅不枉此行。”摘得初创组桂冠的苏州艾利特机器人有限公司董事长曹宇男发表获奖感言时说道。

注入“双创”基因　尽展洛阳先进制造业名城魅力

作为东道主，洛阳已经是第三次举办中国创新创业大赛先进制造行业总决赛。中国创新创业大赛作为全国规格最高、规模最大、范围最广的“双创”活动，将先进制造行业总决赛赛事放在洛阳，是对洛阳市多年来推进“双创”发展给予的充分肯定。

当前，洛阳也正按照国家、河南省赋予的建设国家区域性中心城市、中原城市群副中心城市建设战略定位，助力产业发展，实施创新驱动，扎实推进自创区、自贸区两区同建，大力实施创新主体、创新平台“双倍增”行动，积极创建国家军民融合创新示范区，努力建设成为一个科技强、产业强、经济强的创新型城市。特别是洛阳高新区作为两区在洛阳的双重核心区，迎来了千载难逢的发展契机，在两区加快推进创新创业，出台了《关于支持创新创业推进国家自主创新示范区核心区建设的若干政策意见》。清科激光、天津尚德药缘、北京拓博尔等一批高水平项目与创新平台成功落户洛阳高新区，为洛阳高新区乃至洛阳市“双创”注入了新鲜血液。

洛阳市副市长贺敏表示，近年来，洛阳紧紧抓住郑洛新国家自主创新示范区、中国（河南）自由贸易试验区等国家战略机遇，大力实施创新驱动发展战略，以优化创新创业生态环境为保障，突出抓好主体、平台、载体、机制、项目、人才等关键环节，积极构建现代创新体系，初步探索建立了独具洛阳特色的创新创业生态体系。

通过大赛，洛阳创新创业的制度环境不断优化、市场活力不断释放、普惠政策不断加码。更值得关注的是，洛阳高新区出台的《关于支持创新创业推进国家自主创新示范区核心区建设的若干政策意见》针对大赛特别给出了政策支持，对进入中国创新创业大赛全国总决赛获奖项目落地转化的，获一等奖落户项目给予100万元引导资金支持；获二等奖落户项目给予80万元引导资金支持；获三等奖落户项目给予50万元引导资金支持；入围奖落户项目给予30万元引导资金支持。此外，洛阳高新区还将对落户企业提供管理指导、技能培训、市场开拓、标准咨询、检验检测认证、研发设计等点对点服务支持，申报专利的优先给予专利申请资助等。

在一系列政策扶持下，洛阳创新主体、创新平台增长呈井喷之势。2017年，洛阳市新增创新主体1102家，较2016年增长2.27倍；新增创新平台396个，较2016年增长1.63倍。2018年上半年，洛阳市又分别新增创新主体887个和创新平台158个，社会创造潜能空前激发。

面对新形势、新任务、新机遇，洛阳深入贯彻落实新发展理念，围绕深化“9+2”工作布局和实现“四高一强一率先”奋斗目标，大力实施创新驱动发展战略，积极推进创新主体、创新平台“双倍增”行动，加快推进产业链、创新链、资金链、政策链“四链融合”，着力打通政产学研深度融合、军民企地对接转化、市场化运作和人才成长“四个通道”，推动产业结构转型、发展动能转换和发展方式转变，以科技创新带动全面创新，推动创新创业高质量发展。

（罗晓燕／文）

钱塘江畔演绎“双创”群英会

第七届中国创新创业大赛互联网行业总决赛纪实

2018 年 10 月 24 日，历时 4 天的第七届中国创新创业大赛互联网行业总决赛在杭州高新区（滨江）圆满落幕。来自全国各地互联网领域的优秀创业者经过激烈比拼，深圳市加推科技有限公司和杭州二更网络科技有限公司从 280 余家入围全国总决赛的互联网企业中胜出，分别获得初创组和成长组第一名。

科技部火炬中心党委书记张卫星、浙江省科技厅厅长高鹰忠、浙江省科技厅副厅长章一文等出席决赛现场并为获奖企业颁奖。

群英荟萃　高举“双创”火炬

第七届中国创新创业大赛从 2018 年 4 月启动，报名共计 31 136 家企业，较上一届增长 10.6%。其中，成长组报名共计 21 162 家、初创组共计 9974 家。大赛共设立 37 个赛区，覆盖全国所有省、自治区、直辖市、计划单列市和新疆生产建设兵团。各地企业报名积极踊跃，为区域“双创”发展增添了活力。

从参赛地域分布来看，长三角、珠三角等地企业报名数量继续雄踞前列。其中，互联网领域报名数量就达到 9097 家，占报名总数的 29.21%，是 6 个行业中参赛项目最多的一个行业。最终，有 280 多个项目经过层层选拔入围了此次互联网行业总决赛。

开幕式上，科技部火炬中心副主任盛延林表示，作为我国推动“大众创业、万众创新”的具体举措，中国创新创业大赛自 2012 年启动以来，找准在推动“双创”工作中的定位，充分发挥价值发现、培训辅导、融资对接及

宣传展示的功能，得到各界的广泛认可和积极参与。

盛延林说，互联网行业是创新创业最活跃的领域之一，也是新模式、新业态和新经济层出不穷的重要行业。“此次参加总决赛的企业都是我国互联网行业创新创业的优秀代表，希望参赛企业能够紧密地与实体经济结合，充分利用互联网行业产生的新技术和新模式，带动实体经济快速发展。”

据了解，此次入围项目涵盖领域广、科技含量高、发展空间大。参赛项目包括卫星遥感大数据、分布式智能数据分析、工业互联网、机器视觉、AR/VR、人工智能、云计算、物联网、区块链、SaaS 等。

进入最终对决的创业者中，既有刚刚毕业的应届大学生，也有久经沙场的创业老将；既有专注研发的技术专家，也有熟稔市场的实干者。他们在决赛现场抒发着自己的创业热情，分享着自己的创新历程。选手们通过团队建设、商业模式、创新技术等方面的讲演，系统而又全面地向在场的每一位嘉宾展示自己的项目。

决赛中，6 家初创企业和 16 家成长企业依次上阵，面对 600 余名现场观众及直播平台中收看赛事的网友们进行了精彩路演，并接受评委的现场考核。通过激烈比拼，深圳加推科技有限公司、杭州二更网络科技有限公司分获初创组和成长组第一名；广州钛动科技有限公司，杭州煎饼网络有限公司、深圳市前海手绘科技文化有限公司分获初创组和成长组第二名；北京墨云科技有限公司，深圳追一科技有限公司、深圳市爱牙邦医疗器械有限公司、杭州小码教育科技有限公司分获初创组和成长组第三名。

深圳同创伟业投资公司董事总经理、管理合伙人丁宝玉，毅达资本创始合伙人黄韬，元禾原点总经理及管理合伙人黄建江，招商银行杭州分行行长助理李骅，中美创投创始合伙人胡浪涛，金沙江创投合伙人江澜，信中利资本集团董事总经理、高级合伙人刘朝晨 7 位专家担任总决赛主评委。评委们纷纷表示，2018 年参赛项目的数量比历届更多、质量更好、颜值也高。

奋勇争先　赛场之上展英姿

在初创组的决赛比拼中，来自深圳的加推科技是国内率先利用微信核心技术和 AI 技术，面向企业推出全球首张人工智能名片，致力于提升企业销售效率的初创公司。通过一张“名片”为中国企业进行销售赋能，并摘得初创组桂冠。

据了解，加推科技的目标是打破目前企业被国内众多中心化电商流量平台流量“绑架”的困局，利用微信小程序 +AI 技术，真正帮助企业在微信里聚集自己的流量并进行精准流量变现，打造一个微信系统上、去中心化的“阿里巴巴”。

加推科技创始人彭超表示：“要坚持做创造价值的事。此次比赛给加推科技带来了巨大的品牌影响力，同时也认识了很多互联网行业和资本市场的朋友，更加坚定了加推科技的创业初心。作为一个诞生不到 2 年的初创型企业，面对巨头林立的互联网市场，创业之路很艰辛，愿我们的团队能够如疾风劲草、疯狂奔跑。”

专注网络安全的北京墨云科技，是全球首家利用人工智能技术模拟黑客入侵，验证用户当前安全控制手段有效性的虚拟黑客公司。该企业核心产品“Vackbot 虚拟黑客机器人”，是人工智能与网络安全技术相结合的革命性创新。通过“Vackbot 虚拟黑客机器人”的帮助，用户可在被真正黑客入侵之前，提前获知自身系统的漏洞及其被攻击的方法，快速定位到需要优先处理的重要安全问题，并提出有效解决方案。

墨云科技首席执行官刘兵表示：“网络安全领域的创业企业必须要做好技术创新，而且要有一定的技术壁垒。同时，客户资源的营销和获取也是重点。在该领域创业刚开始，就应该规划定位市场和人员，这会在以后市场拓展的路上少踩一些坑。”

广州钛动科技有限公司是国内基于商务智能（BI）技术和大数据的全球化增长企业服务平台，致力于消除跨境信息差，助力我国互联网和电商企业扬帆出海。目前，该企业上游对接国内出海顶级广告主（如阿里巴巴、百度、快手、久邦等），下游覆盖全球多个国家，合作渠道包括主流媒体及中长尾媒体。

成长组企业中，来自杭州的二更传媒，是一家原创短视频内容平台，也是以国际视野传播新时代主流价值观的中国优质互联网内容集团。

技术驱动内容生产。二更传媒仅用 18 个月的时间便打造出了二更云生产平台，覆盖了视频生产的全流程，并开始研发基于自动拍摄和自动剪辑

的人工智能技术，为未来影视创作领域的变革发展提供了强大的技术支撑。

二更传媒高级副总裁、首席运营官皮行早在发表获奖感言时表示：“二更传媒一直在做传递温暖、传递故事的内容工作。未来，二更传媒将做更多传递正能量的事情，并且能够与企业的商业模式进行完美结合，实现口碑、公益、商业的‘三赢’局面。”

此次大赛上，杭州煎饼网络有限公司带来了国内领先的公积金衍生服务平台——51 公积金管家。作为公积金垂直领域的先行者，51 公积金管家致力为公积金用户提供多元化、智能化的金融服务，不断优化产品，努力成为用户最值得信赖的第三方服务平台。

杭州煎饼网络有限公司联合创始人兼首席运营官陈蓓珍表示，在互联网风险管理领域，51 公积金管家搭建了以公积金数据为基础的大数据风控平台，将公积金数据与风险管理深度结合，为银行、消费金融机构、非银行信贷、小微企业等多个行业客户提供高效智能的风险管理整体解决方案。

截至 2018 年 6 月，51 公积管家金累计注册用户达 5600 万，覆盖全国 421 家公积金中心。“51 公积金管家始终坚持以用户需求为导向，积极在公积金垂直领域精耕细作，不断创新，以期为用户创造一个闭环消费金融生态圈，实现‘平台—用户—合作伙伴’的三方共赢。”陈蓓珍表示。

活动纷呈　英雄有用武之地

大赛期间，“双创”活动丰富多彩。高峰论坛、公益大讲堂、大企业对接、参观考察、创业英雄汇、创业风采展、创业加油站等活动，真正体现了大赛的众扶机制。这些活动以比赛为契机，进而为创业者提供融资、培训、对接、展示等服务内容，旨在推动大众创新创业健康发展，孵化培育“隐形冠军”。

搭建大中小企业融通发展平台，是中国创新创业大赛为推动创新创业高质量发展、打造“双创”升级版而举行的“明星活动”。为促进互联网与实体经济的深度融合，使创业企业的新兴“互联网思维”得到更广泛、更全面的应用，此次大企业对接会上，宝马、万向、三星、美亚柏科、京东相继为280余家参赛企业释放创新需求，与参赛企业进行“一对一”深度对接。

美亚柏科投资副总监高碧梅介绍，美亚柏科在网络空间安全、智慧城市、城市公共安全板块、军工、工控安全、物联网、大数据服务、人工智能、智能制造等产业方向有创新需求。

三星研究院项目主管颜丙桥表示，三星将为手机等电子产品挖掘和寻找优秀技术和服务合作伙伴。此次，三星提出了诸多对外合作需求，涵盖人工智能、传感器及芯片、自动驾驶、新材料（新能源）、新硬件/新服务等。

“科技改变汽车工业格局，宝马为客户提供高科技含量的汽车服务，工作重心在自动化、互联化、电动化、共享化/服务化的ACES战略，以客户为中心。”宝马研发副经理张哲表示，目前宝马更关注电动汽车、互联驾驶等新兴领域，希望通过与优秀创新企业在ACES领域开展交流与合作，为参赛企业提供一个开放式创新平台，同时将创新成果应用在未来宝马的产品矩阵当中。

“通过对接活动，认识了一大批前瞻性的初创企业，宝马会与这些初创企业进行进一步合作沟通。通过合作共赢，降低投资风险，提高技术水平，加快产品开发流程、缩短产品上市时间，获得快速扩展产品和技术的机会，助力我国更快转型为创新驱动型经济体。”张哲说。

在下一代互联网产业发展趋势高峰论坛上，中国互联网投资基金管理有限公司总经理李筱强表示：“我们处在创新创业的最好时代，参赛选手要有效把握创新创业的历史机遇，重点关注核心技术，从企业发展来看，还是应以技术为王，虽然商业模式的创新很重要，但容易受到各方面的挑战。创业团队一定要不忘初心，做有理想的创业者，满足客户需求，创造客户需求。创业者会面临很多困难，在发展中面临技术、资金瓶颈时，团队一定要保持毅力。”

李筱强认为，伟大的创业团队应具备两点特质：具有在极度黑暗的环境里发现微光的能力；具有跟随微光前进的勇气。

求贤若渴　真金白银延揽英才

章一文表示，2018 年是浙江省连续第四年承办中国创新创业大赛互联网行业总决赛，对浙江省数字经济的快速发展起到了巨大的促进作用。“浙江省将‘双创’建设作为培育发展新动能的重要抓手。即将颁布出台的科技新政，将为大众创业、万众创新提供更优的政策，打造更佳的环境，营造更好的氛围，为浙江经济的高质量发展提供更强有力的科技支撑。”

“2018 年是杭州高新区第一次承办中国创新创业大赛互联网行业总决赛。创新创业契合杭州高新区的发展‘基因’；互联网行业契合杭州高新区大力发展的主导产业；总决赛契合杭州高新区的梦想期待。”杭州高新区党工委、滨江区委书记詹敏表示，杭州高新区非常重视创新创业人才的引进工作，对于此次参赛企业落地园区者，杭州高新区将给予最大力度的支持。

“中国创新创业大赛互联网行业总决赛一二三等奖项目落户滨江，将参照相关政策分别给予 ABC 类项目的政策支持，同时在房租补贴，创业启动资助，人才房安排、子女就学和父母养老等各方面给予全方位支持。”詹敏介绍，目前杭州高新区有1+X产业政策体系，对不同人才，不同产业，不同发展阶段企业予以尽可能精准的服务支持。“对落户园区的决赛获奖企业，杭州高新区将直接参照‘5050计划’的ABC类政策给予支持。其中，A类最高可获得1000万元研发资助、500万元创业发展资助和500万元贷款贴息。此外，还可根据情况直接获得政府基金天使投资和创业投资。”

“杭州高新区支持创新创业，也宽容失败。只要技术有价值，市场有前景，我们都愿意与企业一起努力。”詹敏说。

近年来，杭州高新区诞生了一大批互联网优势企业，如阿里巴巴、海康威视、网易杭州、华三通信、浙江中控、大华股份、恒生电子、浙大网新、安恒信息等，信息经济占园区高新技术产业83.5%。拥有高新技术企业900多家，国家重点软件企业33家。

截至2018年年底，杭州高新区在信息软件、通信设备、数字安防、物联网、电子商务、金融科技、智慧医疗和文化创意等产业集群领域优势十分明显，网络经济产业链比较完整，并在芯片半导体、人工智能、大数据等方面全面布局，实现产业数字化、数字产业化、城市数字化快速发展。

（于大勇／文）

各路英才齐聚花城　追逐生命绚丽之光

第七届中国创新创业大赛生物医药行业总决赛纪实

历时6个月，经地方赛、半决赛层层筛选，2018年11月11—15日，第七届中国创新创业大赛生物医药行业总决赛在花城广州举行。这也是中国创新创业大赛生物医药专场首次设在广州。

最终，凌科药业（杭州）有限公司和上海银诺医药技术有限公司从230余家入围全国总决赛的生物医药企业中胜出，分别获得初创组和成长组一等奖。珠海通桥医疗科技有限公司、杭州纽安津生物科技有限公司获得成长企业组二等奖；博动医学影像科技（上海）有限公司、山东艾孚特科技有限公司、山西明鼎医药科技有限公司获得成长企业组三等奖。青岛诺安百特生物技术有限公司获得初创企业组二等奖；诺一迈尔（苏州）医学科技有限公司获得初创企业组三等奖。此外，101家参赛企业荣获优秀企业奖。

层层突围　选手演绎双创“速度与激情”

据悉，2018年参加中国创新创业大赛的3万余家参赛企业中，生物医药领域企业有3667家，通过地方初赛、复赛、决赛的层层选拔，最终有230余家优秀企业挺进广州，其中，云南、上海、广东、江苏等赛区的入围企业数量居多。从参赛项目看，包括创新器械、精准医疗、基因检测、新药研发、再生医学、医药装备、体外诊断、互联网＋医疗等领域。

来自云南怒江昂可达农林生物科技开发有限公司的参赛选手金玉斌介绍，怒江昂可达是一家专门从事中药材种植、生产、加工和销售的科技型农林企业，近年来采取公司＋基地＋科研院所＋农户的模式，带动怒江当地留守妇女纷纷加入药材种植。截至目前，已解决1.2万人的临时就业问题。

浙江华医纳米生物科技有限公司首席科学家塞德来自法国，此次他随团队一同参加了大赛路演活动。他表示，大赛为企业提供了一个很好的交流平台。中国致力于成为优秀的创新国家，中国企业将外国科学家引入其企业，这对于外国高级人才和中国发展来说都是互惠互利的事情。

在此次总决赛的最终对决中，通过半决赛晋级的6家初创组企业和14家成长组企业依次上阵，面向400余名现场观众及直播平台中收看赛事的网友们进行精彩路演，并接受7位评委的现场考核。

最终对决比赛采取8＋7模式的现场答辩评选，参赛选手陈述8分钟，评委提问7分钟。经评委打分决出成长组一等奖1名、二等奖2名、三等奖3名；初创企业组一、二、三等奖各1名。

项目核心技术、市场推广、团队成员介绍，在短短8分钟的陈述时间内，参赛选手各显其才。在接下来的答辩环节中，更是轮番上演一幕幕的“速度与激情”。

“你们企业的核心竞争力在哪里？”

“项目的商业价值在哪儿?”

“这是一个非常热门的领域，全世界的药企都在做，知识产权非常重要，你所在企业在知识产权方面有什么优势?”

评委席上的7位专家，本着“赛马场上选骏马”的原则，循循善诱，其尖锐提问和犀利的点评，一针见血，直击问题要害。而参赛选手镇定自若，偶尔表现出的一点诙谐小幽默，不时赢得台下观众的阵阵掌声。

值得一提的是，获得2017年中国创新创业大赛生物医药总决赛成长企业组冠军的歌礼生物科技（杭州）有限公司董事长吴劲梓2018年再一次走进大赛生物医药专场。不同的是，此次他不再是赛场上的选手，而是总决赛评委。他说，过去一年以来，歌礼主要做了两件事：一是首个抗丙肝I类创新药成功上市；二是作为首个未盈利的生物医药公司，歌礼成功登陆香港主板。

荣获成长企业组一等奖的上海银诺医药技术有限公司主要从事糖尿病的创新药研发，该公司拥有自主知识产权的苏帕鲁肽，其作为在中国进入临床阶段的7天周期注射用降糖药，具有更高的人类同源性，其肝肾毒性和胰腺炎风险相对较低，同时具有更优的临床适用性，且有成本优势。

“我们的目标是在最短的时间内把糖尿病的创新药推上市，造福于糖尿病患者，早日终结我国此类医药长期被国外巨头药业垄断的局面。”该公司董事长兼总经理王庆华说。

凌科药业（杭州）有限公司生物部总监于冰带来了一项生物医药领域的尖端技术项目——利用泛素蛋白酶靶向降解技术挑战“不可成药”的蛋白靶点。“这种新技术可以用于传统小分子靶向技术无法作用的靶点。这一技术可以用来挑战不可成药的致癌基因，我们称之为挑战不治之症。”谈及技术前景，于冰信心十足。

来自苏州的诺一迈尔是一家致力于再生型植入性医疗器械研发与生产的民营企业。该公司在总决赛半决赛中以小组第一的成绩顺利突围，拿到了最终对决的入场券。最终，荣获初创企业组三等奖。

诺一迈尔创始人张文彩表示：“在大赛活动中和专家有了头脑风暴式的

交流，让我在创业道路上更加自信。”

在激烈比拼中，不少参赛企业都获得了创业导师邀约卡，与投资人交换名片，增加了企业的曝光度，为企业自身多渠道展示与融资对接提供了平台。

系列服务活动轮番登场　广州龙头企业现场揽才

在此次行业总决赛期间，主办方还举办了主旨演讲、大企业对接会、参观考察、广州之夜、参赛企业风采展、公益大讲堂、创业加油站等一系列活动，围绕创业企业多样化的需求和痛点问题，为与会的参赛企业带来了一场场精美绝伦的“双创”盛宴。

11 月底的广州，鲜花烂漫。广州深厚的生物医药产业根基，给全国各地远道而来的优秀企业带来新机遇。香雪制药、白云山中一药业、生物岛金域集团、生物岛展厅为参赛企业代表敞开大门，参赛企业代表深入参观走访，考察广州在生物医药方面的科技创新成果和创新创业环境。

在主旨演讲环节，中国科学院院士、香港浸会大学校长荣休，中山大学学术委员会主任陈新滋，中国银行协会首席经济学家、香港交易所首席中国经济学家、北京大学汇丰金融研究院执行院长巴曙松，澳门大学中华医药研究院生物医学博士课程统筹人万建波等行业专家、创投大咖、大企业高管等重量级嘉宾纷纷登台，从新药研发前沿的挑战与机遇、中药质量系统研究与进展、新形势下生物医药创新企业发展思考、创业投资助力生物医药产业发展、高企认定政策解读及高企培育等领域进行精彩分享。

2018 年，港交所宣布了一系列重大改革新政，尚未盈利或未有收入的生物科技公司可赴港上市，让位居粤港澳大湾区的生物医药产业集群驶入资本“快车道”。在此背景下，大赛发挥广州区位优势，导入大湾区资源，以生物医药企业赴港上市为公益大讲堂讲座内容，来自联交所市场发展科上市发行服务部专家、联交所生物科技专家顾问委员会委员、普华永道生物科技行业合伙人、越秀证券的创业讲师，从上市过程中的关注要点、香港市场债券融资业务、香港上市企业再融资业务等具体内容进行剖析和解读，为参赛企业赴港上市指点迷津，受到众多参赛企业的热捧。

大企业对接活动中，广药集团、达安基因、香雪制药、万孚生物等多家广州生物医药领域的行业龙头企业，现场发布了“技术人才招募令”，向参赛的中小微企业抛出“橄榄枝”。

为了让中小微企业更好与行业龙头企业实现精准对接，帮助小企业技术创新、大企业产业升级，大赛还设置了一对一企业对接会。

作为大企业代表的达安基因负责人认为，创业最终还是要回归商业的本质，争夺的是市场而不是比赛荣耀。而创业企业在大赛进程中，站在高处，站在显眼的地方，让风投、行业专家及大众都能够看到，也让团队从各个角度来看到团队的优势劣势正是本届大赛的应有之义。“大企业对接会在我们的资源需求与创业企业的价值之间搭建了一个顺畅交流合作的通道。本次对接会我们对接 40 多家企业，后续还会与部分企业进一步沟通。”

此外，大赛组委会还设置“创业加油站”，聚焦金融、创业投资、知识产权、企业管理咨询等多方创业服务机构，在比赛会场设置咨询展位，提供创业咨询服务，为创业者梦想加油。

“千年商都”发出热情邀约　致力打造生物医药产业发展新高地

此次广州有3家生物医药企业从3367家企业中脱颖而出，闯入中国创新创业大赛生物医药行业总决赛，成为全国进入总决赛企业最多的城市（全国共20家）。

广州市科创委党组书记弓鸿午在致辞中讲到，广州是中国三大医疗中心之一，医疗市场资源丰富，构建了从基础研究、技术研究、中试到产业化的完整产业链，形成了以广药集团、金域检验、香雪制药等为龙头，带动了一大批专、新、特、精的骨干企业集群式发展的局面，打造了以广州国际生物岛、科学城、中新广州知识城为核心区，健康医疗中心、国际健康产业城等特色园区协调发展的产业布局。

弓鸿午介绍，截至目前，广州市共组建了生物医药领域国家级工程中心（实验室）13家、专业孵化器13个、各级重点实验室153家、工程技术中心115家、企业技术中心51家、科技研发机构133个。

广州高新区是广州生物医药产业的核心区域，广州科学城、广州国际生物岛等核心平台集聚效应凸显，正在构建从基础研究、技术研究、中试到产业化的完整产业链。

广州高新区管委会副主任孙学伟表示，凡是获得一、二、三等奖的企业并落户广州高新区，将全面参照“金镶玉”、IAB系列政策给予项目政策支持，同时还会在企业房租补贴、创业配套资助、子女就学、父母养老等方面给予全方位支持。在生物医药产业政策中，对获得新药证书和生产批件或Ⅱ、Ⅲ类医疗器械注册证且在广州高新区产业化的，将给予每年对本区地方经济发展贡献的50%奖励，最高奖励5000万元。高新区内企业获得上级科技部门奖励（含中国创新创业大赛）予以配套奖励，对国家级奖励，给予100%的配套奖励，最高500万元。

“通过举办比赛，把广州高新区内原有的创新创业氛围再次推向高潮，

为园区内的生物医药企业提供了交流学习的平台，也给龙头生物医药企业带来合作机会。希望借此机会进一步扩大广州高新区生物医药重镇影响力，共同推动生物医药产业的水涨船高。”广州高新区科技创新局副局长陈伟权说。

大赛开幕式期间，粤港澳大湾区科技金融联盟、大湾区科技金融服务中心正式揭牌成立。粤港澳大湾区是新时代推动形成全面开放新格局的新举措，是提升粤港澳对全国经济发展和对外开放支撑引领作用的总抓手。粤港澳大湾区科技金融联盟主要对接粤港澳大湾区政府资源、链接金融资源、聚集科技企业资源，携手共同发展，联盟设立秘书处，秘书处由大湾区科技金融服务中心负责。在省市的支持下，大湾区科技金融服务中心定位打造成“粤港澳大湾区的一站式科技金融服务平台”，着力打造“一体系、一联盟、四平台”，即“粤港澳大湾区的一站式服务体系，粤港澳大湾区科技金融联盟，创新创业服务平台、成果转化撮合平台、投融资对接服务平台、上市并购平台”。

组建粤港澳大湾区科技金融联盟、大湾区科技金融服务中心，将有效推动粤港澳大湾区科技金融深度合作，共同营造积极有序的“双创”氛围。通过对接香港交易所资本市场，集聚粤港澳优质资源落地广州辐射湾区，形成以科技企业为主体、以细分行业龙头为特色，突出战略新兴产业、境内外上市和并购重组并举的区域产业经济发展新格局。

（李洋 / 文）

“中国好材料”聚首甬城　共享创新创业盛会

第七届中国创新创业大赛新材料行业总决赛纪实

2018 年 11 月 19—23 日，第七届中国创新创业大赛新材料行业总决赛在宁波举行。经过层层选拔，来自全国各地新材料领域的优秀创业者汇聚一堂，献上了一场精彩绝伦的巅峰对决。最终，珠海光驭科技有限公司和宁波卢米蓝新材料有限公司从 180 余家入围全国总决赛的新材料企业中脱颖而出，分获成长企业组和初创企业组一等奖。

在开幕式上，科技部火炬中心副主任盛延林表示，第七届中国创新创业大赛在提高参赛企业质量和办赛服务水平方面进行了新的探索，一是进一步突出了科技型创业，入围 6 场全国行业总决赛的成长组企业全都是全国科技型中小企业信息服务平台登记入库的科技型中小企业。二是进一步探索了大中小企业融通机制。在坚持开展大中小企业对接服务活动的同时，今年首次推出了大中小企业融通专业赛。国务院发布的《关于推动创新创业高质量发展 打造“双创”升级版的意见》明确提出，要继续扎实开展中国创新创业大赛等各类创新创业赛事活动，要发挥中国创新创业大赛平台作用，进一步集聚创新创业服务资源，对赛事活动中涌现出的优秀创新创业企业加强跟踪服务，为打造“双创”升级版贡献更大的力量。

报名数量创新高　“双创”火炬越燃越旺

据了解，第七届中国创新创业大赛新材料行业总决赛由科技部、财政部、教育部、国家网信办和全国工商联合会共同指导，宁波市政府地方承办，宁波市科技局地方协办。来自全国 36 个赛区的 180 余家企业入围本届新材料行业总决赛，300 多位知名创投、业界大咖、行业内优秀企业代表等嘉宾齐聚宁波共襄盛会。

“希望参赛企业能够在大赛平台上充分展示自身价值，向社会传递创新创业精神，展现当代中国的创新力量和企业家精神。”科技部火炬中心基金受理处副处长闫天羽说，“大赛是一个资源集聚的枢纽，是创新创业的众扶平台，希望企业能够在比赛期间找到适合自己发展的各种资源，实现快速发展。同时，大赛为同行之间的交流提供了便利条件，参赛企业间通过充分的交流，能够达成技术、市场、人才等方面的合作，实现互利共赢。”

据介绍，第七届中国创新创业大赛报名企业数量达 31 136 家，较上届增长 10.6%。其中，新材料领域共有 2290 家企业报名。从参赛地域分布来看，珠三角、长三角等地企业入围数量继续位居前列，占了总数的近 4 成。其中，广东赛区入围企业 31 家，排在首位，湖南、四川比去年有较大增长，宁波赛区共有 6 家企业入围。

同时，此次入围项目涵盖领域广、科技含量高、发展空间大，既有高精尖的前沿新型材料技术，也有贴近大众生活的新材料技术应用，代表了我国新材料技术发展趋势、未来和最具活力的创新力量。其中，先进高分子材料、新型无机非金属材料、高性能金属材料三大类别占参赛项目的 80%。不少项目涉及了环保应用材料、生物医疗材料、碳纤维石墨烯材料技术、功能陶瓷材料、半导体材料等前沿领域，还有一批项目瞄准了 5G 技术相关的新材料应用市场。

炼“真金”　原始创新被看好

经过激烈的比拼，晋级最终对决的 6 家初创企业和 12 家成长企业，依次上阵，面对 500 余名现场观众，以及中国高新区科技金融信息服务平台中收看赛事的网友们进行精彩路演，并接受 7 位评委的现场考核。经过激烈竞争，珠海光驭科技有限公司、宁波卢米蓝新材料有限公司分获成长企业组和初创企业组第一。上述两家企业均为在核心技术上进行了原始创新的企业，掌握核心专利技术。

在成长企业组比赛中，珠海光驭科技有限公司创始人田丰展示的是通过在纳米光学尺度对微球的周期阵列化排列，创造出结构色炫彩。这项新颖的世界首创核心专利技术打动了评委们，最终获得成长企业组冠军。在评委问及光驭科技的竞争对手有没有捕捉到这种技术趋势时，其创始人田丰信心满满地说，目前国内外所有的院所机构都算上，只有我们有能力做。赛后其团队成员在接受采访时表示："大赛给了我们鼓励和殊荣，我们将努力让这份荣誉转化为更大的企业价值和社会价值，为实现人们对美好生活的向往贡献力量。"

在初创企业组的最终对决比拼中，来自宁波的卢米蓝新材料成功问鼎初创企业组一等奖。该企业主要从事有机半导体材料与器件的研发、生产和销售，为有机半导体行业提供高效能的有机发光二极管（OLED）所需的核心材料与技术。该公司创始人为著名有机光电材料专家陈志宽，他和他的团队在 OLED 相关理论研究等各个关键环节经验丰富。陈志宽在接受采访时表示，一路跟随大赛走到全国总决赛的领奖台，大赛为卢米蓝新材料提供了很好的展示平台，同时也获得了与广大创业者交流、合作的机会，收获了评委专家的建议和指导，在未来，卢米蓝会让视觉更绚烂。

此外，广东盈骅新材料科技有限公司获得初创企业组二等奖，珠海鼎泰芯源晶体有限公司获得初创企业组三等奖；宁波东立创芯光电科技有限公司、韶关市欧莱高新材料有限公司获得成长企业组二等奖，深圳市先进连接科技有限公司、广东天承科技有限公司、无锡变格新材料科技有限公司获得成长企业组三等奖。同时，74 家

参赛企业荣获优秀企业奖。

赛场福利多多　打造创新创业盛会

聆听两院院士的前沿进展报告盛宴，开拓产业、行业发展思路；与海尔、陶氏、三星等国际大企业面对面，直接互诉“需与求”；听取金融、法律界专家的专题报告，给参赛者的产业化道路提个醒……大赛不仅是一个“赛场”，还是一个资源给养丰富的成长平台。

在新材料行业高峰论坛上，知名专家齐聚共话新材料行业发展新技术、新趋势。其中，中国科学院宁波材料技术与工程研究所科技委员会主任、中国工程院院士薛群基，中国科学院物理研究所研究员、中国科学院院士沈保根，科技部办公厅副主任刘育新，哈尔滨工业大学化工学院院长黄玉东，中芯集成电路（宁波）有限公司CEO黄河等分别做了题为《若干新材料的研究进展》《稀土永磁材料的研究进展》《科技创新面临的新机遇新挑战》《先进聚合物基复合材料进展》《推动新功能材料面向特种工艺半导体器件和微系统的产业化应用》的主题演讲。5位业内权威专家和创业先锋围绕新材料产业发展和技术变革等内容进行了分享和交流，对新材料产业的健康发展产生积极的推动作用。

在大企业对接会上，参赛企业与业界龙头进行频繁的互动和交流，成为本届新材料行业总决赛中一道亮丽的风景。陶氏化学、海尔、上海电气等大企业争相释放创新需求，与参赛企业进行资源对接。“家电行业的创新需求种类繁多，但海尔的创新很大一部分来源于新材料，非常期待能与参赛企业进行深度交流。”海尔开放创新平台高级资源运营总监于广义说。

中国科学院宁波材料技术与工程研究所、中国兵器科学研究院宁波分院、乌克兰国家科学院材料问题研究所中国研究中心等单位借大赛平台，向参赛企业发布全球新材料新技术，包括最先进的第五代EB-PVD技术应用于涂层、先进焊接工艺及涂层喷涂技术等，并做相关技术答疑，让新材料行业总决赛的参赛企业有了接触前沿科技的广阔平台。

而公益大讲堂则是新材料大赛中的实战分享盛宴。在公益大讲堂中，高新技术企业认定和培育、企业战略运营管理、全球新材料产业分析、专利大数据、公司上市等精彩解读和实战分享，为新材料从业者带来了强烈的知识冲击。"上一届中国创新创业大赛成长企业组中，高新技术企业占报名总数的17%，而获得优秀企业奖的占比达40%，这充分说明高新技术企业经得起大赛考验。"科技部火炬中心高新技术企业处处长郭建平解读高企认定政策时表示，高新技术企业认定的很多政策设计，其初衷都在突出创新，要培育具有创新能力的排头兵企业，提升企业管理水平和市场竞争力，促进科技成果转化。

在本届大赛新材料行业总决赛期间，新材料行业高峰论坛、大企业对接会、创新创业宁波行、新材料行业天使风暴（融资路演）、参赛企业风采展、公益大讲堂、创业加油站、2018中国（宁波）国际新材料科技与创业博览会等活动轮番上场，带来满满的"双创"福利，为参赛企业提供多元化的“双创”服务，打造新材料行业创新创业盛会。

行业大赛连续3年落户宁波　擦亮“双创”金名片

2018年，宁波在成功承办第五届、第六届中国创新创业大赛新材料行业总决赛的基础上，连续第3次承办新材料行业大赛。

作为东道主，宁波市副市长陈炳荣表示：“本届大赛不忘‘弘扬文化、服务企业’初心，牢记‘科技创新、成就大业’使命，一定能给参赛企业带来新材料领域更多的研究成果和前沿信息，为大家创造更多的双赢合作机会。”

据悉，中国创新创业大赛已成为宁波地区创新项目快速成长的“加速器”，技术与市场高效匹配的“连接器”，以及众创众扶的“摇篮”。宁波市作为独立赛区，已承办七届赛事。据统计，前七届宁波赛区共组织各类比赛、路演、培训、对接活动100余场次，累计吸引宁波2104家创业企业和团队参赛，获得融资20亿元，其中风险投资基金占3/4；宁波市天使投资引导基金作为大赛官方配套投资机构，很好地发挥了政府基金的引导作用，

对参赛项目直接投资 1.1 亿元，间接引导社会资本投资约 7 亿元。中国创新创业大赛在宁波这片土地上起到了推动创新、助力企业成长的良好效果，已经成为宁波市推进"双创"工作的一张金名片。

中国创新创业大赛新材料行业总决赛之所以连续三届在宁波举办，缘于宁波在新材料产业发展方面拥有良好的基础，形成了完善的新材料产业抚育体系。作为全国首批 7 个新材料国家高技术产业基地之一，宁波把发展新材料产业作为重中之重，提出了发展新材料产业、加快建设新材料科技城的目标，在规划引领、政策扶持、平台搭建、人才支撑等方面出实招、新招，形成了以磁性材料、高性能金属材料、合成新材料三大细分领域为重点的新材料产业基地，拥有中国科学院宁波材料技术与工程研究所等国家级创新平台，在细分领域形成了一批在全国具有垄断性的企业和独创性的产品。2017 年，宁波市新材料产业实现工业产值 1400 亿元。

"新材料行业总决赛的意义早已超越了大赛本身。在这一'国字头'舞台上，宁波小微新材料企业也能参与进来，与来自全国各地的企业交流新理念、新动向，与行业专家、专业投资人答辩交流，进一步认清自身的优势与短板，在竞争中快速发展。此外，大赛也为宁波搭建了一个展现产业风貌的平台，促进各类创新资源在甬集聚，吸引新材料领域的优秀人才来甬创业创新，对宁波新材料产业的发展有较大推动作用。"宁波市科技局相关负责人说道。

（罗晓燕 / 文）

“芯”动鹏城　创享未来

第七届中国创新创业大赛电子信息行业总决赛纪实

继成功承办第六届中国创新创业大赛电子信息行业总决赛后，2018 年 11 月 26—30 日，深圳又承办了第七届中国创新创业大赛电子信息行业总决赛，加上此前承办了一次互联网行业总决赛，深圳在 7 次中国创新创业大赛上已做了 3 次“东道主”，显示出深圳打造创新创业前沿阵地、吸引更多创新创业者、展现深圳风采的强烈欲望。

深圳市科技创新委员会副主任黄臻说道，中国创新创业大赛是激发全社会创新潜力和创新活力的有效平台，是科技成果转化的推动器。他希望通过举办这样的赛事能够为各位参赛选手提供走进深圳、认识深圳、互相交流、相互学习的机会。

深圳市宝安区副区长高志远表示，40 年来，宝安经历了城市化、工业化的进程，已经发展成为中国的产业大区、智能制造强区，形成了以战略性新兴产业为先导，电子信息行业为龙头，装备制造业为支撑，高端服务业配套齐全的现代产业体系。他表示，电子信息行业是我国重点发展的战略性新兴产业，是信息时代产业发展的基础。宝安在电子信息行业方面有良好的产业基础和完整的产业链，引进和培育了一批电子行业信息的专业人才和创新型企业。他希望更多创业英雄投身深圳，投身宝安。

芯片成大赛焦点　赋能美好生活

历时 5 天，入围全国电子信息行业总决赛的 68 家初创组企业，210 家成长组企业，通过激烈的半决赛比拼，最终 6 家初创组企业和 16 家成长组企业入围总决赛。

这22家企业在11月30日的决赛中依次上阵，面对400余名现场观众，以及直播平台中收看赛事的网友们进行精彩路演，并接受7位评委的现场考核。最终，大连达利凯普科技有限公司和真微科技（广州）有限公司从270余家入围全国总决赛的电子信息企业中胜出，分获成长组和初创组一等奖。119家参赛企业荣获优秀企业奖。

纵观此次大赛，芯片无疑是大赛的主角。在进入全国22强中的企业中，芯片创业项目几乎占据半壁江山，特别是初创企业组6强全部是芯片领域的创业者，显示出创业者打造中国“芯”的强烈决心。

用“芯”服务、用心做中国“芯”，以“芯”为翼、助推万物互联……这些用芯片创变未来的参赛企业成为此次赛事的焦点。

在大赛现场，记者看到了诸如面向医疗和物联网终端的人工智能芯片、晶圆级光芯片、智能存储芯片、固态多光谱传感器芯片、窄带物联网NB-IoT芯片、智能终端触摸屏控制芯片、人工智能DNN语音芯片等项目。

同时，还涌现了诸如海陆卫星通信网宽带系统、“鹰眼”机场FOD与LSS探测智能防卫系统、智慧墙入侵探测系统、基于机器视觉的ADAS驾驶辅助电子控制系统、远距离探测激光雷达系统、基于激光设备生产大数据的金融征信服务平台、沙盒密云架构及其数据保密、企业大数据绩效管

理和分析商务平台、基于机器视觉识别技术的智能无人零售系统等各行各业的优秀项目。

首次担任中国创新创业大赛电子信息行业总决赛评委的北京清芯华创投资管理有限公司总经理张锡盛表示，此次电子信息行业总决赛有三大特点：一是聚焦在硬科技领域的创业者非常多；二是创业团队具有较高的技术水平，大部分是海归创业，而且创始团队分工明确，队伍结构较完整；三是芯片创业企业越来越受到社会的重视，评委们打分都比较高。

“你们的商业模式是什么？”

“这个市场的份额有多大？目前你们占据多少？”

“你们的创始团队在海外是专职还是兼职？”

“你们专注的这个市场很大，如何切入市场，找到客户的痛点，获得客户的认可？”

……

评委们犀利的提问直接切中参赛企业的核心，也解答了未来市场关心的重点。8分钟的介绍和7分钟的评委提问环节让现场观众大开眼界，也让观众更加期待国产芯片的明天。

近年来，电子信息在移动通信、智能探测、辅助驾驶、数据安全、数据分析、无人零售等方面发挥着重要支撑作用，这些拥有自主知识产权的产品将为人们的生产生活提供更多安全、可控、便捷的服务。

中国“芯”故事轮番上演

“创业不易，在中国做芯片更加不易。”此次大赛唯一的女选手、美国斯坦福大学归国的女博士、江苏集萃智能传感技术研究所有限公司联合创始人曹笈是第一个登台的选手，她希望自己的产品胜过“洋货”，也希望自己“巾帼不让须眉”。

曹笈的演讲拉开了第七届中国创新创业大赛电子行业总决赛最终对决的大幕，也让更多听众听到了这些海归创业者用中国心讲述中国“芯”的故事。

在初创企业的决赛比拼中，来自广州的真微科技是由中山大学集成电路博士研究团队创建的人工智能科技公司，他们专注于向移动通信设备、物联网终端、移动穿戴医疗领域提供包含算法、芯片和系统的完整嵌入式人工智能解决方案。该团队研发的技术在同业中具有竞争优势和技术壁垒。

真微科技 CEO 陈小柏告诉记者，他们的技术侧重在降低芯片的功耗，用以提高移动终端设备处理人工智能任务的续航能力，通过芯片架构创新和优化底层电路电压这两种方式可显著降低芯片的计算功耗。

在获得初创企业组一等奖后，陈小柏接受了记者的专访。他表示，与导师回国创业虽然付出了青春和汗水，也忍受了很多质疑，但现在还是很欣慰。

“我们的研发方向经受住了市场考验，获得了投资者、市场的认可，这是对我们团队最大的认可。这几年来，我每天都只休息 6 个小时，生怕技术会落后。”陈小柏坦言，能获得初创企业组一等奖绝对是一个意外，也是对真微科技莫大的鼓舞，希望带着这份惊喜回到公司中，再接再厉，让自身技术将来能应用在移动终端设备中，增强移动终端的 AI 计算能力。

“我在电子信息行业从业已有 5 年时间。这个行业是一个技术驱动型产业，创业团队必须要有一定的技术沉淀和较强的创新能力，迎合市场的技术创新才是有价值的创新。”陈小柏说。

在成长企业组的较量中，来自大连的达利凯普从人工智能芯片科技企业的重重包围下成功登顶，荣获成长企业组一等奖的殊荣。该公司运营总监杨国兴说，他们是一家专业从事电容器研发、制造和销售的全球一流的射频／微波陶瓷电容器制造商，致力于向客户提供高性能、高可靠的产品，其研发的高Q值、微波／射频多层瓷介电容器在各领域的应用处于全球领先地位，与众多世界知名公司建立了深度合作关系。

“电子元器件虽小，却是生产电子产品的重要基础。作为我国陶瓷电容器行业重点骨干企业，达利凯普一直秉承‘重研发、重质量’的经营理念，‘简单、纯粹、高效’的管理理念，以成为世界一流高端电子元件供应商为目标。”杨国兴说。

“未来，我们的产品不仅要满足军方需求，还要扩大民用市场份额，努力践行国家提出的军民融合道路。”杨国兴说。

“达利凯普的技术处于世界高端，顺应时代潮流，还能专注于一个广阔的市场，且无法被模仿，获得第一实至名归。”评委张锡盛认为。

创客之都展现新风采

2018年是我国改革开放40周年。深圳是我国改革开放最精华的浓缩、最有力的见证和最大的受益者。科技部火炬中心基金受理处处长安磊表示，在深圳的诸多城市名片中，“创客之都”是最为响亮的名片之一，在举国上下总结纪念改革开放40年的时刻，此次电子信息行业总决赛在深圳举行，也具有重要意义和时代特征。大赛会同深圳有关方面，为来自全国各地的电子信息创业精英奉献一场精彩绝伦的创新创业盛宴，以此向改革开放的巨大成就、向深圳发展的巨大成就致敬。

黄臻表示，电子信息行业总决赛与深圳的产业发展特点和优势非常契合，希望此次赛事能够为各位参赛选手提供走进深圳、认识深圳、互相交流、相互学习的机会。

为了向改革开放献礼，此次电子信息行业总决赛期间还举行了改革开放40周年深圳创新创业分享会。南方科技大学教授乐正分享了深圳的创新历程，深圳市汇川技术股份有限公司董事长朱兴明、深圳市奋达科技股份有限公司董事长肖奋作为改革开放后崛起的优秀企业家代表，为参赛企业分享了他们关于创新创业的思考和经验。

乐正表示，深圳在改革开放早期最大的成功有三方面：一是营造了优良的市场营商环境，一直到今天仍是深圳的核心竞争力；二是培育了健全的市场要素，如土地市场、资本市场、人才市场、技术市场，以及知识产权的保护措施等全面的配套体系；三是培育了一批优秀市场主体，一些民营高科技企业在这里破土而出、茁壮成长。

"38 年间，深圳的产业结构通过多次转型，几乎不到十年就完成一次重大产业升级，从工业制造产业链的最低端，迅速走到了数字革命时代的最前端。在早期，深圳主要搞工艺性创新，一直到目前走到了高科技研发的前端。在 3G 时代，深圳很多企业搞出了'山寨'产品，但到了 4G 时代，'山寨'产品全没了，都是自主品牌和国际品牌在同台竞争。在 2019 年，即将开始 5G 时代的竞争，深圳企业已经抢占技术专利的制高点，将来要和世界顶级企业一较高下。"乐正表示。

朱兴明认为，创新的能力是创业的前提，创新是这个时代对创业者的基本要求。创新创业就是要试错，一定要设置好自己的容错机制，就算在创新创业过程中"栽跟头"，还能保持继续前行。

“企业管理一定要有护城河思维。创业者的心中一定要有自己的城，特别是切入市场的点找好后，要马上修建自己心中的城，并开始护城河式的管理。”朱兴明表示，创业企业最容易出问题的是被自己打败。企业的护城河，如股权结构、员工激励等都要逐步开始建立。很多人可以共苦，但不能同甘，其原因就在于创业过程中忘记了护城河的建立。创业企业100%是被自己打败的，没有一个是被竞争对手打败，因为竞争对手从来没空关注你。

肖奋表示，创业就是带着渴望选择了一条不归路。选择创业，就意味着冒险、坚持、责任、担当、创新，要为国家、社会、人民创造价值，要把客户、消费者、利益相关方装在心里，与祖国同频共振才是最大的商道。“希望参赛企业永葆一颗纯粹的心，只要足够真诚，一定会在创业路上开疆辟土，取得成功。”

创业导师的分享让台下观众大呼过瘾。台下许多观众踊跃提问，希望倾听到创业导师对其更多的指导。本来10分钟的提问时间整整拖延了近一倍。会后，众多观众拥到台上与创业导师交流，丝毫不顾及晚餐时间已到。

此外，此次电子信息行业总决赛期间，还组织了创赛训练营、龙头企业参观考察、大企业对接会、电子信息产业配套能力展、电子信息产业配套能力对接、创新创业服务地图现场服务、创业英雄汇等丰富多彩的活动，为促进“双创”上水平搭建全国性舞台。

此次电子信息行业总决赛也是2018年中国创新创业大赛6场行业总决赛的最后一场，为第七届中国创新创业大赛的全面收官画上了圆满句号。一整年的赛事安排，为社会各界呈现我国科技创新的无限潜力。大赛开启了全新的“双创”升级之路，为我国科技创新创业打造更加强劲的助推引擎，营造出更加优良的生态环境。

（戈清平／文）

创业精英相约西子湖畔
掀起最强“双创”头脑风暴

第七届中国创新创业大赛浙江赛区暨第五届浙江“火炬杯”创新创业大赛总决赛纪实

2018 年 9 月 2 日，第七届中国创新创业大赛浙江赛区暨第五届浙江“火炬杯”创新创业大赛总决赛在杭州举行。从上千个参赛选手中脱颖而出的 21 位“双创”精英汇聚于此，上演火爆的年度“双创”盛宴。经过紧张激烈的角逐，杭州纽安津生物科技有限公司、杭州缦图摄影有限公司获得成长企业组第一名，浙江超容新能源科技有限公司获得初创企业组第一名。

“中国创新创业大赛是我国最高规格的创新创业赛事，旨在搭建为创新创业服务的公共平台，支持科技型中小企业创新发展，推进大众创业、万众创新。”科技部火炬中心基金受理处处长安磊在致辞时表示，浙江赛区是大赛的重要组成部分，连续几年报名企业及获奖企业节节攀升，充分展现了浙江活跃的创新创业氛围和较高的创新创业水平。

浙江省科技厅副厅长章一文在致辞时表示，大赛是一个赛场，而浙江更是创新创业的赛场。大赛致力于为创业者搭建集中展示的舞台，提供多元服务的平台及交流共勉的场所，聚合政府部门、金融界和创业服务机构等多方资源，集中力量助力创新创业者。希望创业者们借助大赛舞台，努力耕耘创业梦想，结出丰硕果实。

决赛上演终极对决　黑科技频频亮相

浙江赛区总决赛赛场上可谓是高手云集，浙江创业者满怀顽强拼搏、永不言弃的创新创业精神，用激情与汗水，铸就创新创业的灿烂辉煌。

参赛选手中，既有“千人计划”获得者、海归创业者，也有草根企业家；参赛项目中，既有实现量子通信关键技术的超导纳米线单光子探测项目，也有用于储能器件、储能装置和新能源汽车等方向的石墨烯超级电容项目，既有造福盲人的盲人视觉辅助眼镜项目，也有涉及专利药问题的“现实版药神”——掌握了近百项国际发明专利的生物医药企业。一大批关注民生、高端前沿的项目陆续登场，共同上演了总决赛的巅峰对决，他们无不代表着中国创新创业的中坚力量。

在浙江赛区总决赛上，用于无人驾驶的激光雷达项目、用于新能源汽车的燃料电池质子交换膜项目、可实现量子通信关键技术的超导纳米线单光子探测项目、造福盲人的盲人视觉辅助眼镜项目、“现实版药神”基于肿瘤新生抗原的全新一代免疫疗法项目……比赛现场异常激烈、精彩纷呈，各种黑科技频频亮相，让台下观众惊艳。

虽然比赛现场火药味很浓，但选手们都是自信满满、激情四射。杭州纽安津生物科技有限公司副总经理莫凡在舞台上自信地表示，公司专注于为患者及临床医生提供新一代“肿瘤精准免疫治疗”技术，致力于通过领先的人工智能分析技术筛选肿瘤细胞的新生抗原，开发以新生抗原为靶标的新型肿瘤免疫治疗方法，未来一支肿瘤治疗药物只需要几千元。“电影《我不是药神》中所讲述的故事未来在中国将不再上演。”

“我们的理念是‘生活需要仪式感’。我们用专业的摄影技术和人性化的服务，为顾客拍摄一张精致照片。”路演中，杭州缦图摄影有限公司 CEO 黄逸涵表示，该公司的海马体照相馆坚持迎合年轻人喜好，用科技诠释人文，让世界美起来。

经过激烈角逐，最终，浙江超容新能源科技有限公司摘得初创企业组第一名，杭州纽安津生物科技有限公司、杭州缦图摄影有限公司获得成长组第一名。此外，杭州视氪科技有限公司、浙江臻泰能源科技有限公司、精功（绍兴）复合材料有限公司获得成长企业组二等奖，杭州有云科技有限公司、普济生物科技（台州）有限公司、浙江维克机械科技有限公司、浙江东大环境工程有限公司、杭州天铂红外光电技术有限公司、浙江博聚新材料有限公司、杭州大千影视文化有限公司、浙江凡聚科技有限公司获得成长企业组三等奖；杭州爱莱达科技有限公司、浙江赋同科技有限公司获得初创企业组二等奖，凌科药业（杭州）有限公司、杭州手滑科技有限公司、浙江汉丞新能源有限公司、九章算法（杭州）科技有限公司获得初创企业组三等奖。

比赛不仅是同台比拼，更是思想交流和智慧碰撞。

浙江赛区总决赛还邀请由蚂蚁金服战略客户服务事业部总经理王博、深圳同创伟业资产管理股份有限公司合伙人丁宝玉、浙江赛伯乐投资管理有限公司总裁陈斌、浙江浙科投资管理有限公司董事长顾斌、浙江如山汇金资本管理有限公司董事长王涌、杭州巨星科技股份有限公司副总裁周思远、浦发银行科技金融中心副处长宓彦7位大咖组成首席评委，20位来自省内外知名创投机构、银行、券商负责人组成的专业评审团，从项目可行性、商业模式等多方面指导、点评企业，为创业者们提供创业指导。

搭建服务平台　掀起“双创”热潮

大赛宣讲活动、行业主题论坛和参观考察活动、创赛训练营活动、投融资对接活动……第七届中国创新创业大赛浙江赛区暨第五届浙江省“火炬杯”创新创业大赛通过举办一系列富有特色的“双创”活动，让大赛不仅仅是单纯的创新创业赛事活动，更已发展成为一个服务企业、服务创新创业的平台，成为一个弘扬创新创业文化的平台。

比如，大赛宣讲活动，组建了由大赛组委会、往届获奖企业、参与过往届大赛的投资机构等组成的大赛宣讲团，选择余杭海创园、高新区海创园、梦想小镇、浙江大学科技园等海归创业、大学生创业集聚区开展大赛宣讲，并赴浙江省高新区、大学科技园、孵化器等重点区域巡回宣传和培训。

创赛训练营活动则邀请浙江省内知名企业家担纲创业导师，参赛企业自愿报名并按行业领域进行小班制创业培训，组织相应的导师分享会、专题讨论会、行业沙龙、走进导师企业等活动。

值得一提的是，投融资对接活动成为本届大赛的“热点”。据了解，大赛邀请310名省内外知名投融资机构高管作为首席评委及专业评委服务大赛，252家投融资机构的投资经理在现场与参赛企业直接举牌和对接。据初步统计，210家晋级7个行业决赛的企业中，已获得股权投资的有69家，投资额16.97亿元，通过大赛提出股权投资的有163家，投资需求额达51.39亿元，提出银行贷款的有109家，贷款需求额20.89亿元。大赛开始以来，投资机构有投资意向并正在洽谈的参赛企业有100多家，招商银行、南京银行和浦发银行等银行明确承诺，在所有参加行业决赛的210家企业中将有一半以上的企业可提供信用贷款。

为掀起浙江省创新创业新高潮，浙江赛区设置生物医药、电子信息、互联网、先进制造、新材料、新能源及节能环保6个行业赛和文化创意行业1个独立赛，分别在桐庐富春山健康城、嘉善通信电子高新区、湖州莫干山高新区、台州高新区、衢州高新区、诸暨经济开发区、拱墅区科技工业功能区七大各具特色的高新园区（特色小镇）举行行业总决赛，遍及省内半数以上城市。通过行业总决赛，让创业者、资本走进园区（小镇），对接园区（小镇），并与当地的“双创”活动相结合，既实现产业、资本与园区（小镇）的对接，又为园区（小镇）提供宣传、展示的平台，在浙江省各地不断兴起创新创业新高潮。其效果受到园区（小镇）的高度评价，各园区（小镇）纷纷要求明年能承办更多场行业总决赛，可以与更多的大赛企业进行交流和互动。

同时，大赛组委会与浙江省市县区合作，与区县的人才引进计划等相结合，举办了多场精彩的比赛。例如，与拱墅区政府联合举办“旭日计划2.0”项目选拔大赛；与江干区共同承办“钱塘之星”2018（第三届）创新创业大赛；承办青山湖科技城高层次人才创新创业大赛等。大赛的示范效应不断显现，以杭州为中心，逐步向各地市县区拓展和渗透，在浙江省各地不断兴起创新创业新高潮。

浙江火炬生产力促进中心相关负责人表示，大赛以深入贯彻落实创新驱动发展战略和深化科技体制改革为宗旨，采用政府引导、公益支持、市场化运行的机制，正逐渐成为浙江省推进大众创业、万众创新，补齐科技创新“第一短板”的强有力抓手和良好机制，成为浙江省最大的众创空间和最强的众扶平台，助力浙江打造成全球创业创新的新高地，为浙江经济发展铸就新篇章提供新的动能。

报名数量屡创新高　浙江“双创”环境日益优越

本届大赛浙江赛区的参赛项目行业涉及互联网、电子信息、生物医药、先进制造、新能源及节能环保、新材料及文化创意七大领域，参赛的项目中有的结合了当地的发展特色，有的和浙江省重要政策发力点相呼应，各地市的创客们拿出多年的研究心血，在创新创业的最高舞台上展现自己的创新成果。

据了解，大赛自 2018 年 4 月底启动，历时 4 个多月，吸引了 1707 家企业踊跃报名，再创新高。而随着大赛的影响力不断扩大，品牌效应逐渐显现。在初赛、复赛阶段，各地市积极组织推广。从优秀的参赛项目到专业的评委审核，各地市创客们充分准备、积极参赛，比赛的水平、质量均达到了新高度。

浙江火炬生产力促进中心相关负责人表示，浙江省自 2013 年作为独立赛区承办中国创新创业大赛以来，无论是参赛企业数还是参赛企业的质量，以及赛事的组织方式均走在全国前列。与往年相比，本届大赛参赛项目中的海外归国留学人员创办企业明显增加。同时，大赛有传承更有创新，尤其是体现在对创新创业的支持力度上，发掘优秀的创新创业项目，打造“双创”升级版。大赛首次为初创企业组颁发奖金，大赛总奖金额度也提升了 470 万元，达到了 1670 万元的规模。

同时，本届大赛更是将各行业总决赛安排在各地市举办，七大行业决赛分别花落台州、德清、诸暨、桐庐、嘉善、衢州、杭州拱墅区，积极营造整个社会鼓励创新、支持创业的氛围，凸显对创新创业精神的重视。

大众创业，万众创新。近年来，杭州瞄准移动互联网、集成电路、人工智能、生命科学等先进技术，聚焦未来网络、云计算和大数据、物联网等未来产业，搭建平台，出台政策，筑巢引凤，高端要素纷至沓来。

作为本届大赛总决赛承办地——杭州市西湖区便是这样一方宝地。

近年来，西湖区紧紧围绕打造全面小康、全域美丽、全民幸福的首善之区目标，大力推进之江新城、紫金港科技城等重点产业平台，重点打造了云栖小镇、龙坞茶镇、西溪谷互联网金融小镇等多个特色小镇，逐步形成“2+X”空间布局，培育了云计算、互联网金融、文创等特色优势产业。同时，西湖区拥有浙江大学、中国美术学院、浙江西湖高等研究院等一批大院名所，集聚各类创新创业人才 38 万余名，具有独特的区位优势和丰富的资源禀赋。

西湖区创新创业氛围浓厚，“双创”活力持续迸发，其中融资项目数量占杭州市的 27%，创业活动数量占杭州市的 33.6%，居杭州市第一位。拥有 12 家“独角兽”企业及 41 家“准独角兽”企业，企业数量和估值全市第一。此外，西湖区还是全国首批国家知识产权强县工程示范区，发明专利创造量已经连续 12 年列浙江省第一位。

杭州市西湖区委常委、区长叶泽表示，西湖区是创新创业最活跃的区域之一，是创业投资关注的胜地，是创业者圆梦的福地。“我们有能力、有信心为企业提供一流的服务和环境，让大家创新有条件、创业有舞台，努力把西湖区打造成创新创业的‘首善之区’！欢迎大家来西湖区，与我们一起创新创业、共谋新篇。”

（叶伟 / 文）

创新力量汇聚上海滩
打造“双创”生态升级版

第七届中国创新创业大赛（上海赛区）纪实

上海滩正在新时代里通过创新创业大赛吸引着越来越多的创业“英雄”。

作为中国创新创业大赛的重要组成部分，第七届中国创新创业大赛（上海赛区），也称 2018“创业在上海”国际创新创业大赛，从 2018 年 1 月 25 日开始，8 月落幕。在历时 7 个多月的时间里，大赛设立了 16 个赛区，联动了 69 家分赛点、279 家金融投资机构、100 多家创业服务机构、1578 人次的评审专家，吸引了 7742 个项目参与角逐。举办了各类创业活动 420 场；邀请了 167 家科技创业服务机构驻场为企业提供服务，服务企业达 3900 余次，活动参与人数达 1.3 万余人。通过与上海市创新资金对接，共为 1751 家科技型中小企业及 184 个团队提供了近 3.7 亿元财政资金支持；

通过与上海市科技小巨人工程对接，180家企业获得立项支持。大赛共遴选出198家企业代表上海参加中国创新创业大赛各个行业总决赛。

2018“创业在上海”国际创新创业大赛继续对标“全球视野、国际标准”，以“开放、融合、提升”为理念，以各区为重要承接主体，以汇聚上海市、全国乃至全球的优质创新创业资源为着力点，为来自世界各地的创新创业者打造实现梦想的舞台，体现出上海作为国际化大都市的文化基因。

上海希望通过举办各类专题赛事活动，积极为创新创业者提供全方位服务，激发全社会创新创业热情，推动创新创业快速发展，为促进高质量发展、推动大众创业万众创新提供有力支撑。

分设16个赛区　呈现四大特点

据了解，2018“创业在上海”国际创新创业大赛由上海市科委牵头，会同上海市委组织部、发展改革委、经信委、教委、人社局、团市委、工商联、张江高新区管委会等部委联合主办。由上海市科技创业中心、各区科技主管部门承办，负责制定分赛区实施方案，征集分赛点、组织企业报名及尽职调查等；累计征集69家众创空间、孵化器等作为本届大赛赛事举办的分赛点，负责具体赛事举行、组织路演等。同时，本届大赛还邀请到浦发银行上海分行等金融机构为参赛企业提供金融对接、创业顾问等服务，华东科技传媒、上海科技创新创业新媒体联盟等科技媒体为大赛提供宣传服务，组织了1578人次的创投和技术专家参与项目评选。

在赛事安排上，2018“创业在上海”国际创新创业大赛分为常规赛和专题赛两大部分。

常规赛与中国创新创业大赛进行对接，与上海市创业苗圃、科技型中小企业技术创新资金计划对接，充分发挥各区资源优势，由上海市16个区科委负责组织落实，动员了69家众创空间、孵化器积极参与，按照参赛主体分为小微企业组、成长企业组和团队组3类，累计吸引了7742家小微企业和团队积极参与。

专题赛则在继续做大做强“国际赛”、做精做深“科技服务业专题赛”的同时，积极深化国内外协同，进一步拓展了沪港台创新创业交流合作，新增了沪台、沪港创业专题赛，从而进一步促进港台创业交流，搭建两岸创新创业交流平台。

通过新增人工智能、汽车智能化、航空航天等细分领域专题赛，上海赛区让参赛者更有针对性地参与赛事，激励参赛者挑战中高端市场，支撑产业转型升级，实现创新引领。共吸引近500家企业参与到专题赛中，专题赛事影响力日益增强。

2018“创业在上海”国际创新创业大赛呈现四大特点。

一是大赛报名热情持续高涨。2018年小微企业组成功报名提交6520项，比2017年增长4.3%，参赛数量再创新高。其中，符合国赛报名要求的达5820家，国赛报名企业数量依然占据全国首位，占全国报名总数近1/5。报名企业数量的不断上升充分显示出“创业在上海”强烈的热度和良好的氛围。

二是品牌辐射效益持续扩大。自2017年大赛更名为“创业在上海”国际创新创业大赛以来，全新升级后的“创业在上海”更加具有全球视野与品牌影响力。2018年大赛继续设置“国际赛”，共吸引121家优秀企业参与，且超半数集中在电子信息、互联网和移动互联网等新兴技术领域。此外，今年设立的沪台、沪港创业专题赛，人工智能专题赛等新赛场，均成为大赛的新焦点，为推动上海与各地创业交流及创新发展提供新动能。大赛在坚持以“开放、融合、提升”为理念的基础上，通过整合利用全市国际化创业服务机构的渠道资源，真正展现了“创赛品牌走出去，优秀企业引进来”的品牌辐射力度。

三是新锐科技领域不断涌现。在2018年大赛的参赛项目中，当前热门的物联网、人工智能等技术领域继续保持增长态势，分别由2017年的134项和160项，增加至174项和220项。而2018年的现象级技术——区块链，也在赛场上呈现爆发式增长，项目数是2017年的4.5倍。此外，脑机接口、外骨骼等最新前沿技术则在本届大赛中首次亮相，越来越多的新锐科技领域正不断涌现在创赛的大舞台上。

四是企业“双创”能力日益增强。2018“创业在上海”国际创新创业大赛继续以科技型企业为主力军，其中国家高新技术企业779家，比2017年增长33.8%。参赛企业平均拥有自主知识产权4.22项（2017年为3.40项），平均拥有发明专利0.65项（2017年为0.55项），93.9%的技术来源于企业自主研发，较2017年增加1.7%，参赛企业自主创新能力日益提升。所有参赛企业核心团队中，半数以上成员属于拥有二次创业经验的“创业老兵”。在创赛的持续引导下，加入到创新创业浪潮中的“双创”群体创新能力达到新的高度。

特色服务活动增多　优秀企业不断涌现

2018年是上海第7次举办中国创新创业大赛（上海赛区），在总结前几届大赛成功经验的基础上，组委会还特意安排了多项特色服务活动，让更多优秀企业能够在赛场上比出高度，也能体会到赛场上的温度。

首先是服务理念的升级，新增反馈渠道。大赛的培训服务依然贯穿赛事前中后期，延续对于创业者的全面帮助与扶持，实现“赛事虽已结束，服务永不落幕”的大赛全服务平台。同时大赛提出“尊重创业者”理念，通过无纸化申报、简化赛事流程等形式让创业者们更加专注地投入赛事准备中。

此外，不同于往年评委给企业打分的单向机制，大赛实行了多向打分机制，并设置“我要吐槽”环节，进一步增加参赛企业与创赛之间的“双向”交流，从而助力主办方发现赛事举办中的不足，查缺补漏，将赛事更好地做大做强。

其次是聚集了众多“双创”资源，让窗口效益集中显现。2018 年，上海市 69 家众创空间及企业孵化机构作为大赛分赛点，平均每家分赛点聚集参赛企业 94.5 家，比 2017 年增加 14.3 家。参赛企业高密度地聚集，也为各路创业英雄提供了更为广阔与便捷的交流平台。另外，大赛各分赛点共邀请了 167 家科技创业服务机构，服务内容涵盖投融资对接、知识产权服务、研发设计外包、财务、法律、人力资源等各个方面，共服务参赛企业 3900 余次。其中投融资服务机构数量最多，共计 49 家，覆盖了 3/4 的分赛点，为企业最急切的融资需求提供了重要的对接平台。围绕企业的多样化需求和热点问题，大赛聚集了金融、投资、知识产权、企业服务、法律援助及股改上市等多种优质资源，使大赛成为上海市科技型中小企业获得优质资源服务的重要窗口。

除了搭建好赛场外，上海还为参赛选手举办了众多线下活动。共举办了各类线下活动 420 场，同比 2017 年增长 20% 以上，其中创业辅导类线下课程最多，共计 132 场。其次是政策宣传及专业服务，分别是 90 场和 72 场。各类活动累计吸引 9600 余人次参加。通过 8 分钟路演培训、商业计划书撰写培训及近年来优胜企业经验分享等形式各异、内容丰富的辅导和培训活动，进一步提升了参赛企业的综合素质和能力。

此外，大赛在赛后为优胜企业专设了 58 场企业管理能力、大企业资源对接、“未来之星 · 导师面对面”、“未来之星 · 创始人培训计划”等相关活动。创赛以“创业辅导 + 能力提升”的方式帮助企业快速成长，为创业者搭建了一所优质的“创业大学”。

在组委会精心的安排组织下，大赛涌现众多高质量的选手和项目。

在生物医药领域，涌现了上海银诺医药技术有限公司、博动医学影像科技（上海）有限公司等代表性企业。其中，银诺医药获得了第七届中国创新创业大赛生物医药行业总决赛成长组一等奖，博动医学获得成长组三等奖。

在先进制造领域，上海昂腾技术有限公司和上海大界机器人科技有限公司在第七届中国创新创业大赛先进制造行业总决赛分获三等奖和优秀奖。

在新材料领域，涌现了上海全鹰智能科技有限公司、上海云同纳米材料科技有限公司两家企业，它们均获得第七届中国创新创业大赛新材料行业总决赛优秀奖。

打响“创业在上海”品牌　彰显上海在全球的显示度

在国家“双创”及上海建设具有全球影响力的科创中心战略背景下，“创业在上海”国际创新创业大赛的作用日趋明显，上海市创新创业环境整体有较大提升。“下一步大赛将在总结以往办赛经验的基础上，继续做好做深本市创业服务工作，将‘创业在上海’真正打造成具有国际影响力的创业大赛品牌。”大赛组委会相关负责人表示，将从 3 个方面着重提升。

一是完善赛事服务体系，着力提升大赛品牌影响力。

大赛将在总结往年创赛服务经验的基础上，打造“创业课堂”“创孵学院”“梦想沙龙”和“未来之星”四大品牌，从“赛前—赛中—赛后”为参赛企业免费提供赛事培训、政策培训、科技金融、专业技术和企业能力提升等专业服务内容，进一步增强参赛企业的创新能力，提升科技人才水平，强化企业内容管理体制机制建设，并在资金、市场和技术等方面给予企业必要的帮助。

一方面，承办专题赛的专业机构对参赛企业或团队提供专业化的支持和特色服务，助力参赛者在企业发展道路上走得更稳、更远；另一方面，大赛还将做好官网、官微信息化建设，完善模块内容和功能，做好支持企业的持续跟踪服务，定期反馈跟踪情况，助推企业不断创新成长。合作对接中国创新创业大赛及其他社会机构承办的赛事活动，增强“创业在上海”赛

事的影响力。

二是增强政策协同性，着力培育本土创新引擎的龙头企业。

针对企业成长的不同阶段，今后大赛将继续加强创新资金与其他政策的融合度，构建“科技创业团队—初创期科技型企业—高新技术培育企业—高新技术企业—科技小巨人（含培育）企业—卓越创新企业”的科技企业培育链。协同众创空间，用好科技创新券，提高创业团队孵化成功率。结合大赛报名企业数量快速增长的实际情况，进一步增加创新资金的支持力度，为高企认定、科技小巨人工程培育充足的“种苗”。将大赛作为培育体系第一站，打造一批国内外细分行业的“隐形冠军”。

三是宣传形式多元化，着力构建创新创业国际资源网络。

为提高品牌影响力，下一步大赛将继续提高“创业在上海”品牌宣传力度，将主流媒体与新媒体相结合，打造多元化赛事宣传渠道，通过“创业朋友圈”“创业钻石屋”“创业故事汇”“创业交享乐”四大品牌宣传活动，进一步提升“创业在上海”品牌宣传力度，让更多创业者能够来到这个大舞台。

通过完善科技金融服务体系，发挥社会资本的作用，形成覆盖债权融资、股权融资等的全面服务内容。鼓励有基础、有条件的区域围绕优势产业领域，市区联动开展“创新创业集聚区”建设试点，打造产业特点清晰、创新资源丰富、技术支撑有力、孵化服务完善、生活配套齐全的创新区域空间。进一步发挥上海国际化优势，引导和鼓励本市科技企业、众创空间、科技服务机构“走出去”“引进来”，加强国际交流合作，共享创新创业国际网络，集聚国际科技创新资源，提升上海在全球创业生态系统中的显示度。

（戈清平／文）

奏响时代最强音　海南演绎“双创”新风采

第七届中国创新创业大赛（海南赛区）暨2018年海南省第四届“科创杯”创新创业大赛纪实

2018年6—8月，以“自贸双创引领未来”为主题的第七届中国创新创业大赛（海南赛区）暨2018年海南省第四届“科创杯”创新创业大赛在海南省掀起了新一轮“双创”热潮。

参赛企业品质创新高

2018年8月12日，第七届中国创新创业大赛（海南赛区）暨海南省第四届“科创杯”创新创业大赛总决赛圆满收官，经过4轮培训、3轮路演，12个创新创业项目从30个决赛项目中脱颖而出。其中，海南吉客优创文化发展有限公司等6家企业位列初创企业组前三名，长桑医疗（海南）有限公司等6家企业位列成长企业组前三名。

长桑医疗作为高新技术企业，致力于研制国际前沿的创新型、可穿戴移动医疗设备，将为海南医疗产业的加快发展注入一针强心剂。吉客优创以海南岛作为创作背景，融入了海南的旅游、文化、物产等元素，将12种不同的热带水果通过拟人化动漫化，充分展现了海南的本土文化，彰显了国际旅游岛的文创新势力。

据了解，第七届中国创新创业大赛（海南赛区）暨2018年海南省第四届“科创杯”创新创业大赛得到了海南省乃至国内创新创业者的热烈响应和踊跃参与，共计收到458家企业报名，最终成功报名企业429家，比2017年增加了80余家，同比增长超过24%，在成功报名企业总数上创历史新高。与此同时，参赛项目涵盖电子信息、新材料、新能源及节能环保、

生物医药、先进制造、互联网等行业，通过严格审查，进入初赛的企业有428家，经过层层选拔，64个项目晋级复赛，30个项目晋级决赛。相比2017年，2018年参赛项目面对的竞争更加激烈，项目亮点频现，平台效应日益凸显，质量逐年提升，使海南省的“双创”热情指数上升了7个多点，推动“双创”工作水平显著提高，再次成为海南省大众创业、万众创新的亮点和焦点。

总决赛采用中国创新创业大赛行业总决赛的标准，从初赛和复赛的5+5（5分钟陈述，5分钟答辩）模式改成8+7（8分钟陈述，7分钟答辩）路演模式。一方面，让选手能够更加全面地展示参赛项目；另一方面，也让选手提前适应中国创新创业大赛的比赛模式，为进军中国创新创业大赛行业总决赛打好基础。评审团由10名专业评委、10名媒体评委和50名大众评委组成，专业评委、媒体评委和大众评委现场打分，现场公布分数。选手最后得分按专业评委平均分（满分90分）、媒体评委评分（满分5分，每位媒体评委的打分范围为0.1～0.5分）与大众评委评分（满分5分，每位大众评委的评分为0.1分或0分）的总和。其中，大众评委由海南省各市县科技管理部门、各科技园区、科技企业孵化器、众创空间、大赛各组织单位、创新创业类协会代表共计50人组成。

据了解，作为海南省内规模最大、最具影响力，也是全国唯一以省政府名义主办的创新创业大赛，自2015年以来，海南省已连续成功举办三届“科创杯”创新创业大赛。此次大赛于2018年6—8月举行，分为报名、资格审查、初赛、复赛、决赛及全国总决赛6个阶段。

四大特点彰显海南“双创”新风采

在点评此次大赛时，海南省科技厅相关负责人用“超规格”“高热度”“领创新”“精组织”4 个词来形容。

“作为全国唯一以省政府名义主办的‘双创’大赛，第七届中国创新创业大赛（海南赛区）暨海南省第四届‘科创杯’创新创业大赛由 2017 年的 10 家省直属部门承办增加到了 18 家。60 家协办单位更是由海南各大高校、各大创业园区等各界社会资源组成，阵容空前强大。本届科创杯可以说整合了全省资源，将‘科创杯’的规格推向了历史新高，充分显示了‘超规格’。”该负责人说。

“第二个是‘高热度’。本届大赛在中央支持海南建设自由贸易区和自由贸易港的背景下，各企业、高校参赛热情空前高涨。大赛企业报名数同比增长超过 24%，成功报名企业总数也是创历史新高。”该负责人表示，“参赛选手对此次大赛的重视程度也非常高，积极参加培训，虚心接受评委导师的指导，在比赛中发挥出科技创新该有的‘较真精神’，形成了你争我夺

的竞技场面，使得海南创新创业的环境再上一个台阶。"

"第三个是'领创新'。2018年大赛涌现了一批科技含量高、市场潜力大、社会效益好的项目，大量优秀的科技创新型企业乘着'科创杯'这艘豪轮启航，在海南省乃至全国范围内引起热烈反响。在'科创杯'这个海南省内最具影响力的"双创"平台上，不但企业得到快速成长，也将进一步提升海南科技的影响力和竞争力。"该负责人说。

第四个是"精组织"。此次大赛在组织工作上力求完美，为将最佳的评审尺度全面导入，首创了评委培训环节，组织单位与执行单位精心准备的评审团培训，旨在让"科创杯"评审工作更公正、更专业。在环节设置方面采用了四轮培训三轮路演的形式，精心为每一位参赛选手做好辅导。在赛事节点之外，大赛组委会还举办了2018年海南自贸区建设国际离岸创新创业论坛，为广大创客解读了海南建设自由贸易试验区和自由贸易港新形势，丰富了大赛的多样性。在宣传推广方面，大赛组织再度创新，设立赛事直播厅，邀请专业主持人、专业评委现场对项目进行点评，并与线上观众进行互动，网络观看人数从上年的180万人次飙升到了近800万人次，可谓盛况空前，在助力海南“双创”发展的同时，也大大拓展了参与的广度。

以大赛推动“双创”事业跃上新台阶

“第七届中国创新创业大赛（海南赛区）暨 2018 年海南省第四届‘科创杯’创新创业大赛作为鼓励创新创业、推动海南高新技术企业发展、推进自贸港建设的重要举措，是自贸港建设逐步探索中不可或缺的力量。我们由衷地希望‘科创杯’能够给创新企业更多的展示机会，让具有价值的项目登上创新创业的舞台，为海南自由贸易港的建设贡献一分力量；也为新一代数字经济与传统实体经济提供互相交流、了解的平台，推动互联网、物联网、大数据、人工智能等同实体经济深度融合。”海南省科技厅相关负责人说。

据介绍，每一届“科创杯”大赛，需要经过四轮培训三轮路演。同时，组委会高度重视资本的影响力和带动力，致力于将大赛打造成为一个融资平台，面向全国，多领域，重实操，邀请了多家投融机构与选手对接，让选手的项目在获奖的同时有机会拿到金融机构的投资。

为鼓励创新创业，此次大赛共设置 150 万元扶持奖金。其中，初创组一等奖获 15 万元扶持奖金，成长组一等奖获 30 万元扶持奖金，团队组一等奖获 3 万元扶持奖金。同时，获奖企业和团队还将得到成果展示、园区入驻、创业辅导、创业担保、创业融资、政策支持等一系列创业扶持政策的帮助。

（于大勇 / 文）

创新“火炬”照亮天山脚下
引领西北创业之路

第七届中国创新创业大赛（新疆赛区）暨第五届新疆创新创业大赛纪实

2018年10月12日，第七届中国创新创业大赛（新疆赛区）暨第五届新疆创新创业大赛总决赛在乌鲁木齐圆满结束。新疆禾伯农业科技有限责任公司和恒升医学科技股份有限公司分别获得大赛初创组和成长组一等奖。税云网络科技服务有限公司、新疆可耐金新材料科技有限责任公司、新疆明阳新能源产业有限公司、新疆钵施然农业机械科技有限公司、新疆汤立科技有限公司等8家企业获得大赛二等奖。获奖的部分企业将代表新疆继续“征战”第七届中国创新创业大赛全国总决赛。

新疆维吾尔自治区政府副主席芒力克·斯依提表示，新疆赛区经过多年探索和积累，到今年是第五届，已经形成了成熟规范的管理体系和运作流程，具有较强的公信力和认可度，逐渐发展成为全区层次最高、辐射最广、影响力最大的创新创业赛事品牌，是各地推进大众创业、万众创新，培育和发展新动能、新经济、新企业的重要抓手，在推动新旧动能转换、缓解创业企业融资难、为创业团队提供多元化服务和营造创新创业氛围等方面，取得了显著成效。各企业要在创新创业的时代洪流中，勇立潮头，敢拼敢闯，以创新创业为快乐，以创新创业为己任，以创新创业为习惯，释放青春，展现激情，在建设和谐稳定美丽新疆的征程中，实现人生梦想。

大赛亮点纷呈　企业报名数居西北第一

自2018年5月4日大赛启动以来，新疆维吾尔自治区共有515家企业报名参赛，其中初创组146家、成长组369家，企业报名数居西北地区第

一，全国排名第 16 位。在乌鲁木齐、克拉玛依、伊犁、昌吉、博尔塔拉、巴音郭楞、喀什、阿克苏、塔城、克州、昌吉州 11 个分赛区举行了地区赛。8 月 28 日在乌鲁木齐组织举办了行业赛，通过地区赛竞争选拔的 29 家初创组企业和 61 家成长组企业参加。行业赛分为先进制造、生物医药、新材料、互联网、电子信息、新能源及节能环保 6 个领域进行，最终产生了 10 家进入总决赛的企业，其中初创组 4 家，成长组 6 家。10 月 12 日，总决赛在新疆软件园举行，产生了初创组一等奖 1 名、二等奖 3 名，成长组一等奖 1 名，二等奖 5 名。

据统计，本届报名企业中，有 106 家来自国家级高新区和开发区，27 家来自国家级孵化器，12 家来自国家大学科技园，25 家来自科技部备案的众创空间，高新技术企业 40 家。报名企业共拥有发明专利 262 项、实用新型专利 764 项、软件著作权 377 项、外观设计 83 项。

根据全国大赛组委会的分配名额，新疆维吾尔自治区最终推荐 7 家初创组企业和 20 家成长组企业参加全国行业赛总决赛。

据本届大赛新疆赛区组委会介绍，本届大赛新疆赛区展现出以下几个特点。

一是全疆热情高涨，各地州市积极争取申办分赛区比赛，紧抓当地特色，按照当地实际需求及产业发展的实际，结合大赛，增设了一些特殊的组别，如在吐鲁番和巴州等赛区就增设了团队组、综合组（把旅游、教育等产业融进大赛）、维稳组和攻坚组等，把大赛与当前的维稳政策有效地结合起来。

二是首次联合深圳，借助深圳离岸创新中心平台，举办了首届深圳离岸创新中心创新创业大赛，作为新疆大赛的地区赛试点赛区，对大赛模式方面做了大胆的探索和尝试。

三是为进一步营造良好社会氛围，在更大范围、更高层次、更深程度上推进“双创”工作，首次将大赛总决赛纳入2018年全国大众创业万众创新活动周新疆分会场活动，从科技工作层面，激发了全社会“双创”活力，鼓励全民参与大众创业万众创新。

四是培训辅导更贴近企业需求，在各分赛区组织针对性辅导的基础上，特邀了3名北京创业导师开展系统的创业培训。

五是科技金融深度对接，行业赛期间专门举办了投融资对接会，使大赛中的优秀企业与投融资机构有了面对面交流的机会。

六是总决赛评委主要由全国知名的投资机构专家担任，进一步提升了层次和水平。

七是进一步完善奖励补助方式，引导地方政府整合资源支持获奖企业。

据统计，自2014年新疆维吾尔自治区首次启动新疆创新创业大赛以来，累计吸引3000多个创业企业团队参赛，177个项目在自治区大赛中获奖，18个项目在国家获奖，参赛企业覆盖全区14个地州市。

全程化服务　用心做好创业者的“保姆”

新疆作为我国重要的多民族聚集区，少数民族参赛数量逐年增加，从最初的寥寥数家，到今年的几十家，参与民族与日俱增，参赛热情高涨。

据悉，与往年相比，第七届中国创新创业大赛（新疆赛区）2018年继续鼓励有能力的地州市举办地区赛，使创新创业大赛从自治区层面不断地深入地州市，并延伸到各县市，有效地带动了当地企业的积极性，得到了企业的认可，打造了大众创业、万众创新的新局面。

“你们的核心技术是什么？运用你们的新技术可以节约多少成本？”

“你们的利润率是多少？”

“如果你的公司想走得远一点，建议你的商业计划书制作得再精致一些。”

8月29日，第七届中国创新创业大赛（新疆赛区）暨第五届新疆创新创业大赛行业赛正式开始。这也是决定所有参赛选手是否有机会拿到总决赛入场券的背水一战。比赛在紧张而有序的氛围中进行着。

8分钟现场演示后，面对评委连环提问，参赛选手沉稳应对，时不时用技巧化解尴尬。而这样流利自如的“应试”心态，还要得益于大赛组委会对每一位选手有针对性地做好培育辅导工作。在比赛期间，大赛组委会邀请疆内外导师开展培训，通过导师与企业面对面的交流，使企业找到自身的优点与不足，扬长避短，助力企业成长。

地区赛前期，邀请一批内地创业导师，按照企业在商业模式、创新发展和融资等方面的需求，分别在14个地州市开展了系统性培训。地区赛阶段，根据各赛区具体情况，大赛组委会安排创业培训导师到各分赛区进行培训，同时推荐选派评审专家15余人。在少数民族企业较多的赛区，在赛前培训时配备了翻译，让一些汉语不流利的企业负责人能更好地了解大赛，增长知识，加深了与企业的沟通连接。

行业赛阶段，专门邀请来自北京的3名创业导师开展了政策解读、企业创新能力提升、股权融资实战、知识产权政策等方面的系统培训。

总决赛阶段，邀请新疆电视台导演等专业人士为企业辅导，提高舞台展示能力。通过组织培训、导师辅导、比赛彩排等活动，针对参赛企业在创新创业过程中遇到的问题、企业发展过程中遇到的瓶颈、投融资过程中遇到的障碍等问诊把脉，使参赛企业不仅可以赢得奖励资金，更能够在行业发展、企业管理、股权配置、融资路演等方面有新的收获和思考，增强大

赛的吸引力。

据介绍，本届大赛累计开展各类辅导培训活动20余次，培训人数超过1200人次。通过大赛丰富多样的培训活动，促进了全区企业与行业专家、投资专家的交流互动，丰富了参赛企业的创业思路和实战经验，增加了成功创业的机会，受到了参赛企业的热烈欢迎和一致好评。

据第七届中国创新创业大赛（新疆赛区）相关负责人介绍，为了保证此次比赛的公平、公正、公开，每组专家中不仅邀请了投融资专家，还邀请了技术专家。其中，技术专家均是新疆相关技术领域代表人物，重点对技术创新性进行把关。

除技术专家外，其余评委均为赛前抽签分组。比赛过程中现场打分，现场公布成绩。评委不仅仅是给参赛企业打分，更多的是通过比赛帮助企业发现问题，规避风险，指导企业良性发展。

为了进一步推介优秀企业，大赛组委会特别举办了投融资对接会，目的是将大赛选拔出来的优秀企业打包向投融资机构整体推荐，打通中小微企业和投融资机构之间的信息壁垒，进而有效整合资源，促进参赛项目快速落地。

大赛组委会还积极引导金融机构深度参与大赛，使银行等传统金融机构更加关注支持新疆地区科技型中小企业发展。本届大赛特邀招商银行、兴业银行、华夏银行等多家金融机构为企业提供投融资咨询、企业并购、股改和上市辅导等服务，引导银行等金融机构加大对新疆科技型中小企业的信贷支持，其中，本届大赛特别支持单位招商银行乌鲁木齐分行为新疆大赛获奖企业提供授信额度 3 亿元。

因地制宜打造特色产业项目

最终，经过近 6 个月的激烈比拼，10 月 12 日，第七届中国创新创业大赛（新疆赛区）在乌鲁木齐迎来最终的巅峰对决时刻。站在擂台上的 10 家企业代表，接受来自 7 位专家评委的辛辣提问和客观点评。

恒升医学科技股份有限公司的血糖监测系统及其配套试纸是生物传感试片用电化学的原理来测量血糖的一种医学检验类设备。目前全国有 3000 多家医院在使用博士医生产品，有 200 多家医院在使用博士医生血糖信息化管理平台。

新疆禾伯农业科技有限责任公司研发出适合东北种植的特种旱稻——旱香系列（1 号、2 号、3 号、4 号、5 号）等品种，在东北地区试种获得成功，2018 年 5 月公司在新疆种植旱香 1 号、2 号近万亩，旱稻在茫茫戈壁生根发芽，喜获丰收。

新疆明阳新能源产业有限公司的半直驱机型发电机设计解决了直驱机型的发电机永磁体消磁问题，永磁体采用嵌入式加减震固定方式，并且采用

水冷方式进行冷却，从根源上解决了永磁体脱落、冲击消磁及局部高温消磁问题。

……

“今年的参赛项目主要集中在生物医药和先进制造领域，而且这两个领域所涉及的项目都与新疆的产业发展政策吻合，特别是各地州市推荐上来的企业都与当地的特色产业紧密相连，有效地体现了当地产业的发展情况。”大赛组委会相关负责人说。

该负责人还表示，对于今年脱颖而出的优胜者，新疆除了提供一定的资金支持外，还将与银行、投资机构一起为企业提供贷款和融资，实现政府资金和社会资金的有机结合，为企业提供多方面支持，并长期为企业提供创业辅导、上市咨询等服务。

“非常荣幸能获得此次比赛成长组第一名。”恒升医学科技股份有限公司总经理助理王卉说，“这是对我们公司研发项目的肯定，更加坚定了我们对产品市场前景的信心，同时此次比赛也为我们提供了与投资机构进行双向选择的平台。”

“一直以来，明阳集团始终把技术创新摆在企业发展的首要位置，坚持核心技术自主研发，不断加大研发投入力度，广泛吸纳创新型人才，促进、引领了行业发展，争取为新疆经济社会发展贡献力量。此次参加中国创新创业大赛（新疆赛区），通过大赛的舞台展现了明阳的技术，也学习到了各行各业的科研创新能力，展现了明阳风采。”新疆明阳新能源产业有限公司总经理刁慕江说。

据悉，近年来，为推动生物医药、先进制造等产业的发展，推进大众创业、万众创新，激发全社会创业创新发展活力，新疆维吾尔自治区结合实际，出台了《关于大力推进大众创业万众创新若干政策措施的实施意见》，为新疆地区创新创业企业提供政策支持，同时通过研发加计扣除、加强各个阶段的培训，打通政策落地的最后一公里；针对丝绸之路经济带创新驱动发展试验区建设，出台了新疆十八条，营造良好的人才和创业的环境。大赛期间，通过组织企业路演活动和创业导师新疆行，对企业进行培训、辅导，以及与内地进行一些产权的合作，加强与市场对接，加速产业的发展；在重大专项、重点研发计划中，针对领域里重大技术问题进行攻关研究，解决产业问题；在平台项目中，加强产业联盟、创新平台、孵化空间建设，营造良好的经营环境。

新疆维吾尔自治区科技厅党组书记、副厅长热依汗·玉素甫说，“本届大赛虽然已经结束，但加强创新创业服务体系建设的工作将会一直在路上。打造‘双创’升级版，推动‘双创’上水平，需要各方共同努力。新疆维吾尔自治区科技厅将继续按照自治区决策部署，大力实施创新驱动发展战略，加快创新型新疆建设，协同有关部门、地州市和社会各界力量，齐心协力、开拓进取，进一步推动产学研深度融合，引导科技金融加快发展，营造良好创业生态，帮助科技企业实现‘双创’梦想，让科技之光照亮每一条创业道路。”

（李洋／文）

大中小企业协同创新　助力第三代半导体产业发展

第七届中国创新创业大赛国际第三代半导体专业赛纪实

2018 年 12 月 21—22 日，由第三代半导体产业技术创新战略联盟牵头主办的第七届中国创新创业大赛国际第三代半导体专业赛在北京市顺义区举行。33 个全球总决赛入围项目经过激烈角逐，最终 6 个项目分获企业组、团队组一、二、三等奖。

以科技创新为引领，实现高质量发展，一直是打造“双创”升级版的重要主题。而借助专业大赛的平台，通过产业龙头参与，形成生态协同、大小企业融通发展的平台，是中国创新创业大赛国际第三代半导体专业赛一大特色。大赛旨在以比赛为契机，切实帮助技术创新项目与各承办城市高新区、各地龙头企业及行业资本对接，加速其市场化进程。

五大赛区历时半载　全球优质项目竞相角逐

第三代半导体是支撑新能源汽车、高速列车、能源互联网、新一代移动通信等产业自主创新发展和转型升级的重点核心材料和电子元器件，切合节能减排、智能制造、信息安全等国家重大战略需求，是全球半导体技术研究前沿和新的产业竞争焦点。本届大赛重点聚焦第三代半导体相关消费类电子及机器人、智慧照明及显示技术、新能源并网与能源互联网、5G 通信、新能源汽车与轨道交通、军民融合六大应用领域中的创新创业项目。

第三代半导体作为未来产业竞争的高地，一直是国际产业的重心之一，美国和欧盟等国家或组织都在加速布局。目前，我国第三代半导体产业正值高速发展阶段，研发、开创第三代半导体材料的应用既是整个国家的战略需要，也是行业发展的新机会。

“第三代半导体目前在全球范围内正处于产业起步阶段，我国在第三代半导体应用领域有战略优势，需求牵引的作用特别明显，有机会实现核心技术突破和产业战略引领。”在全国政协教科卫体委员会副主任、科技部原副部长、联盟指导委员会主任曹健林看来，现阶段，我国第三代半导体产业在全球市场中存有机遇。

如何才能把握机遇？曹健林表示：“如何建立我们的优势，包括人才如何集聚、科技如何转化、资本如何融合、合作如何共赢及创新生态如何打造等，这些都需要我们重点思考和积极探索。”

曹健林认为：“我们发展产业的经验之一就是建立开放式产业创新平台，发挥平台对各类创新资源及能力的整合作用，多维度、多触点地创新能力共享、创新成果转化和品牌协同。通过赛事平台，我们将进一步鼓励科研机构向中小企业提供科研基础设施及大型科研仪器，降低中小企业创新成本；鼓励大企业带动中小企业建立风险共担、利益共享的协同创新机制。”

本届大赛自2018年6月8日启动以来，历时6个多月，设置京津冀、南部、东南、东部、国际五大分赛区和全球总决赛，得到科技部、科技部火炬中心，以及各级地方政府科技厅、科技局、高新区等相关部门的大力

支持。吸引来自德国、荷兰、瑞士、英国、芬兰、葡萄牙、爱尔兰、日本等10余个国家，北京、上海、广州、深圳、厦门、苏州、南昌等国内50余个城市的560余个行业创新项目。同时，北京大学、厦门大学、南昌大学、天津工业大学、荷兰代尔夫特理工大学等国内外顶尖大学及科研院所，国家电网、北汽集团、研华科技、东旭集团、乾照光电、晶能光电、洲明科技等20余家龙头企业，IDG资本、华登国际、国信弘盛、海银集团、金沙江、清芯华创、光荣基金等50余家投资机构纷纷参与；首批10家参赛创新创业项目与各地高新区、产业园签订了落地意向。

突破核心技术　直面巅峰领域的全球竞争

目前，我国在第三代半导体领域已拥有良好的基础。许多富有创新性的创业企业在本届大赛上脱颖而出，彰显了我国第三代半导体行业的活力。

在本届大赛全球总决赛中获得企业组第一名的苏州锴威特半导体有限公司，是一家对标英飞凌IR工业级产品、以SiC功率MODFET器件为核心的研发与设计应用的自主创新企业。该公司已申请专利43件，授权发明专利3件，实用新型专利14件，布图保护10件；拥有品牌客户100多家，其中上市企业10多家；是国内率先推出量产级1200V SiC MOSFET的单位。

该公司研发副总裁谭在超表示：“紧随智能制造发展趋势，新能源汽车和智能电网为高压SiC功率器件的市场化带来无限潜力。SiC功率器件2023年预计市场总量可达140亿美元，新能源汽车、充电桩及太阳能应用将会迎来爆发期。锴威特以‘西电锴威特研究生实训与研发中心’为依托，以台湾汉磊为生产代工平台，与西安电子科技大学共同致力于SiC功率半导体产品尤其是SiC MOSFET的技术研发攻关，以实现SiC MOSFET的国产化品牌及产业化为目标而努力。”

不过，谭在超同时也表示：“无论是原材料、芯片还是应用端，SiC技术的市场化进程仍然面临着巨大挑战，SiC领域需要所有从业者的不懈努力、持续改进，让SiC科技的进步改变人类生活。”

获得全球总决赛团队组第一名的“柠檬光子”6位核心团队成员均拥有国际一线半导体激光公司十多年以上工作经验。团队创始人肖岩表示：“我国半导体激光芯片产业薄弱，以往团队主要在科研院所，产业化程度相对较低，近年来涌现为数不多的海归团队，研发高端半导体激光芯片，我们就是其中之一。我们不满足于只做进口替代的中国制造，我们有绝对的技术实力做‘中国创造’，直接参与国际竞争！”

目前，“柠檬光子”公司团队已经掌握了各种半导体激光芯片及组件的前沿技术，包括端面发射芯片(EEL)的设计和流片工艺，垂直腔面发射芯片(VCSEL)的设计和流片工艺，水平腔面发射芯片(HCSEL)的设计和流片工艺（公司专有技术），高级半导体激光芯片封装技术，直接半导体激光器光束整形、光纤耦合及整机技术。肖岩自信地说：“我们要以当代产品的进口替代打破国际垄断，以下一代领先的芯片技术树立民族品牌。”

一大批诸如锴威特、柠檬光子这样的企业和团队在大赛上涌现出来，包括企业组获奖项目：子询人工智能、光子芯片、常州镭斯尔、芯冠科技、雪湖科技、意发功率、国扬电子、苗米科技、光晶致洁、莱泽光电、致晶科技、鳍源科技、星闪世图、联士光电、菲达旭、中科华盈、唯思科技；

团队组获奖项目：中科院半导体所滤波器团队、瑞士的 AlpsenTek 团队、中科视语、深圳柔电技术、南京众科汇、广州半导体研究院 GaN 芯片、荷兰的 TU-power 团队、祝晓钊团队、探维科技、德国的像工场科技、中国光芯、钟催林毫米波雷达、苏州海致（微纳增材）、光创科技。

这些企业和团队不仅拥有核心技术、专业能力，更有着对产业发展的清醒认知，几乎所有国内参赛企业和团队，都把打破国外垄断、参与国际竞争当作自身的目标和远景。

“突破核心技术，掌握国之重器。”不仅仅是一句第三代半导体专业赛的参赛口号，更是所有参赛项目的理念初衷。

融通发展　构建大中小企业协同创新生态

本届大赛的一个核心理念是让创新创业有效服务于实体经济，产学研用深度融合和大中小企业融通发展。为此，本届大赛在各地方分赛区及全球总决赛现场分别设置了多场大中小企业融通专场，在赛事举办期间，广泛挖掘第三代半导体在智能制造、能源互联网、新能源汽车、智慧照明等应用领域内上市企业、行业龙头企业和骨干企业的技术创新需求和战略投资需求，依托赛事平台的大中小企业融通专场，邀请相关大企业高管现场讲解自己的技术需求方向与战略投资布局，并组织参赛项目与大企业深度对接。一方面，大企业为参赛中小企业提供技术、资金及品牌支撑；另一方面，参赛中小企业为大企业注入创新活力，借鉴行业内的最新实践，不断促进大企业创新和产业升级，巩固优势地位。

大赛执行单位、深耕于产业的创新生态服务商北京星启创新科技有限公司合伙人王磊表示：“我们希望大赛不只是一次评选、一场活动，更希望通过赛事平台建立起大中小企业产业协同、开放创新的生态。”

王磊坦言，目前国内正向及逆向产业创新在自发推进过程中都遇到了难以彻底解决的问题，创新成功率非常低。一方面，大企业观察领域过于宽泛，与创新创业项目难以实质性匹配，需求点又太窄，相关方向没有可响应的项目；另一方面，创新创业项目方向不明确，难以看到产业化前景，产品阶段过于早期，难以满足产业化要求，创新面太大，风险超出自身承受范围。

结合本次大赛大中小企业融通的实践，星启通过细化的服务流程，包括拟定创新命题、征集解决方案、产业落地对接、示范项目实施、成果验收与放大，解决大企业与创新创业项目之间的需求错配问题。“当然，做好这一切的前提是我们必须得到大企业高管的首肯与支持、核心联络员专项负责、各个事业部的参与，以及时间与示范订单的投入。”王磊表示。

于是，在本届大赛可以看到，越来越多的行业龙头企业参与进来，成为大赛一大亮点。例如，在东南赛区的智慧照明与显示技术融通专场上，乾照光电董事长金章育就“光电半导体产业发展机遇与产业孵化＋投资新模式探讨”，分享了半导体创业的困难与挑战，以及半导体企业投资新模式，对产业中优秀的海内外创新项目表达了强烈的合作意向和诚意。晶能光电总经理梁伏波发布了“硅衬底 LED 全球合伙人计划——围绕一项核心技术的集群式创新创业模式介绍”，并邀请有能力的创新创业企业共同参与。在全球总决赛融通专场，研华科技企业发展与战略行销总监王宇围绕“云边”协同附能和工业互联网在智能制造领域部署规划做了说明，并提出“SPR（solution ready packages）共创流程”及“DFSI（domain-focused solution integrators）共创流程”，向参赛项目中具备独立研发能力、能提供成熟解决方案的团队抛出橄榄枝。国家电网全球能源互联网研究院高级工程师杨霏发布了“电网对于 SiC 需求的分析”，他表示，现今全球范围内大批传统集成电路企业转型制作 SiC 电力电子器件，新企业也加入进来，直接导致全球衬底供货紧张，希望在这方面与相对成熟的参赛项目探讨合作可能。北汽集团产业投资有限公司的唐嘉良介绍了北汽集团的投资服务体系与关注方向，包括新能源、新材料、智能网联、先进制造，并对合作细分领域进行了讲解，包括车用芯片、工业互联网、人工智能、燃料电池汽车，引发了参赛创新创业项目的高度关注。

一位参加总决赛大中小企业融通专场的参赛项目负责人表示：“通过融

通专场，我们很荣幸获得了与北汽集团交流的机会，让我们对未来的应用场景有了更准确的判断。创新不是闭门造车，低头做技术，更要抬头看应用，与大企业面对面，比获得大赛名次和奖金更有意义。”虽然比赛结束了，但参赛创新创业项目与大企业的需求对接将一直持续。

“让参赛项目通过比赛能找到真正帮助其发展壮大的平台。”本届大赛的牵头主办单位第三代半导体产业技术创新战略联盟理事长吴玲在大赛总结发言中表示。大赛不仅仅在于整合全球技术创新资源，更致力于推动大中小企业融通发展。2019 年，国际第三代半导体专业赛将继续扬帆，更多技术、更多应用，发挥我国在第三代半导体应用领域的战略优势，实现在产业上的弯道超车。

（崔彩凤 / 文）

港澳台精英创客齐聚佛山 打造大湾区“双创”高地

第七届中国创新创业大赛港澳台赛纪实

6 家参赛企业斩获行业组一等奖、粤港澳台协同创新中心揭牌、多个项目“打包”签约……2018 年 11 月 28 日，第七届中国创新创业大赛港澳台赛颁奖活动在佛山举行，同时标志着本届港澳台赛圆满结束。

本届大赛由科技部火炬中心、广东省科技厅、广东省政府台湾事务办公室、广东省政府港澳事务办公室、佛山市政府联合主办，广东省生产力促进中心、佛山高新区管委会与中国发明成果转化研究院具体承办，将借助粤港澳大湾区国家战略的实施，发挥大赛“跳板、桥梁、视窗”的功能，推进广东与港澳台地区的创新合作，全面深化粤港澳台区域的交流沟通。

质量上乘　一批港澳台“高精尖”项目同台竞技

2018 年 11 月 27 日，第七届中国创新创业大赛港澳台赛决赛在佛山高新区正式拉开序幕。大赛分为成长企业组、初创企业组 2 个参赛组别，其中成长企业组划分为互联网、电子信息、先进制造、生物医药、新材料、新能源与节能环保、文化创意等七大行业领域。参赛项目涉及区块链、电商、人工智能、无人机、生物医药、STEAM 教育等新兴产业。

比赛期间，选手们就参赛的项目展开精彩的路演、项目展示和答辩。经过激烈的角逐，基可生医股份有限公司、珠海纳金科技有限公司、香港基训生物有限公司、福尔福无限创意有限公司、紫晟科技有限公司和熊霸餐饮管理服务有限公司最终从 43 家入围行业决赛的参赛企业中脱颖而出，斩获行业组一等奖，取得争夺“最具价值投资奖”的资格。

其中，福尔福无限创意有限公司凭借“一个可以改变世界的折叠容器”

项目斩获“最具价值投资奖”。据福尔福无限创意有限公司创始人陈忠郁介绍，该项目的产品——FoFoCup折折杯是目前世界上最轻且不论多大容量都可以在瞬间折叠成不到1厘米厚的环保杯。“本届大赛有来自各个领域的高精尖技术项目，我们作为一个传统创新项目夺得最后的大奖，可以说对我们、对整个传统生产领域的产业都是很大的鼓励。”陈忠郁表示，佛山是中国制造业十分重要的地区，未来有计划在佛山进行项目落地。

“我们拥有完整的自主知识产权体系，相关技术和工艺已获30多项国家专利，打破国外对核心材料和工艺的垄断。”来自澳门地区的纳金科技有限公司获得本届港澳台赛先进制造与电子信息行业组一等奖，公司董事长、创始人雷震介绍，该项目研发出的纳米银线是众多行业的基础材料，可广泛应用于柔性屏幕、大尺寸触控、智能家居家电等领域。公司目前已经完成材料工艺及平台的研发，需要寻找土地和资金建设厂房扩大生产，也有一定的融资需求。目前，该公司也选择落地佛山高新区。

佛山高新区管委会主任、南海区委副书记刘涛根表示，接下来，佛山高新区将继续大力推进政务服务改革，致力于发掘创业者的个性需求，充分营造好“大众创业、万众创新”的政务服务新环境，让更多的创新创业者在这里成就梦想。

据了解，第七届中国创新创业大赛港澳台赛于2018年7月18日在佛山高新区正式启动。前期经过港澳台赛组委会筹备、征集、项目筛选、项目审核等，共有近300家来自粤港澳台等地的创业企业和团队参赛。历经香港、澳门、台湾各分赛区的初

赛、复赛，最终43家参赛企业于2018年11月28日会师佛山高新区进行行业决赛。

赛事升级　助力粤港澳大湾区建设

中国创新创业大赛港澳台赛是中国创新创业大赛的专业赛事，创办4年来累积了2100多个两岸优质创新项目，累计促进200多个港澳台项目落地广东，帮扶近1000支港澳台团队亲赴广东考察市场，拉动社会投资10多亿元，成为两岸知名创新赛事。

本届港澳台赛承办单位之一、中国发明成果转化研究院院长钱为强介绍，经过连续5届举办，目前港澳台赛已经搭建起一个项目、产业、资本、服务对接交流的合作平台。钱为强表示，中国发明成果转化研究院2018年开始筹备港澳分院，“目的是希望可持续性、深入对接粤港澳大湾区的科技创新资源，进一步推进人才交流、科技创新、成果转化、双创升级等诸多方面的合作交流。同时将更有利于港澳台赛进一步发挥桥梁作用。”

在大赛启动仪式上，科技部火炬中心基金受理处处长安磊肯定了4届大

赛的成果，同时表示：2018 年，习近平总书记对在港两院院士来信作出重要指示，“要促进香港同内地加强科技合作，支持香港成为国际创新科技中心”；国台办、国家发改委牵头 29 个国家部门也于 2018 年 2 月发布《关于促进两岸经济文化交流合作的若干措施》，释放出国家大力扶持港澳台企业及同胞，加强港澳台科技创新发展的有力信号。在此背景下，更加凸显出大赛搭建粤港澳大湾区及海峡两岸科技创新交流的桥梁作用。

“本届大赛有几个突出的亮点。”钱为强表示，首先是“量质并举”，参赛企业数量和项目质量较往届均有明显上升，“本届大赛取消团队组，只接受企业报名，目的是为了专注于企业与市场对接，服务于以企业为主体的双创载体”，共吸引港澳台资企业近 300 家，较上届企业组报名数增长 110%。其次是通过大赛平台建立粤港澳台各类资源协同创新的桥梁。钱为强介绍，2018 年在香港中联办、澳门中联办及台湾相关机构的支持下，大赛组委会先后开展香港、澳门、台湾的专题分享交流会，联合各区域开展双创活动的相关机构及人员，积极开展产业合作、人才交流等方面的工作。

创新赛制　“命题挑战赛”推动需求带动创新

本届大赛的另一个亮点是坚持以市场需求带动企业创新，助推产业上下游精准对接，持续推进“命题挑战赛”。

区别于往届，本届大赛在内容与形式上全面升级，办赛规格更高、组织机构构成更丰富完整。根据科技部有关要求与指示，大赛围绕粤港澳大湾区发展战略，积极推进区域创新资源整合，推动港澳台创新科技与区域产业相融合，建立企业联合创新平台，打通港澳台创客通往内地市场的“最后一公里”。

“我们将公开发布 6 个命题，包括垃圾焚烧发电厂的烟气系统腐蚀性研究及应用……”2018 年 10 月 15 日上午，在港澳台赛复赛启动仪式上，广东瀚蓝环保科技有限公司总经理曾飞代表本地企业发布命题挑战赛命题。

为了进一步促进设计作品的落地转化，本届大赛专门开设了命题挑战赛板块，由企业“命题”，创客团队“应标”。命题发布企业将通过产业合作、战略投资、天使投资、产业孵化、技术采购、技术授权、团队引进等方式，推进创业项目的产业化进程。

此外，命题挑战赛的参赛时间不受限制，创客团队随时可以“应标”参赛。据了解，本届命题挑战赛共征集到了27家行业龙头企业发布的175个产业需求命题，目前与瀚蓝环保有意向对接的有10家企业，应标14项产业需求，最终4家企业获得瀚蓝环保颁发的“企业邀约卡”。

拿到瀚蓝环保邀约卡的企业之一——台湾青净光能科技股份有限公司研发的复合式高级氧化技术，为企业治理严重的水污染提供了一条解决新路径。“复合式高级氧化技术可快速有效地大规模分解和降解有机污染物，分解时间由原来的7～10天缩短到1天以内，水循环利用率提高到4次以上，目前已研发出防水紫外线灯管等产品。”该公司总经理李大青博士介绍，此次要与瀚蓝环保开展合作的技术会更复杂。

这种创新赛制打通了科研成果转化的“最后一公里”，有效促进了大赛成果转化。同时，作为中国创新创业大赛体系中唯一联通海峡两岸及港澳地区的专业赛事，港澳台赛从2014年举办以来一直吸引粤港澳台各地创客踊跃参与，已经逐步构建起一个覆盖粤港澳台的众创空间和众扶平台。

据了解，4年来，港澳台赛汇聚了2100多个优质的两岸创新项目，共促进200余个港澳台项目在广东落地发展，帮扶近1000支港澳台团队赴广东考察市场。而落地广东的港澳台项目中不乏大赛获奖企业。

据港澳台赛组委会项目服务部相关负责人介绍，获得2017年港澳台赛一等奖的鸿创科技有限公司（香港）已经携专利技术产品柔性LED屏落户中国发明成果转化研究院。

“柔性LED屏对生产设备要求比较高，目前我们正在寻找生产厂家，以实现产品的大规模生产。”鸿创科技有限公司创始人、董事总经理袁锡鸿表示，公司项目通过港澳台大赛落地佛山，取得了较好的发展，成功实现了成果转化。

促进转化　粤港澳台协同创新中心等平台落地佛山

作为本届港澳台赛及颁奖活动的东道主，佛山市副市长许国表示，佛山正迎来推动创新创业的新机遇，将充分借力中国创新创业大赛港澳台赛赛事平台，做好配套服务，促进更多的项目落地。

颁奖活动期间，作为中国创新创业大赛港澳台赛承办单位之一的中国发明成果转化研究院发起成立粤港澳台协同创新中心。据介绍，成立粤港澳台协同创新中心目标是联结粤港澳台各类创新资源，坚持“政府引导、公益支持、市场运营”的原则，搭建粤港澳台科技创新的“双车道”，充分发挥各地创新资源的优势，开展资源互补、市场共享、互利共赢等多维度的合作。一方面将更多港澳台及国外先进的技术、理念、高端人才乃至新兴业态“引进来”；另一方面通过港澳桥梁更好地对接全球资源，帮助内地企业进一步开展广泛的国际合作。粤港澳台协同创新中心落地佛山，也将成为粤港澳台创新资源汇聚的枢纽，全面开展项目孵化、产业对接、企业“众包”、投融资对接、成果转化等各维度的业务合作。

此次颁奖活动通过中国创新创业大赛港澳台赛的平台，促成了 10 个来

自香港、澳门、台湾地区的项目签约落地佛山高新区。落地的项目涉及文化创意、互联网、新能源及节能环保、新材料、先进制造与电子信息及生物医药等多个领域，包括佛山高新区管委会、中国发明成果转化研究院与快款科技有限公司款链项目、深圳市点点见证信息科技有限公司点点见证项目等10个落地项目签约。

在大赛颁奖活动上，广东省科技厅党组成员劳帜红表示，中国创新创业大赛港澳台赛为带动和吸引港澳台创客到大陆创业发展起到重要的推动作用，也为广东省“双创”带来新的发展机遇。在推进粤港澳大湾区建设的背景下，港澳台赛要充分发挥桥梁和枢纽的作用，搭建起了一个项目、产业、资本、服务对接交流的合作平台，推动创新链、产业链、服务链的三链融合，辐射粤港澳大湾区的宗旨，充分发挥对粤港澳大湾区和两岸科技创新融合发展的拉动作用。

据悉，中国创新创业大赛是国内规格较高、规模较大、覆盖较广的创新创业赛事。2014年，中国创新创业大赛组委会设立港澳台赛并落户广东，已逐步成为粤港澳台创客精英参与较多、项目水平较高、影响力较大的赛事品牌。

（罗晓燕 / 文）

附　录

附录一

第七届中国创新创业大赛组委会

指导单位

科技部　财政部　教育部　国家网信办　全国工商联

支持单位

共青团中央　致公党中央　招商银行

承办单位

科技部火炬高技术产业开发中心

科技部科技型中小企业技术创新基金管理中心

科技日报社

中国互联网投资基金

陕西省现代科技创业基金会

北京国科中小企业科技创新发展基金会

特别支持单位

招商银行创新创业公益基金

上海三盛宏业投资（集团）有限责任公司

附录二

第七届中国创新创业大赛行业总决赛承办协办单位

新能源及节能环保行业总决赛

地方承办单位

重庆市科委

重庆高新区管委会

重庆市九龙坡区人民政府

先进制造行业总决赛

地方承办单位

河南省科学技术厅

洛阳市人民政府

地方协办单位

洛阳国家高新区管委会

洛阳市科学技术局

互联网行业总决赛

地方承办单位

浙江省科学技术厅

地方协办单位

浙江火炬生产力促进中心

杭州高新区管委会

杭州市滨江区人民政府

生物医药行业总决赛

地方承办单位

广东省科学技术厅

广州市科技创新委员会

广州高新区管委会

地方协办单位

广州开发区金融控股集团

广州医药集团

新材料行业总决赛

地方承办单位

宁波市人民政府

地方协办单位

宁波市科学技术局

电子信息行业总决赛

地方承办单位

深圳市科技创新委员会（深圳市高新技术产业园区管理委员会）

深圳市宝安区人民政府

地方协办单位

深圳市技术转移促进中心

宝安区科技创新局

第七届中国创新创业大赛获奖企业名单

行业	组别	名次	赛区	企业名称
电子信息	初创	1	广东	真微科技（广州）有限公司
电子信息	初创	2	广东	深圳鲲云信息科技有限公司
电子信息	初创	3	上海	英韧科技（上海）有限公司
电子信息	成长	1	大连	大连达利凯普科技有限公司
电子信息	成长	2	广东	广州辰创科技发展有限公司
电子信息	成长	3	江苏	南京凯瑞得信息科技有限公司
电子信息	成长	4	江苏	常州天正工业发展股份有限公司
电子信息	成长	5	广东	广州鼎甲计算机科技有限公司
电子信息	成长	6	浙江	浙江英斧钛克信息技术有限公司

新材料	初创	1	宁波	宁波卢米蓝新材料有限公司
新材料	初创	2	广东	广东盈骅新材料科技有限公司
新材料	初创	3	广东	珠海鼎泰芯源晶体有限公司
新材料	成长	1	广东	珠海光驭科技有限公司
新材料	成长	2	宁波	宁波东立创芯光电科技有限公司
新材料	成长	3	广东	韶关市欧莱高新材料有限公司
新材料	成长	4	深圳	深圳市先进连接科技有限公司
新材料	成长	5	广东	广东天承科技有限公司
新材料	成长	6	江苏	无锡变格新材料科技有限公司

续表

行业	组别	名次	赛区	企业名称
生物医药	初创	1	浙江	凌科药业（杭州）有限公司
生物医药	初创	2	青岛	青岛诺安百特生物技术有限公司
生物医药	初创	3	江苏	诺一迈尔（苏州）医学科技有限公司
生物医药	成长	1	上海	上海银诺医药技术有限公司
生物医药	成长	2	广东	珠海通桥医疗科技有限公司
生物医药	成长	3	浙江	杭州纽安津生物科技有限公司
生物医药	成长	4	上海	博动医学影像科技（上海）有限公司
生物医药	成长	5	山东	山东艾孚特科技有限公司
生物医药	成长	6	山西	山西明鼎医药科技有限公司
先进制造	初创	1	江苏	苏州艾利特机器人有限公司
先进制造	初创	2	北京	北京博清科技有限公司
先进制造	初创	3	江苏	无锡臻致精工科技有限公司
先进制造	成长	1	北京	北京中科睿芯科技有限公司
先进制造	成长	2	湖北	武汉库柏特科技有限公司
先进制造	成长	3	江苏	江苏影速光电技术有限公司
先进制造	成长	4	陕西	西安和其光电科技股份有限公司
先进制造	成长	5	上海	上海昂腾网络科技有限公司
先进制造	成长	6	广东	中山迈雷特数控技术有限公司
互联网	初创	1	广东	深圳市加推科技有限公司
互联网	初创	2	广东	广州钛动科技有限公司
互联网	初创	3	北京	北京墨云科技有限公司
互联网	成长	1	浙江	杭州二更网络科技有限公司
互联网	成长	2	浙江	杭州煎饼网络技术有限公司
互联网	成长	3	广东	深圳市前海手绘科技文化有限公司

续表

行业	组别	名次	赛区	企业名称
互联网	成长	4	广东	深圳追一科技有限公司
互联网	成长	5	广东	深圳市爱牙邦医疗器械有限公司
互联网	成长	6	浙江	杭州小码教育科技有限公司
新能源及节能环保	初创	1	江苏	苏州英磁新能源科技有限公司
新能源及节能环保	初创	2	浙江	浙江超容新能源科技有限公司
新能源及节能环保	初创	3	江苏	赛腾机电科技（常州）有限公司
新能源及节能环保	成长	1	浙江	浙江臻泰能源科技有限公司
新能源及节能环保	成长	2	广东	深圳一目科技有限公司
新能源及节能环保	成长	3	江苏	南京博兰得电子科技有限公司
新能源及节能环保	成长	4	广东	广东埃森环保科技有限公司
新能源及节能环保	成长	5	浙江	浙江东大环境工程有限公司
新能源及节能环保	成长	6	山东	青岛海永顺新能源科技有限公司

附录四

第七届中国创新创业大赛优秀组织单位名单

1．北京创业孵育协会
2．北方技术交易市场
3．河北省科技型中小企业技术创新资金管理中心
4．山西省科学技术厅高新技术发展及产业化处
5．内蒙古股权交易中心股份有限公司
6．辽宁省科学技术厅
7．大连市科学技术局
8．吉林省科学技术厅
9．黑龙江省计算中心
10．上海市科学技术委员会
11．江苏省科学技术厅
12．浙江火炬生产力促进中心有限公司
13．杭州高新区（滨江）
14．宁波市生产力促进中心
15．宁波市天使投资俱乐部
16．安徽省科学技术厅
17．福建省科技型中小企业技术创新资金管理中心
18．厦门科技产业化集团有限公司
19．南昌市科学技术局
20．威海市科学技术局
21．青岛市科学技术局
22．河南省科学技术厅

23．洛阳高新技术产业开发区管理委员会
24．湖北省高新技术发展促进中心
25．湖南省科学技术厅
26．广东省生产力促进中心
27．广州高新技术产业开发区科技创新局
28．深圳市技术转移促进中心
29．深圳市宝安区科技创新局
30．广西联讯投资有限公司
31．海南省科学技术厅
32．重庆高新技术产业开发区创新服务中心
33．四川省生产力促进中心
34．贵州省生产力促进中心
35．云南省科学技术厅
36．陕西省科学技术厅
37．甘肃省高新技术创业服务中心
38．宁夏回族自治区生产力促进中心
39．青海省生产力促进中心
40．新疆维吾尔自治区科学技术厅
41．拉萨高新区（柳梧新区）管委会
42．石河子大学
43．卡睿达（北京）科技孵化器有限公司
44．北京科创嘉亿科技服务有限公司
45．苏州市吴江区人才工作领导小组办公室
46．中国（绵阳）科技城工业技术研究院
47．佛山高新技术产业开发区管理委员会
48．惠州仲恺高新技术产业开发区管理委员会
49．深圳第三代半导体研究院
50．中国兵器北方发展投资有限公司

附录五

第七届中国创新创业大赛
企业数据统计报告

大赛概况

第七届中国创新创业大赛，报名参赛企业共 31 136 家，较上届增长 10.6%。分为初创组与成长组，其中初创组[工商注册于 2017 年 1 月 1 日(含)以后] 9974 家，成长组 [工商注册于 2016 年 12 月 31 日 (含) 前，且注册时间小于 10 年] 21 162 家。参赛行业分类为：电子信息、互联网、生物医药、先进制造、新材料、新能源及节能环保，共 6 类。

报告数据统计范围

本报告统计大赛报名参赛企业所填写的数据共 14 项，主要分为企业基本情况、企业技术水平和核心团队。

分类	统计项目
企业基本情况	行政区域、行业领域、参赛目的
企业技术水平	高新技术企业、科技型中小企业、核心技术、研发费用、研发人员占比
核心团队	核心团队人数、年龄构成、最高学历、留学经历、大学生科技企业经历、创业次数

主要结论

1. 本届大赛参赛企业共 31 136 家，其中初创组 9974 家，占比 32%，成长组 21 162 家，占比 68%。

2. 按参赛企业来源地划分，参赛企业数量前5名分别是上海、广东、江苏、浙江、深圳，均超过1000家企业。其中，上海5820家，广东（不含深圳）3827家，二者合计占总报名企业数比例接近31%。

3. 按行业划分，参赛企业数排名前3名的是互联网、电子信息和先进制造，分别占比29%、23%和18%。新材料参赛企业占比最小，仅为7%。

4. 参赛人员情况：参赛企业平均人数，成长组各行业在29～60人，初创组各行业均为20人左右。行业方面，先进制造和新材料平均人数较多，成长组分别为58.6人和54.4人，电子信息和互联网平均人数较少，成长组分别为32.1人和29.2人。

参赛企业共有研发人员32.409 9万人，占所有参赛企业人员比例为31.9%，平均每个企业接近11人。行业方面，电子信息和互联网行业研发人员占比40%左右；先进制造与新材料占比23%左右。

5. 核心技术情况，参赛企业拥有知识产权总量达15.4万余项，包括发明专利33 011项、实用新型专利58 958项、软件著作权52 594项、外观设计8735项、医疗器械注册证924项、植物新品种215项、集成电路布图101项、国家农作物品种129项、药品批文112项。专利方面，发明、实用新型和外观专利共计拥有100 704项，属于企业自主研发的达93 151项，占比92.5%，权利转移获得7553项，占比7.5%，显示参赛企业具有很强的自主研发能力。

6. 研发投入情况，在统计的8184家企业中，2017年度共计投入55.531 6亿元，平均每家企业67.9万元。其中初创组16.751 7亿元，平均56.7万元；成长组38.779 9亿元，平均74.2万元。按行业来看，互联网行业投入的研发费用最多，为10.489 5亿元，其次是先进制造行业、电子信息行业。按平均投入研发费用来看，成长组各行业在68万～91万元，初创组各行业在44万～80万元，新材料行业成长组和初创组分别以平均90.3万元和79.1万元居首。按投入研发费用占比来看，成长组各行业除互联网、电子信息行业较高外，其他4个行业均在8%左右；初创组差别较大，且占比较高，应与初创组企业普遍成立时间不长，营收较少，研发费用投入占比也相应较高，且差别较大有关。

7. 高新技术企业和科技型中小企业情况，成长组参赛企业中共有高新技术企业 4533 家，占所有成长组参赛企业数的 21.4%。行业方面，电子信息被认定为高新技术企业的数量最多，为 1179 家，占比 23.8%。新能源及节能环保则是高新技术企业占比最高的行业，达 32.3%，互联网高新技术企业占比最低，为 12.1%。成长组参赛企业中共有科技型中小企业 6215 家，占所有成长组参赛企业数的 29.4%。

8. 参赛目的前 3 位分别是寻求政府政策支持、竞争大赛优胜荣誉及寻求股权融资机会。相对于成长组，初创组对寻求股权融资机会的需求更强。

9. 核心团队年龄情况，六大行业平均年龄在 32 ~ 42 岁，其中互联网平均年龄最小，比总体平均年龄小 4 岁。

10. 核心团队最高学历情况，从学历构成来看，最高学历为本科的比例最高，为 47.3%。从行业来看，生物医药硕士和博士的比例最高，达 47.3%；互联网本科学历比例最高，为 54.5%。

11. 核心团队留学经历情况，核心团队中共有 11 187 人有留学经历，占比 10.03%。

12. 核心团队创办大学生科技企业数量情况，互联网行业数量最多且比例最高，为 875 家，电子信息行业 529 家，其他行业都在 350 家以下。

13. 核心团队创业经历情况，互联网平均创业次数最高，为 2.0 次，生物医药、新材料、新能源及节能环保行业均为 1.9 次，电子信息和先进制造行业为最低，平均 1.8 次。

详细报告如下：

第一部分：参赛企业基本情况分析

一、参赛企业来源地情况

按行政区域划分，本次参赛企业数量的前 5 名分别是上海、广东、江苏、浙江、深圳，均超过 1000 家企业。其中上海表现最为突出，达 5820 家企业，其次是广东（不含深圳），为 3827 家企业，二者合计占总报名企业数比例接近 31%。

5 个计划单列市深圳、厦门、大连、青岛和宁波表现突出，共有 3271 家企业参赛，占总体参赛企业的 10.51%。其中深圳参赛企业 1632 家，参赛企业数在所有赛区中排名第 5（附图 1）。

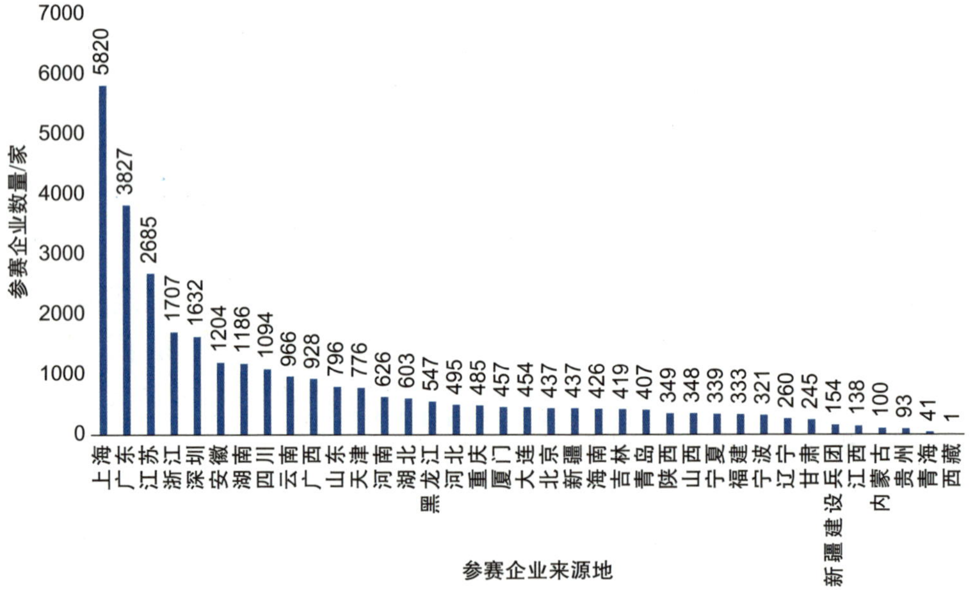

注：计划单列市单独列项，不包含在省行政区。

附图 1　参赛企业数量按来源地划分

参赛企业数量按来源地和分组划分的详细情况参见附表 1。

附表 1　参赛企业来源地、分组划分情况

地区	数量			占比		
	初创组	成长组	合计	初创组	成长组	合计
上海	736	5084	5820	2.36%	16.33%	18.69%
广东	1272	2555	3827	4.09%	8.21%	12.29%
江苏	929	1756	2685	2.98%	5.64%	8.62%
浙江	795	912	1707	2.55%	2.93%	5.48%
深圳	605	1027	1632	1.94%	3.30%	5.24%
安徽	492	712	1204	1.58%	2.29%	3.87%
湖南	359	827	1186	1.15%	2.66%	3.81%
四川	464	630	1094	1.49%	2.02%	3.51%
云南	163	803	966	0.52%	2.58%	3.10%
广西	457	471	928	1.47%	1.51%	2.98%
山东	157	639	796	0.50%	2.05%	2.56%
天津	345	431	776	1.11%	1.38%	2.49%
河南	244	382	626	0.78%	1.23%	2.01%
湖北	268	335	603	0.86%	1.08%	1.94%
黑龙江	277	270	547	0.89%	0.87%	1.76%
河北	158	337	495	0.51%	1.08%	1.59%
重庆	175	310	485	0.56%	1.00%	1.56%
厦门	199	258	457	0.64%	0.83%	1.47%
大连	208	246	454	0.67%	0.79%	1.46%
北京	149	288	437	0.48%	0.92%	1.40%
新疆	127	310	437	0.41%	1.00%	1.40%

续表

地区	数量			占比		
	初创组	成长组	合计	初创组	成长组	合计
海南	182	244	426	0.58%	0.78%	1.37%
吉林	131	288	419	0.42%	0.92%	1.35%
青岛	141	266	407	0.45%	0.85%	1.31%
陕西	117	232	349	0.38%	0.75%	1.12%
山西	103	245	348	0.33%	0.79%	1.12%
宁夏	111	228	339	0.36%	0.73%	1.09%
福建	114	219	333	0.37%	0.70%	1.07%
宁波	126	195	321	0.40%	0.63%	1.03%
辽宁	92	168	260	0.30%	0.54%	0.84%
甘肃	80	165	245	0.26%	0.53%	0.79%
新疆建设兵团	42	112	154	0.13%	0.36%	0.49%
江西	56	82	138	0.18%	0.26%	0.44%
内蒙古	41	59	100	0.13%	0.19%	0.32%
贵州	48	45	93	0.15%	0.14%	0.30%
青海	10	31	41	0.03%	0.10%	0.13%
西藏	1	0	1	0.00%	0.00%	0.00%
合计	9974	21162	31136	32.03%	67.97%	100.00%

注：计划单列市单独列项，不包含在省行政区。

二、参赛企业行业领域

成长组和初创组参赛企业数排名前 3 位的行业领域相同，都是互联网、电子信息和先进制造，其中互联网参赛企业最多，成长组占比 25.65%，初创组占比高达36.78%；新材料行业参赛企业最少，成长组和初创组分别为7.87%和6.24%（附图2）。

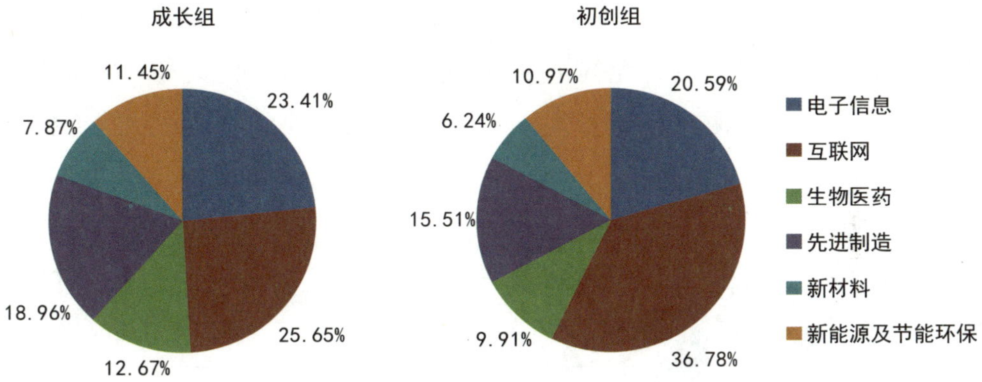

附图2 参赛企业行业分布

三、参赛企业平均人数和研发人员情况

参赛企业平均人数，成长组在29～60人，初创组在20人左右。行业方面，成长组先进制造和新材料人数较多，分别为58.6人和54.4人，电子信息和互联网平均人数较少，分别为32.1和29.2人。初创组各行业参赛企业人数差别较小，但先进制造和新材料参赛企业人数仍然相对最多（附图3）。

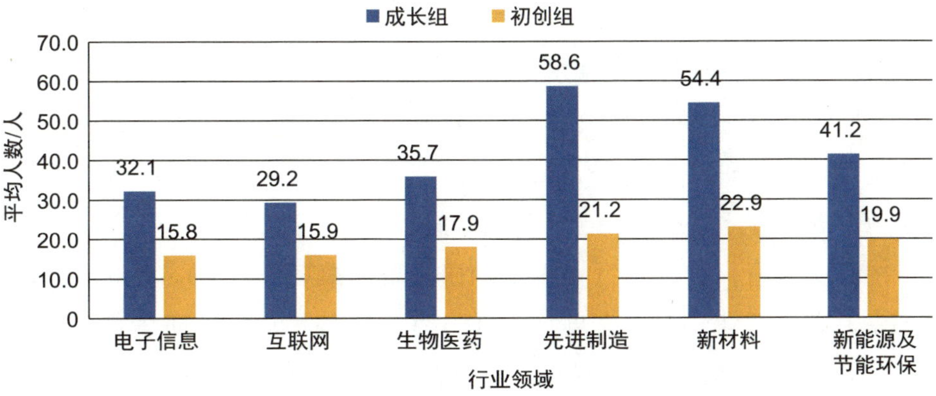

附图3 参赛企业平均人数（人员数/企业数）

科技人员和直接从事研发人员的比例是衡量企业技术水平的重要指标。本次参赛企业共有研发人员324 099人，占所有参赛企业员工的31.9%，平均每个企业接近11人。行业方面，电子信息和互联网行业差别不大，所占比例也较其他行业大，在40%左右；先进制造与新材料行业占比最少，只有23%左右，尤其是先进制造行业，虽然研发人员总数排第三位，但研发人员占比只有23.3%，这与其人口密集型的制造行业特点相符（附图4）。

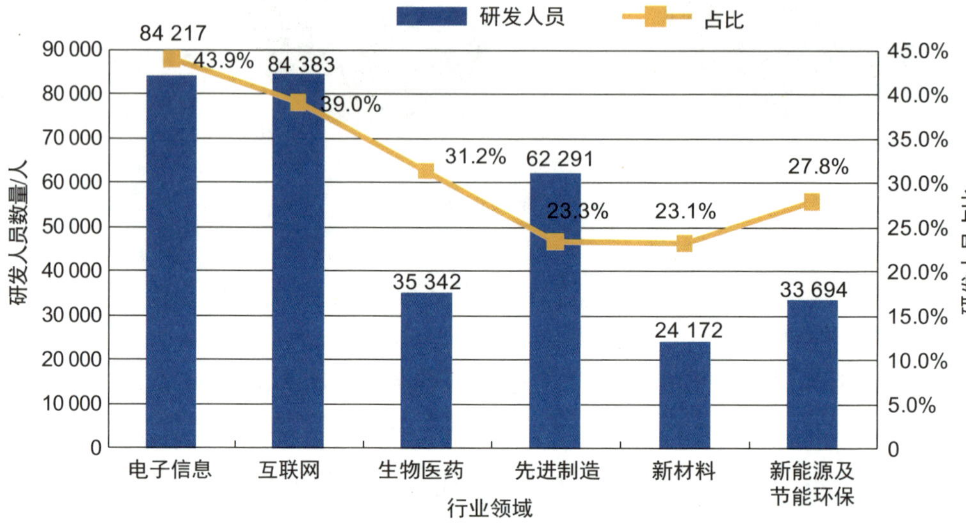

附图4　研发人员数量和占比

四、参赛企业研发费用情况

本报告仅统计了有填报2017年度研发费用的8184家企业。8184家企业2017年度共投入研发费用55.531 6亿元，平均每家企业67.9万元。其中初创组16.751 7亿元，平均56.7万元；成长组38.779 9亿元，平均74.2万元。按行业来看，互联网行业投入的研发费用最多，为10.489 5亿元，其次是先进制造行业、电子信息行业（附图5）。按平均投入研发费用来看，成长组各行业在68万～91万元，初创组各行业在44万～80万元。新材料行业成长组和初创组分别以平均 90.3 万元和 79.1 万元居首（附图 6）。按投入研发费用占比来看，成长组各行业除互联网、电子信息行业较高外，其他 4 个行业均在 8% 左右；初创组差别较大，且占比较高，应是初创组企业普遍成立时间不长，营收较少，研发费用投入占比也相应较高，且差别较大（附图 7）。

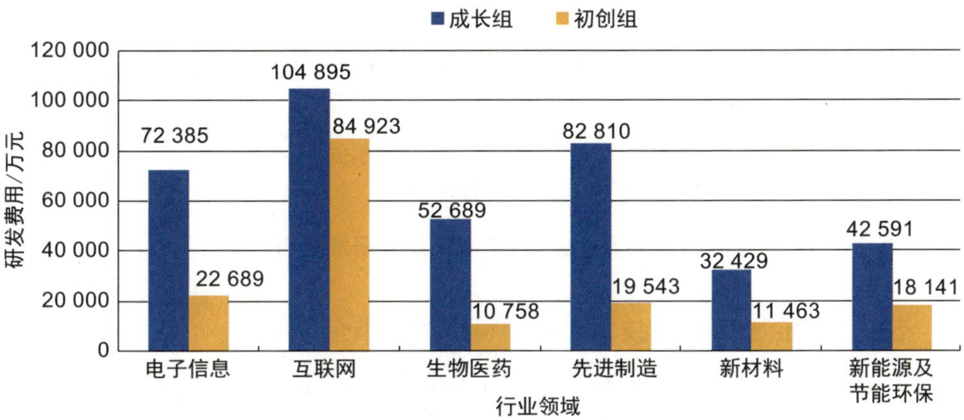

附图 5　参赛企业投入研发费用

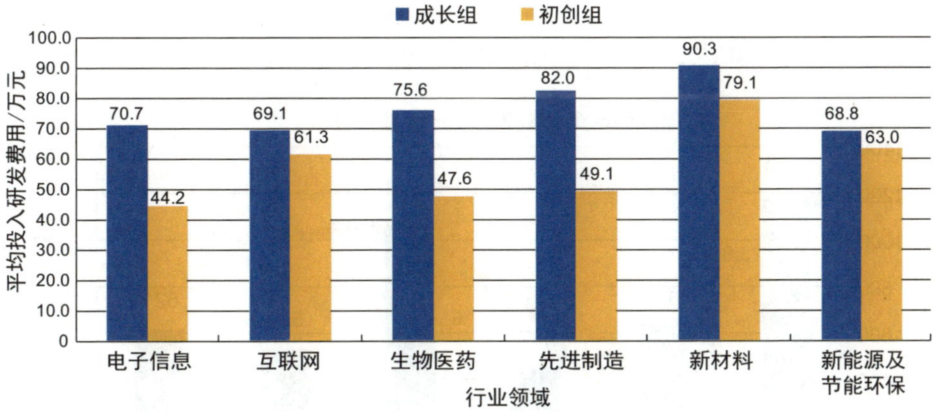

附图 6　参赛企业平均投入研发费用

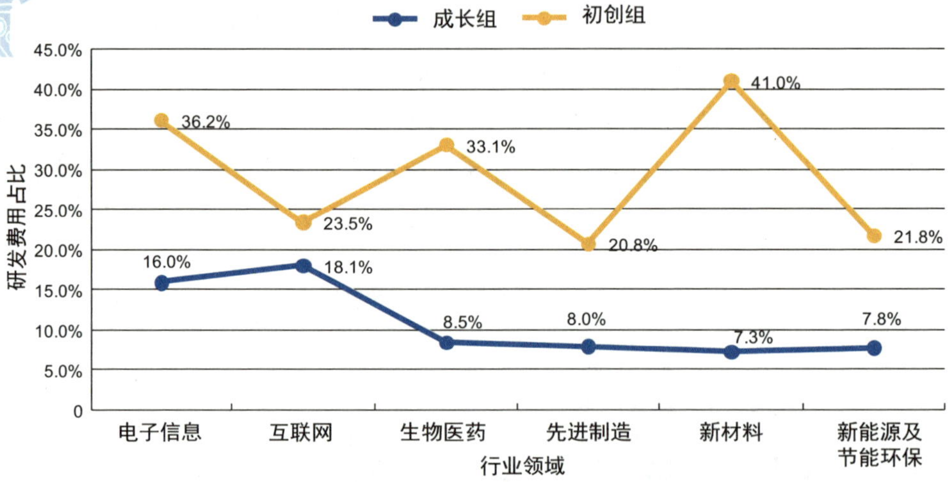

附图 7　参赛企业 2017 年度投入研发费用占比

五、参赛企业为高新技术企业和科技型中小企业情况

由于初创组一般不具备高新技术企业和科技型中小企业认定的条件，这里仅对成长组进行统计（附图 8）。成长组参赛企业中共有高新技术企业 4533 家，比例达到 21.4%。分行业看，电子信息行业被认定为高新技术企业的数量最多，为 1179 家，占比 23.8%。新能源及节能环保是高新技术企业比例最高的行业，占比高达 32.3%，互联网高新技术企业占比最低，为 12.1%。

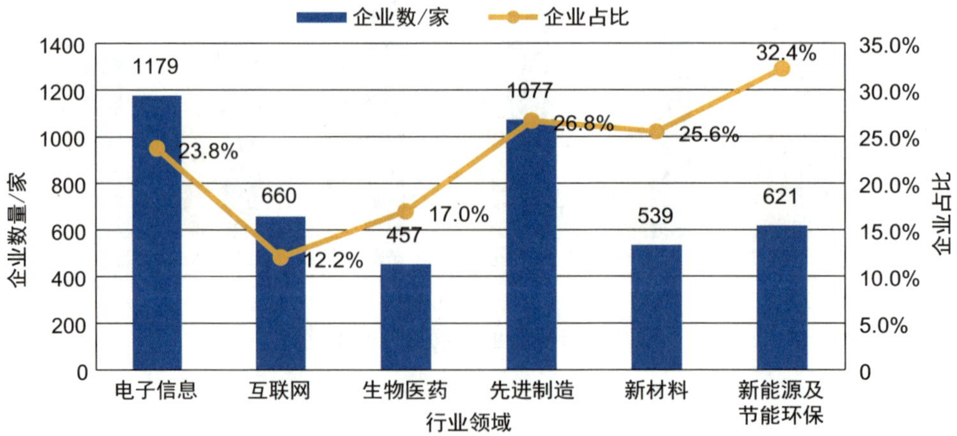

附图 8　参赛企业为高新技术企业情况（成长组）

成长组参赛企业中共有科技型中小企业 6215 家，比例达到 29.4%。分行业看，电子信息和先进制造行业被认定为科技型中小企业的数量最多，分别为 1441 家和 1398 家；新能源及节能环保行业占比最高，为 41.7%（附图 9）。

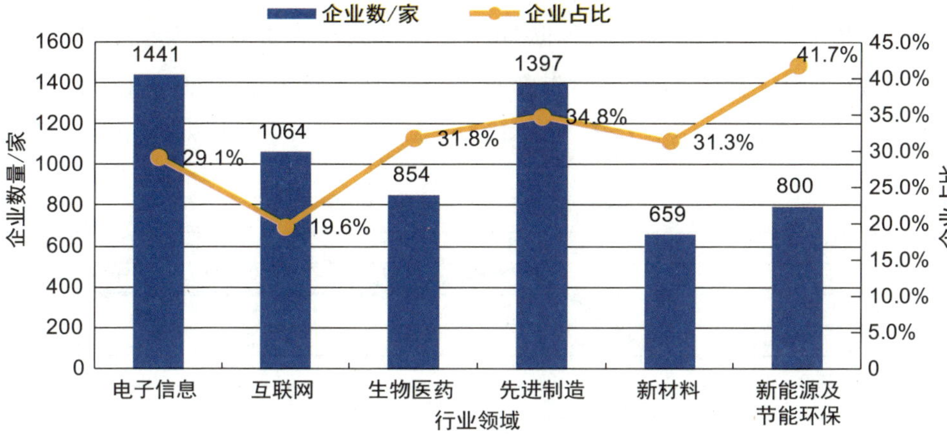

附图 9　参赛企业为科技型中小企业情况（成长组）

六、企业参赛目的

经统计，成长组和初创组企业参赛目的前 3 位都是寻求政府政策支持、竞争大赛优胜荣誉及寻求股权融资机会。相对于成长组，初创组对寻求股权融资机会的需求较强，大于 25%。分行业看，本次大赛所有行业对于寻求政府政策支持的需求都是最高的（附图 10）。

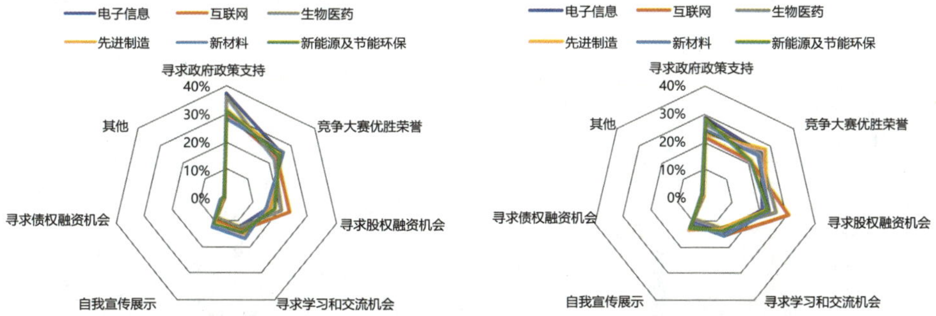

(a) 企业参赛目的（成长组）　　(b) 企业参赛目的（初创组）

注：越靠近多边形的边，企业此参赛目的的比例越高。

图 10　企业参赛目的

第二部分：参赛企业核心团队基本情况分析

七、核心团队年龄

六大行业核心团队平均年龄在32～42岁，其中成长组平均年龄比初创组大2.3岁左右。互联网核心团队的平均年龄最小，成长组为35.5岁，初创组为32.5岁，比本组的平均年龄小4岁；其次是电子信息行业，成长组为37.3岁，初创组为35.3岁（附图11）。

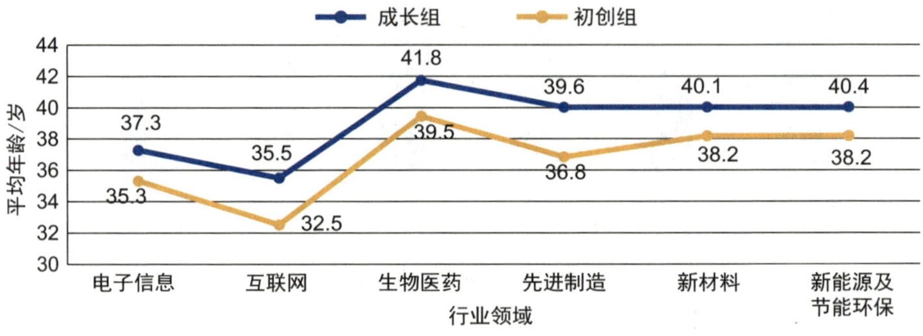

附图11　核心团队的平均年龄

八、核心团队最高学历

附图12显示了核心团队最高学历情况，数据包括初创组和成长组数据（二者无显著差异，故合并分析）。从学历构成来看，最高学历为本科的比例最高，比例在34%～54%。从行业看，生物医药行业核心团队最高学历层次最高，其中硕士和博士的比例达47.3%，互联网本科学历比例最高为54.5%。

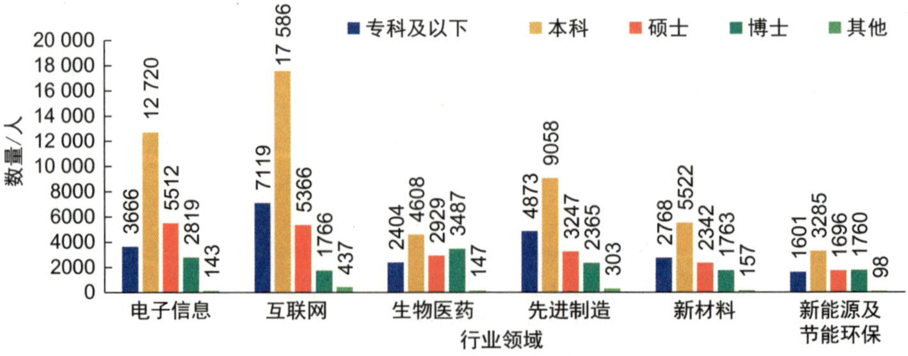

附图12　核心团队最高学历情况

九、核心团队留学经历

所有参赛企业核心团队中共有 11 187 人有留学经历，其中成长组 7311 人，初创组 3876 人（附图 13）。从分组来看，初创组有留学经历的比例较成长组更高一些，平均要高出 4% 左右（3% ~ 6%），但互联网行业初创组反而要低一些（初创组 7%，成长组 8%）。

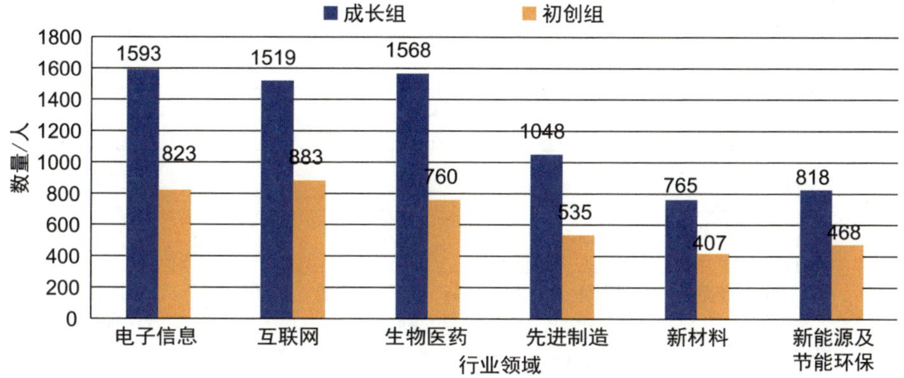

附图 13　核心团队留学经历情况

十、创办大学生科技企业经历

附图 14 显示了核心团队中创办大学生科技企业数量情况，包括初创组和成长组数据。从行业来看，互联网行业大学生科技企业创办数量最多且比例最高，为 875 家，电子信息行业 529 家，其他行业都在 350 家以下。

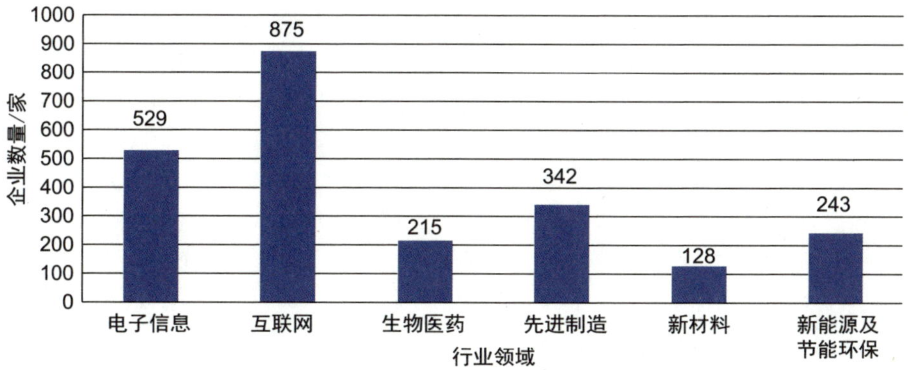

附图 14　核心团队中创办大学生科技企业数量情况

十一、核心团队创业经历情况

附图15显示了核心团队创业经历情况，包括初创组和成长组数据。从行业来看，互联网平均创业次数最高，为2.0次，生物医药、新材料、新能源及节能环保行业均为1.9次，电子信息和先进制造行业为最低，平均1.8次。

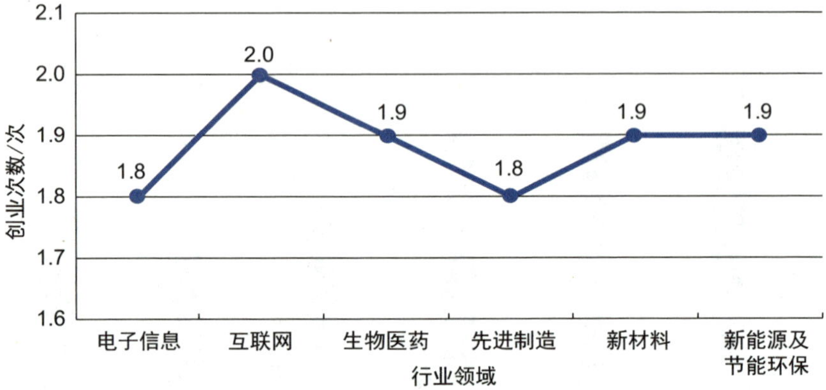

注：首次创业为1次，二次创业为2次。

附图15　核心团队创业次数情况

附录六

第七届中国创新创业大赛政策汇编

北京市

1. 享受北京市积分落户创新创业指标申报资格。

2. 推荐入围北京市新技术新产品（服务）名录。

3. 享受科技型中小企业研发费用加计扣除政策。

4. 优先推荐首都科技创新券支持。

5. 优先参加 2019 年全国科技活动周暨北京科技周活动主场、全国双创周等展览推广活动。

天津市

1. 按初创企业组和成长企业组分别设立一、二、三等奖及优秀奖，获奖项目将获得相应资金奖励。

2. 入围决赛和决赛获奖的企业，将被优先推荐给相关投资机构。

3. 有关金融机构针对大赛获奖企业开展无抵押、无担保信用贷款（打包贷款），对有需求的获奖企业发放不少于 40 万元的信用贷款。同时天津市科委对落实贷款的企业给予 5 万元的补贴（贴息奖励）政策支持。

河北省

1. 设立大赛专项经费 2000 万元。

2. 大赛前 3 名企业颁发专项奖金 100 万元、90 万元、80 万元；4 ~ 6 名 70 万元；7 ~ 10 名 60 万元；11 ~ 20 名 50 万元（按科技计划项目拨付）。

山西省

1. 对获得中国创新创业大赛山西赛区一、二等奖的项目分别奖励10万元和5万元；对在全国行业总决赛中获得优秀奖及以上奖励的企业，配套奖励20万元。

2. 推荐获奖优秀企业给投资基金和创业投资机构进行对接、支持；提供创业政策、创业融资、商业模式等方面的免费培训；提供并购、股改和上市培训等金融服务。

3. 为获奖企业提供免费、多元化服务，主要包括各类培训、主题论坛、行业沙龙、融资路演与对接、企业展示等。

4. 对选择在国家级孵化器山西高创落户的初创企业，免费获得创业导师的创业辅导。

内蒙古自治区

1. 成长企业组、初创企业组分别设置：

一等奖1名，30万元；

二等奖2名，各20万元；

三等奖3名，各10万元。

2. 按照项目申报要求，对符合要求且进入前6名的获奖单位在申报2019年科技计划项目时优先支持。

3. 优先推荐给大赛合作投资基金和创业投资机构，给予股权投资。

4. 大赛合作银行优先给予企业贷款授信和利率优惠支持。

5. 给予创业政策、创业融资、商业模式、项目路演等方面的免费培训。

6. 给予现代管理、人才培育、规范治理、发展规划设计等方面的免费辅导培训。

7. 给予股改、并购和上市等方面的免费辅导培训和孵化服务。

8. 提供内蒙古股权交易中心“蒙股大盈”免费常态化路演。

9. 优秀企业优先推荐纳入高新技术企业培育库。

辽宁省

1. 参赛企业可参加辽宁大赛的一系列活动，得到专业导师免费创业培训、路演辅导，参加与金融机构对接活动，优先推荐给大赛投资基金和创业投资机构进行支持。

2. 依托辽宁良友律师事务所，针对大赛行业赛获得一、二、三等奖企业，依次免费提供1年价值30万元、20万元、10万元的法律服务，主要包括股权架构方案设计咨询、股权激励方案设计咨询、全面法律风险诊断、律师面对面咨询、法律文书制定、法律讲座、案件委托优惠等服务。

3. 依托招商银行为参赛企业提供开户费用、网银数字证书工本费、网银服务费等减免优惠；为符合条件的参赛企业提供投贷联动融资服务；为参赛企业提供上市辅导、持续顾问服务。

4. 选择在孵化器、大学科技园落户的，给予一定时期免收房租等优惠政策支持，参赛企业有机会获得锦联创业帮提供的1～2年免租办公用房、高新技术企业培育辅导等服务。

5. 依托辽宁股权交易中心等机构，提供与资本市场相关的培训或咨询服务，以及IPO新三板挂牌、债券发行、并购重注、免费辽股交挂牌、股权众筹、改制上市等服务。

6. 大赛总决赛获得一、二、三等奖的企业将获得由辽宁省科技创投联盟提供的全球创业者学院学员名额，免试免费进入全球创业者学院学习，毕业后将获得创业投资。

7. 大赛将全程对接媒体，进入决赛的企业创始人将获得主流媒体的深度采访与报道。

大连市

1. 决赛获奖企业获得资金支持：一等奖20万元，二等奖10万元，三等奖6万元。部分区市县根据大连市资金奖励给予资金配套。

2. 决赛获奖企业可推荐申报大连市科技人才创业支持计划。

3. 优秀企业可获得合作银行的授信、创投基金的投资及股改和上市方面培训和部分孵化器、众创空间提供的1年免租办公用房。

吉林省

1. 成长企业组一等奖奖励10万元，二等奖奖励5万元，三等奖奖励2万元；初创企业组一等奖奖励6万元，二等奖奖励3万元，三等奖奖励1万元。

2. 符合条件要求的获奖企业，省科技厅以后补助形式直接给予立项支持。

3. 可以享受优惠的租金价格进入净月创业服务中心等省内知名的科技企业孵化器。

4. 获奖企业均可优先入驻净月区各孵化载体，获得全国行业赛名次的企业，享5年房租全额补贴；获得吉林赛区名次的企业，享2年房租全额补贴；获得优秀奖的企业，享1年房租全额补贴。

5. 优先推荐给省内外优秀投资机构进行投融资支持。

6. 大赛合作银行给予企业授信支持。

7. 大赛合作媒体宣传。

黑龙江省

一、市地赛支持政策

哈尔滨赛区为获奖企业提供15万元奖励资金，齐齐哈尔赛区为获奖企业提供6.6万元奖励资金，双鸭山赛区为获奖企业提供21万元奖励资金，伊春赛区为获奖企业提供0.8万元奖励资金，七台河赛区为获奖企业提供2万元奖励资金。

二、省决赛支持政策

（一）奖励资金

省决赛设立一、二、三等奖及优秀奖，为获得奖项的30家企业提供29万元资金奖励。

（二）支持服务

一是赛前培训。赛前组织精品培训会，讲解竞赛路演技巧，帮助参赛企业深度梳理商业计划书。二是活动支持。省决赛期间组织成果展、风采展示、项目推介会等配套活动，为项目推广及资本对接提供便利平台。三是融资对接。组织创投机构、金融机构与参赛企业开展金融对接活动；对接绿地金融为优秀参赛企业提供免费四板挂牌服务。四是宣传推广。对接黑龙江卫视、黑龙江日报、经济报、东北网等新闻媒体对参赛企业进行专栏宣传；对接中国高新区科技金融信息服务平台对省决赛进行全程网络直播，并录入企业信息，扩大宣传推广渠道。

上海市

1. 小微企业：市赛评选晋级企业根据《关于发布上海市 2018 年度“科技创新行动计划”创新创业服务专项项目指南的通知》中科技型中小企业技术创新资金项目的有关要求，获得技术创新项目 10 万元 / 项或创投联动项目最高不超过 30 万元 / 项支持，如企业注册地区科委推荐，则可获得区科委配套资金支持。

2. 成长企业：根据 2018 年度上海市科技小巨人工程申报通知，获得相关配套资金支持。

3. 创业团队：市赛晋级团队符合科技创业计划项目要求的，可获得最高不超过 5 万元 / 项的支持；符合上海市大学生科技创业基金雏鹰计划申报要求的，给予不超过 20 万元 / 项的无息贷款支持。

江苏省

1. 对省总决赛获奖企业和团队，提供以下支持：省级相关科技计划支持。以大赛专家评定意见作为项目评审意见，对总决赛获奖企业及获奖团队（获奖后 6 个月内在江苏省科技园区注册成立企业并实际运营）项目，其参赛获奖项目未列入往年度省级科技计划支持且符合省级科技计划管理有关规定的，由下年度省重点研发计划给予后补助支持。

2. 省级科技计划立项支持。2018年已立项支持上年度38个省总决赛获奖项目，支持金额达1160万元；近5年省级科技计划累计支持金额超过1亿元。

浙江省

一、奖励政策

1. 初创企业组（共470万元）：一等奖给予50万元奖励；二等奖给予30万元奖励；三等奖给予20万元奖励；优胜奖给予10万元奖励。

2. 成长企业组（共1200万元）：一等奖给予100万元奖励；二等奖给予50万元奖励；三等奖给予30万元奖励；优胜奖给予10万元奖励。

二、政策支持

1. 优先推荐给国家中小企业发展基金设立的子基金、国家科技成果转化引导基金设立的子基金、科技型中小企业创业投资引导基金设立的子基金、中国互联网投资基金等国家级投资基金、浙江省科技成果转化引导基金设立的子基金。

2. 优先享受省科技厅科技金融政策的支持。优先向天使投资、风险投资机构推荐；优先向银行推荐贷款保证保险信贷等科技金融政策支持。

3. 择优推荐参加科技部“创新人才推进计划”等相关计划评选，以及相关展览交流等活动。

宁波市

1. 大赛设立专项奖金200万元，其中特等奖奖励50万元，一等奖各奖励20万元，二等奖各奖励10万元，三等奖各奖励3万元。

2. 大赛设贷款授信额度5000万元，天使投资资本2亿元；获奖企业还可优先获得融资支持、培训服务等配套措施。

安徽省

1. 获得安徽赛区一、二、三等奖的企业，符合相关科技计划要求并经所在市科技管理部门推荐的，优先予以立项支持。

2. 安徽省科技成果转化引导基金予以优先支持。

3. 安徽省青年创业引导资金试点地区按规定对获奖企业给予优先支持。

4. 大赛合作银行择优给予贷款授信支持。

5. 优先推荐给创投机构、金融机构。

6. 企业所在地方科技部门给予相应配套政策支持。

福建省

1. 大赛一、二、三等奖及优胜奖的企业分别奖励 15 万元、10 万元、5 万元及 2 万元。

2. 晋级决赛的企业还将获得省科技厅 1 项省创新资金项目直接支持，每项资金预计 30 万元。

3. 对参赛优秀企业制订了孵化器入驻、银行信贷等一系列的配套政策扶持。

厦门市

一、资金支持

1. 团队组（共 250 万元）：一等奖给予 30 万元，二等奖给予 20 万元，三等奖给予 10 万元，优胜奖给予 5 万元。

2. 初创企业组（共 150 万元）：一等奖给予 30 万元，二等奖给予 20 万元，三等奖给予 10 万元，优胜奖给予 5 万元。

3. 成长企业组（共 390 万元）：一等奖给予 50 万元，二等奖给予 40 万元，三等奖给予 20 万元，优胜奖给予 10 万元。

二、政策扶持

1. 厦门市种子暨天使基金对大赛优秀项目给予跟进扶持。

2. 优先获得厦门市科技成果转化与产业化基金的政府股权投资及联合投资机构的创业投资基金投资。

3. 优先推荐给大赛合作投资基金、金融服务机构和创业投资机构给予股权投资和贷款授信，并享受贷款贴息政策。

4. 在厦门创办企业并符合厦门产业扶持政策的，可获得各区资金、场地等配套支持（参照各区相关政策执行）。

5. 留学人员创业的可获得留学人员创业引导基金扶持。

6. 符合条件的获奖企业可优先推荐参评“双百人才”计划。

7. 获得创业政策、创业融资、商业模式等方面的免费创业培训。

8. 由股权托管中心、产权交易所和证券交易所等免费提供并购、股改和上市等辅导培训。

江西省

1. 初创企业组：一等奖给予20万元奖金，二等奖给予13万元奖金，三等奖给予8万元奖金，优胜奖给予3万元奖金。

2. 成长企业组：一等奖给予30万元奖金，二等奖给予20万元奖金，三等奖给予10万元奖金，优胜奖给予3万元奖金。

山东省

一、支持企业政策

1. 科技计划项目经费支持。对每个技术领域胜出且符合山东省科技计划项目申报要求的企业，新锐类企业给予不超过30万元的科技计划项目经费支持，精英类企业给予不超过50万元的科技计划项目经费支持。

2. 科技金融补助支持。在活动结束1年内，对所有参加现场晋级的新锐类企业首次获得风投基金、产业基金等创业资本支持的，按投资金额的10%给予跟进支持；获得首笔银行贷款的，按当年中国人民银行同期贷款基准利率给予最长两年的贴息支持。

3. 科技计划项目经费和科技金融补助支持总额度限制。每个企业获得科技计划项目经费与科技金融补助支持两项相加的总额度不超过100万元。

4. 国赛获奖配套支持。选取参加现场晋级的优秀企业推荐参加中国创新创业大赛全国行业总决赛，对获得资金奖励的企业，按奖励额度1∶1比例给予科技计划项目经费配套支持。

5. 普惠性政策支持。所有参与企业均享受以下普惠性政策：

（1）落实研发费用加计扣除、企业研究开发财政补助资金、创新券、高新技术企业科技保险财政补偿、技术合同登记税收优惠等普惠性政策；

（2）列入山东省高新技术企业培育计划，对符合《山东省小微企业升级高新技术企业财政补助资金管理办法》规定的企业给予一次性10万元补助；

（3）优先推荐到齐鲁股权交易中心“科技板”挂牌，作为批量转板的重点企业，推动进入“新三板”；

（4）优先推荐到合作银行给予知识产权质押融资、科技成果转化贷款和利率优惠等贷款支持，纳入知识产权质押融资风险补偿和科技成果转化贷款风险补偿范围；

（5）优先推荐给省级天使投资基金、引导基金、活动合作投资基金和创业投资机构。

二、支持团队政策

1. 跟踪后补助支持。对参加现场晋级胜出的创业团队活动结束1年内在山东省注册成立企业进行跟踪，根据其转化参赛项目取得的成效，对符合山东省科技计划项目申报要求的，给予不超过50万元科技计划项目经费后补助支持。由省技术市场管理服务中心对企业跟踪，落实技术合同登记税收优惠政策。

2. 科技金融补助支持。对参加现场晋级的所有创业团队活动结束1年内在山东省注册成立的企业，可享受新锐类企业的科技金融补助支持。

3. 跟踪后补助和科技金融补助支持总额度限制。每个企业获得跟踪后补助与科技金融补助支持两项相加的总额度不超过100万元。

4. 优先推荐及普惠性政策支持。对参加现场晋级的所有创业团队：

（1）优先推荐优秀创业导师进行创业辅导；

（2）优先推荐到省级以上专业化科技企业孵化器和众创空间落地；

（3）优先推荐给合作投资基金和创业投资机构，推荐到中国高新区科技金融信息服务平台展示；

（4）活动结束1年内在山东省注册成立的企业，均享受企业组的普惠性政策支持。

青岛市

一、资金支持

1. 对获得本赛区行业总决赛一、二、三等奖的成长组企业，分别给予50万元、30万元和20万元奖金支持。

2. 对获得本赛区行业总决赛一、二、三等奖的初创组企业，分别给予30万元、20万元和10万元奖金支持。

3. 对在国家行业总决赛获得名次及优秀奖的企业分别给予相应的配套资金支持，预计安排财政资金用于大赛奖励1600余万元。

另外，结合青岛市科技创新券的相关政策，分别给予65家优秀奖企业各10万元科技创新券予以支持。

二、政策扶持

1. 对获奖企业，纳入高创资本投资尽调项目范围，对尽调合格的予以最高500万元股权投资支持。

2. 获得大赛一等奖的企业直接纳入科技信贷担保范围给予支持，获得二、三等奖的企业优先给予科技信贷担保支持。

3. 获得大赛一等奖的企业直接享受科技金融投保贷联动业务服务支持，获得二、三等奖的企业优先纳入科技金融投保贷联动业务服务范围。

4. 获奖企业创始合伙人获得一期千帆成长营免费培训机会。

5. 孵化器和众创空间推荐在孵企业参赛并获得大赛一、二、三等奖的，可优先获得设立孵化器种子基金支持。

河南省

一、资金支持

1. 对符合条件的获奖企业上年度研发投入给予奖补。

2. 获奖企业列为“科技贷”业务优先支持对象。

二、政策扶持

1. 符合条件的获奖企业优先作为高新技术企业后备企业和河南省“科技小巨人（培育）”企业进行管理和服务。

2. 符合各类科技计划条件的，给予优先支持。

3. 获得创业政策、创业融资、商业模式、并购、股改和上市等方面的免费创业导师辅导培训。

4. 选择在河南省国家大学科技园落户的企业，园区给予一定时期免收房租等优惠政策支持。

湖北省

1. 湖北赛区总决赛设成长组一等奖 1 名、二等奖 3 名、三等奖 6 名、优秀奖若干名；初创企业组一等奖 1 名、二等奖 2 名、三等奖 3 名、优秀奖若干名。

对积极参与大赛组织活动的单位授予优秀组织单位。

2. 资金扶持：获奖企业将在下一年度获得国家级或省级科技创业资金扶持。

3. 宣传推介：依托湖北省科技金融服务平台和全国高新区科技金融服务平台，运用网站、电视、报刊等传统媒体以及微信公众平台等新媒体对优秀创业人物、创业事迹进行广泛宣传报道，提升优秀创业企业的社会关注度和影响力。

4. 公益培训：大赛合作机构将为参赛企业提供创业政策、创业融资、商业模式梳理、股改上市及并购重组等方面的指导和培训。

5. 融资对接：对晋级行业半决赛企业优先向相关投资机构和金融机构推荐。对获奖企业优先争取省创投引导基金投资支持。

湖南省

一、项目支持和经费资助

对所有获奖企业，其参赛项目未列入省级科技计划在研项目的，给予省科技计划立项支持，按一等奖50万元、二等奖40万元、三等奖30万元和优秀奖20万元的标准进行支持，总支持金额2860万元。

二、团队组经费资助

对所有获奖团队按一等奖5万元、二等奖3万元、三等奖2万元和优秀奖1万元的标准进行奖励，总支持金额113万元；对最具人气奖获奖单位，按1万元的标准进行奖励；对优秀组织奖获奖单位，按4万元／个或2万元／个的标准进行奖励，奖金共计51万元。

大赛获奖项目纳入省科技计划项目库，申报各类科技计划时，在同等条件下优先支持；大赛一、二、三等奖获奖单位技术负责人纳入省科技人才储备库，申报各类科技人才计划时，在同等条件下优先支持。

三、投资和贷款推荐

参赛单位择优推荐给中天国富证券有限公司、长沙银行、海捷投资等200余家大赛合作创投机构和金融机构。

四、赛事服务

1. 全方位创业服务。参赛单位可以免费获得大赛合作机构提供的创业辅导、创业培训、融资辅导、金融服务方案设计、检验检测、技术搜索、知识产权保护、技术转移等创业服务；符合大赛合作孵化器或众创空间入驻条件的，入驻后可获得大赛合作孵化器或众创空间给予的房租优惠或减免支持。

2. 实施创业者成长计划。全赛季组织各项配套活动，为参赛单位提供多元化服务，主要包括专场融资路演、主题论坛、行业沙龙、展览展示、公益大讲堂、市场与技术对接等。

3. 宣传推介。参赛单位可获得科技日报、湖南广电、红网、新湖南等大赛合作媒体的专题报道和推介，特别优秀单位可获得定制的全方位宣传套餐。

广东省

一、省级支持措施

1. 创新创业补贴：省财政将继续对获得一等奖、二等奖、三等奖、优胜奖的参赛企业给予相应额度的创新创业补贴支持。

2. 科技贷款支持：联合上海浦东发展银行、中国建设银行、中国银行等大赛合作银行给予获奖企业贷款授信和利率优惠支持，帮助获奖团队获得金融机构的小额贷款、小企业法人贷款等融资支持。

3. 科技服务支持：一是对所有参赛企业给予创业政策、创业融资、商业模式等方面的免费培训，给予股改、并购和上市等方面的免费辅导培训。二是联合有关单位，为参赛企业在赛中和赛后定制化的专利、人才、产品检测、法律咨询、品牌宣传等服务，助力参赛企业快速成长。

二、部分地市支持措施

（一）广州市

结合 2019 年广州市科技型中小企业技术创新计划，给予 321 家大赛优胜企业创新创业补贴，共计 1 亿元。

1. 成长组。按照电子信息、先进制造、生物医药、互联网、新材料、新能源及节能环保 6 个行业决赛成绩，第 1 名补贴 200 万元，第 2 至第 3 名补贴 150 万元，第 4 至第 7 名补贴 100 万元，对 6 个行业前 55%（含）的企业（除第 1 至第 7 名）补贴 10 万元。

2. 初创组。按照电子信息、先进制造、生物医药、互联网、新材料、新能源及节能环保 6 个行业决赛成绩，第 1 名补贴 100 万元，第 2 至第 3 名补贴 60 万元，第 4 至第 6 名补贴 30 万元，对 6 个行业前 55%（含）的企业（除第 1 至第 6 名）补贴 10 万元。

（二）珠海市

1. 资金奖励。获得国家行业赛一等奖、二等奖、三等奖和优秀企业称号的企业，分别给予奖励 60 万元、50 万元、40 万元、5 万元；获得珠海市一等奖、二等奖、三等奖的企业，分别给予奖励 50 万元、30 万元、20 万元，其他称号的企业奖励 5 万元。同一企业获得上述创新创业大赛奖励，按“就高不重复”原则予以奖励资助。

2. 中国创新创业大赛第一、第二、第三名的团队主要负责人，省级创新创业大赛第一名的团队主要负责人，可直接认定为珠海市三类人才。具体扶持措施，详见《中共珠海市委、珠海市人民政府印发〈关于实施“珠海英才计划”加快集聚新时代创新创业人才的若干措施〉的通知》及相关配套政策措施。

3. 择优推荐给合作银行机构，由合作银行机构给予最高300万元的科技信贷授信额度支持，并由省市联动科技信贷风险补偿金按照信贷部分本金总额30% ~ 90%的比例给予风险补偿支持。

4. 择优推荐合作创业投资机构进行股权融资支持，以及国家中小企业发展基金设立的子基金、国家科技成果转化引导基金设立的子基金、科技型中小企业创业投资引导基金设立的子基金、中国互联网投资基金等国家级投资基金。

5. 择优推荐给横琴国家知识产权运营公共服务平台，帮助参赛企业获得知识产权质押融资贷款、担保、发行私募债券等融资支持。

6. 大赛举办期间将组织配套服务活动，可免费参与创新创业培训营、交流论坛、投融资对接等活动。

7. 择优推荐给合作众创空间、孵化器、加速器、产业园区等，并获得独立办公场所、虚拟办公空间、会议场所及设备、前台接待、注册登记、人力资源、法律咨询、财务管理、知识产权、创业政策申领代办等创业服务。

8. 择优推荐给相关高校、科研机构等开展产学研合作，并与国内外知名企业家、港澳科研机构及科技服务机构、行业领域知名专家就技术项目、人才交流与培养等方面进行交流互动。

9. 择优推荐参加“创新人才推进计划”“科技型中小企业技术创新资金”“引进创新创业团队”等国家、省和市相关科技项目计划申报评选，以及推荐参加国内外相关知名技术交流展览等活动。

10. 择优推荐在以下媒体进行宣传：中央驻广东媒体（央广、新华社、中新社、央视广东站等）；省级媒体（南方日报、广东卫视、羊城晚报等）；

港澳媒体（香港大公报、香港商报、澳门日报、澳亚卫视、莲花卫视等）；新媒体平台（今日头条、腾讯新闻、新浪、网易等）；珠海本地媒体（珠海特区报、珠海电视台等）及珠海市政企云平台、横琴国家知识产权运营公共服务平台、珠海赛创会等本地创新创业新媒体服务平台。

（三）佛山市

1. 获奖企业项目可享受资助奖励，奖励企业约40家，共计600万元。

2. 获奖企业可享受单笔最高1000万元的合作银行授信。

3. 获奖企业选择入住佛山火炬园创新创业园，可享受园区孵化服务及租金减免政策。

4. 参赛企业优先获得2018中国（广东）国际“互联网+”博览会免费展示。

5. 参赛企业优先推荐佛山电视台热门栏目《创新创业之路》第三季。

6. 参赛企业在广东股权交易中心科技板挂牌，可享受相应优惠政策。

7. 参赛企业优先推荐给大赛合作的风投机构。

（四）韶关市

1. 大赛合作银行择优给予贷款授信支持。

2. 择优推荐给大赛合作投资基金、创投机构等。

3. 择优推荐给大赛合作媒体进行宣传报道。

4. 大赛举办期间将组织配套服务活动，为企业提供多元化服务，包括股改、并购和上市等方面辅导培训、投融资路演等。

（五）汕尾市

1. 大赛对决赛获奖企业授予奖杯，并给予参赛奖励补贴。

2. 参赛企业进入复赛以上赛事，由汕尾市科技计划项目给予优先支持。

3. 参赛企业为参赛而自行购买服务所产生的费用，符合科技创新券后补助资金支持条件的，纳入科技创新券后补助支持范围。

4. 获奖企业优先获得相关银行、风投等金融机构的融资支持。

5. 获奖企业可获得有关金融机构的资本市场融资对接服务。

（六）东莞市

1. 年度总决赛：设立特等奖，初创组和成长组各1名，奖金金额增加至100万元。

2. 市内赛：每个行业赛奖励一等奖1名、二等奖2名、三等奖3名。

成长组：一等奖共4名，每名奖励30万元；二等奖共8名，每名奖励20万元；三等奖共12名，每名奖励10万元。

初创组：一等奖共4名，每名奖励30万元；二等奖共8名，每名奖励20万元；三等奖共12名，每名奖励10万元。

3. 国省赛事奖励。

参赛补贴。晋级中国创新创业大赛决赛，需到广东省以外地区参加比赛的东莞企业或团队、大学生，赛后可凭相关参赛资料申请费用补贴，每个项目补贴1万元。团队或大学生需在赛事结束后半年内在莞注册成立企业，才可获得参赛补贴资助。

落户奖励。对于市外的国赛（含港澳台赛）、省赛获奖的企业、团队或大学生，获奖后半年内来莞落户注册成立公司，并开展获奖项目相关的研发工作，可按照相应组别和级别的资金额度予以奖励。落户奖励不受附加条件限制。

（七）中山市

1. 无偿资助。获得中山市一等奖、二等奖、三等奖、优胜奖的企业，最高补助分别为30万元、20万元、10万元、5万元；入围省级决赛的企业，最高补助3万元；获得省级一等奖、二等奖、三等奖、优胜奖的企业，最高补助分别为60万元、50万元、40万元、10万元；入围国家行业赛的企业，最高补助10万元；获得国家行业赛第一名、第二名、第三名、优秀企业荣誉的，最高补助分别为200万元、100万元、80万元、30万元。以上奖励，同一年度的项目补助按照“就高不就低”原则，不重复补助。对已参加往届创新创业大赛的项目，参赛成绩未取得突破的，不予以补助。

2. 项目扶持。

（1）参赛单位可优先推荐给科创基金和科技银行等金融机构，给予股权投资及科技贷款。科技贷款额度最高可达2000万元，并享受科技贷款贴息。

（2）获得市级以上一、二、三等奖的企业可申报市重大科技专项项目，支持额度最高为 100 万元。

3. 培训辅导。

（1）所有通过初赛的项目将获得大赛主办方、承办方及协办单位开放的导师资源、系统专业的培训辅导。

（2）优秀参赛队伍，可获得前往美国加州伯克利分校进行加速培训的机会。

（八）江门市

1. 无偿资助。全程参与大赛并获奖的项目将授予相应的证书和获得创新创业扶持引导资金的无偿资助。

（1）初创企业组：

一等奖 1 名，40 万元；

二等奖 2 名，各 20 万元；

三等奖 2+N 名，各 10 万元；

优胜奖若干。

晋级国赛决赛的项目还可获得 1 万元的交通补贴。

备注：N 是根据省创新资金（省市纵向协同管理项目）支持江门市情况而增加的获奖名额。扶持资金按省支持的实际情况，由市级科技创新资金和企业所在辖区科技创新资金 1∶1 配套组成，获市级科技创新资金立项的项目须赛后在江门市科技业务系统填报市创新资金项目资料。

（2）成长企业组：

特等奖 1 名，100 万元；

一等奖 1 名，50 万元；

二等奖 2 名，各 40 万元；

三等奖 13+N 名，各 30 万元；

优胜奖若干。

备注：N 是根据省创新资金（省市纵向协同管理项目）支持江门市情况而增加的获奖名额。创新成长企业组扶持资金由大赛专项资金、市级科技创新资金和企业所在辖区科技创新资金配套三部分组成。成长企业组获奖项目须赛后在江门市科技业务系统填报市创新资金项目资料。市直和辖区创新资金按1∶1配套。

2. 股权投资。

（1）与大赛合作的风险投资基金计划提供总额超过3亿元的风险投资资金，对大赛符合投资要求的获奖企业、项目或大赛期间评选的优秀项目进行股权投资。

（2）风投基金将与成长企业组获奖前4名的企业签订战略合作协议，并提供以下支持：一是优先考虑资金融资和投资；二是对企业免费提供全方位融资及上市咨询和辅导服务；三是整合风投公司的资源，带领获奖企业到上市公司进行交流和学习。

3. 项目授信。设立江门市科技信贷风险准备金，提供超30亿元的科技贷款。大赛获奖企业经简单备案、审核后将直接纳入“邑科贷”名单，单户企业最多可获500万元科技贷款。大赛合作银行择优给予贷款授信支持。

4. 贷款贴息。对报名参赛的企业，在申报江门市科技金融扶持资金贷款贴息项目中优先给予备案，对参与备案并达成贷款协议的参赛企业，按照项目当年发生贷款额的3%～4%进行贴息，贴息扶持最高可达50万元。

5. 立项支持。

（1）各市、区科技主管部门对符合条件的企业优先给予各类科技计划支持。

（2）市科技部门将为参赛企业提供申报创新券、指导设立产学研合作平台、帮扶专利申请和扶持等。

（3）市金融部门将为参赛企业在上市辅导和融资担保中给予支持。

6. 择优推荐参与国家、省创新基金评选或其他省级科技计划立项支持。

7. 择优推荐参加“创新人才推进计划”等国家和省相关扶持计划评选。

8. 宣传推广。

（1）媒体宣传。组织省、市各大媒体对获奖及参赛项目进行集中宣传和报道，对双创人物开展访谈，推荐企业负责人和技术骨干参加各类双创人物的评选。

（2）推荐参展。对大赛获奖及参赛项目，在江门市工人文化宫等场地安排免费展出摊位，对企业形象和项目产品进行现场和实物的展示，并推荐至“广东省创新之夜”、双创活动周等省及珠三角各大科技展会，增强公众认知度，提高影响力。

9. 人才奖励。对《江门市高层次人才认定和评定办法》确定为高层次人才的博士、博士后或留学归国人员、原籍江门的异地高校毕业生（指取得全日制普通高校本科及以上学历）回乡所创办的科技型小微企业或成功转型为科技型小微企业的企业，该创新型人才在该企业中担任法定代表人或为企业最大个人股东（占股比例不低于30%），且该企业已列入《江门市科技型小微企业名录》的参赛企业，给予20万元的奖励。

10. 多轮辅导。

（1）大赛获奖企业负责人将被推荐免费参与由省人力资源和社会保障厅委托、市人力资源和社会保障局主办的价值1万元／人的初创企业经营者素质提升培训课程。

（2）邀请风投、市场等方面的专家为参赛者举办多场辅导和企业体检活动，通过辅导让参赛者梳理企业管理，改进经营理念，充分展示自身实力，提高各类路演答辩活动的入围成功率。

11. 免费会籍。获奖企业将免费获得江门市高新技术产业促进会（高促会）会员会籍1年，免费享受和参加高促会带来的会员服务和部分走访交流活动。

12. 孵化优惠。对有意愿落地在江门市各类孵化基地（指与大赛合作的各类科技企业孵化器和众创空间）的获奖和参赛项目，分别给予相应的减免房租、免费财税代理服务、直接财政资助、首次贷款风险补偿等优惠政策。

13. 金融服务。大赛合作银行等金融机构对获奖团队或企业在科技支行开立结算账户和融资的，可享受金融优惠扶持。

14. 科技服务。与大赛合作的科技服务机构将为参赛企业在赛中和赛后提供定制化的专利、人才、产品检测、法律咨询、品牌宣传等服务，包括免费为大赛获奖企业提供科技顾问项目抵扣券、按标准收费的70%计算收费等。

15. 四众扶持。搭建四众平台，利用社会资源优势，为大赛批量引进风险投资机构、股权投资基金、智慧服务机构等服务机构和平台，对接众创、众包、众筹、众扶等新模式，高效配置各类资源支持创业创新。

16. 技术对接。推进大赛优秀参赛项目与地方企业、科研机构等深入对接，推动参赛项目和市骨干企业精准对接产业链上下游，让参赛企业和团队找到优质资源和发展机会，实现科技成果转化和产业集群发展。

（九）肇庆市

1. 初创企业组：

一等奖1名，10万元；

二等奖2名，各6万元；

三等奖3名，各3万元；

优胜奖及优秀奖若干。

2. 成长成熟企业组：

一等奖1名，15万元；

二等奖2名，各12万元；

三等奖3名，各5万元；

优胜奖及优秀奖若干。

3. 创新团队组：

一等奖1名，6万元；

二等奖2名，各3万元；

三等奖3名，各2万元；

优胜奖及优秀奖若干。

深圳市

大赛的奖励金额共1020万：

总决赛企业组一、二、三等奖奖金分别是：50万元、40万元、30万元；团队组一、二、三等奖奖金分别是：40万元、35万元、30万元。

行业决赛企业组和团队组一、二、三等奖奖金分别是15万元、10万元、5万元。

广西壮族自治区

1. 获得广西赛区总决赛一、二、三等奖和全国行业总决赛优秀奖的项目，申报2019年度广西科技计划的“创新创业大赛获奖项目资助”方向将获得最低10万元、最高100万元的资助。

2. 进一步加大“创新创业大赛获奖项目资助”专项的资助力度，实行“以赛代评，以奖代补”的“直通车”工作机制，获得全国行业总决赛一、二、三等奖的企业，在技术评审过关的前提下还能获得100万～500万元的资助。

3. 广西赛区优胜企业，推荐入驻广西的高新区、产业园、科技企业孵化器、众创空间、科技园区等，给予场地租金等优惠政策支持，免费或以优惠价格优先参加由大赛组委会举办的各类科技创新创业活动。

4. 广西赛区总决赛入围企业，可优先推荐给大赛组委会合作创投机构进行后续资本支持及长期背书。

海南省

共设立奖金150万元：

初创企业组一等奖设1名，15万元；二等奖共设2名，每名10万元；三等奖共设3名，每名5万元。

成长企业组一等奖设1名，30万元；二等奖共设2名，每名18万元；三等奖共设3名，每名8万元。

重庆市

一、奖金设置

参赛奖金合计112万元。

初创企业组一、二、三等奖奖金分别为：3万元、2万元、1万元。成长企业组一、二、三等奖及优秀奖奖金分别为：5万元、3万元、2万元和

1万元。

参赛食宿补贴以项目为单位，参加复赛的补贴300元／个，参加决赛的补贴500元／个，参加行业总决赛的补贴2000元／个。

二、市级配套政策

1. 大赛期间举办多种形式的投融资推介会、资源对接会和创业沙龙活动，并为参赛企业提供银行贷款、风险投资、场外市场交易、上市辅导等多个层次、多种方式的融资咨询和服务。同时，通过市内外主流媒体及大赛专栏、微博、微信等多种媒介，对大赛优秀项目和创业典型进行持续深入的宣传报道。

2. 对参赛项目优先推荐入驻重庆市的各类众创空间、科技企业孵化器、大学生创业孵化园、国家大学科技园和高新技术产业开发区等创业基地，协调给予房租减免等政策支持，并享受相关扶持政策。

3. 对进入重庆赛区复赛的项目，按重庆市创业种子投资基金相关规定给予支持（已获创业种子投资基金支持的除外）。

4. 参赛企业符合贷款相关条件，可按规定申请创业担保贷款，并享受财政贴息支持。

5. 参赛企业吸纳高校毕业生、就业困难人员等重点群体就业，符合相关条件的可按规定享受社保补贴。

6. 所有获奖项目，申报市级科技计划时给予优先支持，申报国家科技项目时给予优先推荐。

三、区级支持举措

重庆高新区支持政策：

（1）重庆高新区企业获得重庆赛区决赛或者全国行业总决赛一、二、三等奖的企业，给予100万～500万元的政策资金资助；非高新区企业于比赛结束后六个月内在重庆高新区注册的，同等享受此政策。

（2）重庆高新区进入决赛的项目，重庆高新区创业种子基金予以50万元免息贷款或者30万元公益参股支持（已获创业种子基金支持的除外），并通过重庆高新区科技金融平台授信50万～500万元优惠贷款。

（3）重庆高新区进入复赛的项目，协助争取市级计划项目支持，优先推荐并协助争取科技型中小企业技术创新基金和科技型中小企业创业投资引导基金支持。

（4）重庆赛区所有参赛项目，优先推荐市内外投资基金和创业投资机构进行股权投资支持，并组织创业导师进行跟踪辅导，推荐媒体追踪报道。

（5）重庆赛区所有参赛选手，免费享受高新区举办的创业政策、创业融资、商业模式、市场开拓等方面的创业培训及活动。

四川省

1. 四川省科技计划项目将优先支持获奖企业。

2. 优先推荐给国家中小企业发展基金设立的子基金、国家科技成果转化引导基金设立的子基金、科技型中小企业创业投资引导基金设立的子基金、中国互联网投资基金等国家级投资基金。优先向天使投资、风险投资机构推荐；优先向银行推荐贷款保证保险信贷等科技金融政策支持。

3. 择优推荐参加科技部“创新人才推进计划”等相关计划评选，以及相关展览交流等活动。

贵州省

一、资金支持

1. 贵州赛区决赛优胜企业，符合贵州省科技厅科技型企业成长梯队扶持计划相关标准的，将优先获得该扶持资金支持。

2. 符合贷款贴息补助标准的企业，可享受科技金融融资平台贷款优惠利率及贵州省科技厅贷款贴息补助。

二、政策支持

大赛优胜企业可享受在贵州科学城、贵安新区、贵阳高新区等创新平台创业孵化的优惠措施。

云南省

一、团队支持政策

1. 获奖团队在1年内落地云南创办企业的，可列入省科技计划进行支持，一、二、三等奖均可获得10万元科技计划项目经费支持。

在第六届中国创新创业大赛云南地区赛暨第三届云南省创新创业大赛中获奖的团队，落地云南注册企业的，2018年7月31日前向省科技厅高新处提交申请材料（逾期不再受理），经审核符合支持条件的给予省科技计划项目支持。

2. 获得一、二、三等奖名次的团队可获得创新创业扶持。

3. 获奖团队创办的企业，通过备案方式认定为云南省科技型中小企业。

4. 获奖团队落户国家级、省级科技孵化器，大学科技园、众创空间及各类创新创业园区，园区将协助申请享受相关创新创业政策。

5. 择优向有关投资基金和创业投资机构推荐。

6. 获奖团队可获得创业导师的创业辅导，以及创业政策、创业融资、商业模式、市场开拓等方面的培训。

7. 获奖创新团队（一、二、三等奖）申报省创新团队的，择优支持。

二、企业支持政策

1. 成长企业组一、二、三等奖分别获得50万元、30万元、20万元的科技计划项目经费支持。

2. 初创企业组一、二、三等奖均可获得10万元的科技计划项目经费支持。

3. 组织奖。从获优胜奖的企业中，遴选10家主要负责人重视、组织得力、管理规范、市场前景好、成长潜力大的企业，每家给予2万至4万元的奖励。

4. 获奖企业申报科技计划项目择优支持。

5. 获奖企业可通过备案方式，认定为云南省科技型中小企业。

6. 获奖企业取得云南省科技金融结合专项补助资金（科技创业投资风险补助、科技贷款补助、科技贷款担保补助和科技型中小企业科技保险保费补助）申报资格。

7. 获奖企业基本符合高新技术企业认定条件的，推荐纳入省高新技术企业培育库。

8. 择优向有关投资基金和创业投资机构推荐。

9. 获奖企业符合“贷免扶补”创业担保贷款扶持政策条件的，择优推荐。

10. 获奖企业符合条件的择优推荐进入云南省省级创业园区、众创空间等各类创业平台。

11. 获奖企业符合“云南省青年创业就业见习基地”“云南青年创业省长奖”条件的，择优推荐。

12. 获奖企业符合国家工信部“小型微型企业创业创新示范基地”申报条件的，择优推荐。

13. 获奖企业符合“省级小企业创业示范基地”“国家级小型微型企业创业创新示范基地”申报条件的，择优推荐。

陕西省

获得一、二、三等奖的企业采用“以赛代评”方式，同年直接纳入陕西省科技企业培育计划给予后补助经费支持，并履行合同任务。其中成长组获得一、二、三等奖的企业分别给予50万元、40万元、30万元后补助支持；初创组获得一、二、三等奖的企业分别给予40万元、30万元、20万元后补助支持，同时享受以下政策。

1. 推荐给科技金融合作银行给予授信支持或优惠利率贷款支持，纳入省科技贷款风险补偿资金项目库。

2. 推荐给省科技成果转化引导子基金和相关创投机构优先支持。

3. 直接纳入陕西省高新技术企业培育库进行培育；申报科技型中小企业评价优先获得专业辅导。

4. 免费参加大赛组委会组织的创业政策、创业融资、商业模式等专业培训、辅导。

5. 符合陕西省创新创业人才推进计划科技创新创业人才申报条件的，

优先给予推荐。

6. 在全国行业总决赛中获得冠军项目的前两名完成人，在陕西省科技创新创业大赛行业决赛中获得一等奖项目的第一完成人的职称评审，按照《陕西省突出贡献人才和引进高层次人才高级职称评审试行办法》执行。

7. 优先推荐享受省级科技创新支持。

8. 省内高新区、科技资源统筹（分）中心、众创空间等相关科技园区和孵化器为参赛企业落地优先提供场地、资金等支持。

9. 优先推荐参加全国创新创业大赛行业总决赛，并享受国家大赛相关支持政策。符合国家有关科技项目申报条件，优先予以推荐。

甘肃省

一、资金支持

分设初创组和成长组一、二、三等奖和优秀奖，分别奖励10万元、6万元、3万元和0.5万元；同时，大赛设立10个优秀组织奖，奖励额度0.5万元，对积极支持助力大赛的高校、市州科技局、孵化器、众创空间予以奖励。

二、政策扶持

1. 获奖项目省科技计划科技型小微企业项目倾斜支持。

2. 优先推荐给大赛投资基金和创业投资机构进行支持。

3. 兰白科技创新改革试验区内获奖企业可优先获得兰白科技创新改革试验区技术创新驱动基金支持。

4. 优先推荐入驻国家级、省级孵化器或众创空间。

5. 在“甘肃省创新创业服务平台”优先给予展示推介与创投对接支持。

宁夏回族自治区

一、资金支持

以专项资金的形式设置总额170万元的奖金：